Gaspard-Hubert LONSI KOKO

LE CONGO DÉSTABILISÉ, PILLÉ, MARTYRISÉ…

DU MÊME AUTEUR :

- *Mes Noirs lumineux du XVe au début du XXe siècle* – L'Atelier de l'Égrégore, collection Démocratie & Histoire – Paris, 2018 – ISBN : 979-10-91580-44-1 ;
- *Pagaille à Mavoula !* – L'Atelier de l'Égrégore, collection Démocratie & Histoire – Paris, 2018 – ISBN : 979-10-91580-25-0 ;
- *Les figures marquantes de l'Afrique subsaharienne* – L'Atelier de l'Égrégore, collection Démocratie & Histoire – Paris, 2017 – ISBN : 979-10-91580-23-6 ;
- *Le justicier exécuteur* – L'Atelier de l'Égrégore, collection Crime & Suspense – Paris, 2016 – ISBN : 979-10-91580-07-6 ;
- *Au pays des mille collines* – L'Atelier de l'Égrégore, collection Crime & Suspense – Paris, 2016 – ISBN : 979-10-91580-05-2 ;
- *La chasse au léopard* – L'Atelier de l'Égrégore, collection Crime & Suspense – Paris, 2015 – ISBN : 979-10-91580-04-5 ;
- *Dans l'œil du léopard* – L'Atelier de l'Égrégore, collection Crime & Suspense – Paris, 2015 – ISBN : 979-10-91580-03-8 ;
- *Ma vision pour le Congo-Kinshasa et la région des Grands* Lacs, Éditions de l'Harmattan – Paris 2013 – ISBN : 978-2-343-02079-2 – EAN Ebook format Pdf : 9782336330327 ;
- *Congo-Kinshasa : le degré zéro de la politique*, Éditions de L'Harmattan – Paris, avril 2012 – ISBN : 978-2-296-96162-3 – ISBN13 Ebook format Pdf : 978-2-296-48764-2 ;
- *La vie parisienne d'un Négropolitain* – L'Atelier de l'Égrégore, collection Roman – Paris, 2012 – ISBN : 979-10-91580-06-9 ;
- *Drosera capensis* – L'Atelier de l'Égrégore, collection Roman – Paris, 2005 – ISBN : 979-10-91580-01-4 ;
- *Le demandeur d'asile* – L'Atelier de l'Égrégore, collection Document/Réalité – Paris, 2012 – ISBN : 979-10-91580-00-7 ;
- *La République Démocratique du Congo, un combat pour la survie* – Éditions de l'Harmattan – mars 2011 – ISBN : 978-2-296-13725-7 – ISBN Ebook format Pdf : 978-2-296-45021-9 ;
- *Socialisme : un combat permanent* – Tome I – *Naissance et réalités du socialisme* – L'Atelier de l'Égrégore, collection Démocratie & Histoire – 2ème édition, Paris, 2017 – ISBN : 978-2-916335-04-9 (coécrit avec Jacques Laudet) ;
- *Mitterrand l'Africain ?* – L'Atelier de l'Égrégore, collection Démocratie & Histoire – 2ème édition, Paris, 2017 – ISBN : 979-10-91580-02-1.

Gaspard-Hubert LONSI KOKO

LE CONGO DÉSTABILISÉ, PILLÉ, MARTYRISÉ…

Collection Démocratie & Militantisme

L'Atelier de l'Égrégore

Illustrations : L'Atelier de l'Égrégore
ISBN : 979-10-91580-46-5 – EAN : 9791091580465
© L'Atelier de l'Égrégore, mai 2021
http://www.atelieregregore.fr – Courriel : atelieregregore@gmail.com

« *Si l'État est fort, il nous écrase. S'il est faible, nous périssons.* »
Paul Valéry

« *Un homme d'État est celui qui pense aux générations futures, et un homme politique [...] aux prochaines élections.* »
Abraham Lincoln

« *Quand la jachère intellectuelle gagne le sommet de l'État, la prostitution devient une culture et la corruption une règle.* »
Bihmane Belattaf

« Avant toute chose, je voudrais exprimer ici une émotion, la reconnaissance que nous ressentons envers tous ces artisans obscurs ou héroïques de l'émancipation nationale, et tous ceux qui, partout sur notre immense territoire, ont donné sans compter leurs forces, leurs privations, leurs souffrances et même leur vie pour que se réalise enfin leur rêve audacieux d'un Congo libre et indépendant. »
Joseph Kasa Vubu, *Extrait du Discours du 30 juin 1960*

« À vous tous, mes amis qui avez lutté sans relâche à nos côtés, je vous demande de faire de ce trente juin 1960 une date illustre que vous garderez ineffaçablement gravée dans vos cœurs, une date dont vous enseignerez avec fierté la signification à vos enfants, pour que [ces derniers] à leur tour fassent connaître à leurs fils et à leurs petits-fils l'Histoire glorieuse de notre lutte pour la liberté. »
Patrice Emery Lumumba, *Extrait du Discours du 30 juin 1960*

Préambule

Située en Afrique centrale, la République Démocratique du Congo est le quatrième pays le plus peuplé du continent africain derrière le Nigeria, l'Éthiopie et l'Égypte. Avec ses 2 345 000 km² de superficie – englobant 80 millions d'hectares de terres arables et 145 millions d'hectares de forêts –, il est le deuxième plus vaste territoire étatique d'Afrique après l'Algérie et abrite le plus grand nombre de locuteurs francophones. En effet, fort de plus de 70 millions d'habitants, auxquels il faudrait ajouter au moins 10 millions de citoyens congolais de l'étranger, cet État-continent est entouré de neuf pays frontaliers. De ce fait, selon la Direction générale de migration (DGM), il partage plus de 10 292 km avec ses voisins : 2 469 km au Sud-Ouest avec l'Angola – dont 225 km à l'Ouest concernant la frontière de la province non contiguë de Cabinda –, 236 km à l'Est avec le Burundi, 1 577 km au Nord avec la République centrafricaine, 1 544 km à l'Ouest avec la République du Congo, 787 km au Nord-Est avec le Soudan du Sud, 817 km à l'Est-Nord-Est avec l'Ouganda, 213 km à l'Est avec le Rwanda, 205 km à l'Est avec le Burundi, 498 km à l'Est-Sud-Est avec la Tanzanie, 2 140 km au

Sud-Est avec la Zambie. Pour le différencier de sa voisine la République du Congo auparavant populaire, plus précisément le Congo-Brazzaville, le pays est parfois appelé Congo-Kinshasa, ou très souvent RDC ou RD Congo. Rien que par sa situation géographique, le concernant, on peut aisément cerner quelques enjeux géostratégiques et géopolitiques. Ceux-ci influencent, en matière de voisinage, la situation de ce vaste pays sur le plan migratoire quant aux migrations de personnes réfugiées, et du point de vue de l'accueil, ou alors de l'implication de groupes armés et, surtout, des réseaux clandestins dans l'exportation de tout type de marchandise.

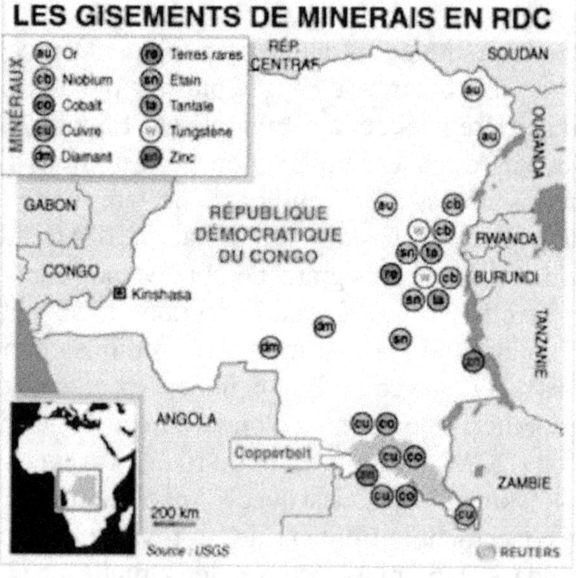

Le sous-sol de la République Démocratique du Congo est en effet immensément riche en minerais. Sa production représente à l'échelle mondiale : 10 % de cuivre, 15 % d'oxyde d'étain, 30 % de diamant, deux tiers du cobalt, 70 % de fer, 60 à 80 % de coltan (présent dans la plupart des appareils électroniques), septième réserve de lithium. Le pays est aussi un grand producteur d'or, d'uranium, de fer, de zinc… Cela lui vaut admirablement et envieusement le qualificatif de « scandale géologique », ou alors de « coffre-fort à ciel ouvert ».

Même avec une forte croissance du PIB (7,1 % en 2012 ; 6,9 % en 2015), la proportion de la population vivant en dessous du seuil de 1,9 USD par jour est restée l'une des plus fortes au monde (77,1 % en 2012). En cause notamment, selon le Fonds monétaire international (FMI), une fiscalité « trop généreuse » envers les compagnies minières. La réforme du code minier en 2018, laquelle a augmenté les taux de prélèvements, a déplu à plusieurs compagnies étrangères. D'ailleurs, à partir de 2021, un règlement européen imposerait aux entreprises de l'Union européenne de s'assurer que l'importation de certains minéraux de République Démocratique du Congo ne favorise pas le financement des conflits ou le travail forcé.

Enraciné avec fierté au cœur du continent africain, faisant 5 fois plus grand que la France et 80 fois le Royaume de Belgique, la République Démocratique du Congo est séparée d'Ouest en Est par deux fuseaux horaires et traversée par l'équateur du Nord au Sud[1]. Ainsi se déploie-t-elle naturellement de l'océan Atlantique au plateau de l'Est et épouse la majeure partie du bassin du majestueux fleuve Congo : soit un espace équivalant à la distance entre les villes européennes de Paris et de Prague.

---

[1] Des deux côtés de l'équateur existent la forêt tropicale humide dense dans le bassin fluvial central et les hautes terres de l'Est. Au Sud de la ligne imaginaire alignée horizontalement autour de la planète, l'étroite bande de terre qui contrôle le cours inférieur du fleuve Congo constitue le seul débouché de la République Démocratique du Congo sur l'océan Atlantique.

« Le Nord du pays est un des plus grands domaines de forêt équatoriale au monde, l'Est [...] borde le grand rift est-africain, domaine des montagnes, des collines, des Grands Lacs mais aussi des volcans. Le Sud et le centre, domaine des savanes arborées, forment un haut plateau riche en minerais. À l'extrême Ouest, [une quarantaine de kilomètres au Nord de l'embouchure du fleuve Congo, épine dorsale du pays avec une longueur de 4 700 km, soit le 8ème fleuve le plus long du monde][2], s'étale une côte sur l'océan Atlantique. »[3]

La République Démocratique du Congo a accédé à l'indépendance, disons à la reconnaissance internationale, le 30 juin 1960. Sa capitale Léopoldville, appelée ainsi en l'honneur du roi Léopold II de Belgique, deviendrait en 1966 Kinshasa d'après un village du même nom qui se situait autrefois près du site. Avec la zaïrianisation[4], l'ancienne colonie belge serait

---

[2] En raison de sa vitesse, de ses cataractes, de ses rapides et de ses turbulences, le fleuve Congo, traversant quasiment tout le territoire congolais, n'a jamais été mesuré avec précision sur une grande partie de sa longueur (4 700 km) ; néanmoins, il est le deuxième plus long fleuve d'Afrique après le Nil. Symbole et mythe fédérateur selon le géographe Roland Pourtier, le Congo et ses affluents drainent la deuxième plus vaste forêt tropicale humide au monde. Reconnu comme étant le cours d'eau le plus profond de la planète, les estimations de sa dimension verticale varient entre 220 et 250 mètres. Il est aussi le deuxième cours d'eau le plus puissant du monde, après le fleuve Amazone, avec un début moyen de 41 500 m^3 par seconde et le deuxième bassin versant en termes d'importance (3 680 000 km^2). Près de la ville de Boma, le fleuve s'étend et forme un estuaire long de 80 kilomètres, et s'élargit sur 10 à 15 kilomètres à son embouchure atlantique à la hauteur du port de Banana.

[3] In *République Démocratique du Congo*, article publié sur le site Internet de la *Central intelligence agency* (CIA) consulté le 8 décembre 2020 (https://www.cia.gov/library/publications/the-world-factbook/geos/cg.html).

[4] Appelée également *zaïrisation* à partir du 20 mai 1971, la zaïrianisation est un courant politique. Celui-ci a été introduit par le président Joseph-Désiré Mobutu – devenu lui-même Mobutu Sese Seko Kuku Ngbendu Waza Banga – en République du Zaïre. Cette idéologie a consisté au recours à une authenticité africaine

débaptisée République du Zaïre de 1971 jusqu'à 1997, grâce à la politique d'authenticité qu'a imposée le fougueux président Joseph-Désiré Mobutu. À l'image du principal cours d'eau qui le traverse d'Est en Ouest, l'histoire du Congo n'a jamais été un long fleuve tranquille à partir du régime mobutiste, voire depuis l'époque léopoldienne.

> « Rappelons [quelques] faits. En quatre jours, en juillet 1994, 1,5 million de Hutus rwandais convergèrent vers la ville frontalière de Goma, fuyant les conséquences de la tragédie que certains d'entre eux avaient provoquée. La catastrophe humaine représentée par cet afflux dans les provinces de l'Est [serait] le signal du transfert de l'ancestral conflit ethnique rwandais au Congo.
>
> » À Kigali, on fut très vite convaincu que les camps de réfugiés nés de cette situation étaient sous la coupe des milices hutues Interahamwe – créées en 1992 par le Mouvement révolutionnaire national pour le développement (MRND), parti du président rwandais Juvénal Habyarimana – et de membres hutus de l'ancienne armée rwandaise, donc d'anciens génocidaires. Sous prétexte que ces derniers préparaient une invasion, la nouvelle armée rwandaise de Paul Kagamé fut convaincue de la nécessité de défendre l'intégrité territoriale [de son] pays en occupant la partie orientale du Zaïre. Derrière cette raison militaire se cachait une autre, beaucoup moins avouable, corroborée notamment par les rapports de l'Organisation des Nations Unies (ONU) à l'époque : le dessein de Kigali était de profiter du chaos ambiant pour faire main basse sur une partie des richesses du Zaïre. En 1996, les rebelles de l'Alliance des forces démocratiques pour la libération du Congo-Zaïre (AFDL) de Laurent-Désiré Kabila, luttant contre le régime honni du maréchal Mobutu et appuyés par les armées du nouveau régime du Rwanda et de l'Ouganda, progressèrent rapidement dans les régions orientales. La

---

des toponymes et des patronymes, en ayant banni tout élément qui avait trait aux civilisations occidentales.

descente aux enfers [serait] cruelle. Il en résulta tant d'agressions et de violences, dans un contexte de misère généralisée, que cela ne pouvait conduire qu'à un nouveau désastre humain, cette fois en terres congolaises. »[5]

Ces agitations n'épargneraient guère les différents gouvernements depuis 1997.

Sur le plan de la communication, en tant que langue officielle, le français sert de trait d'union entre plusieurs centaines d'ethnies constituant les populations de ce géant d'Afrique subsaharienne. Quatre langues bantoues servent de vecteur national : le lingala, le kikongo, le swahili et le tshiluba. S'agissant de l'économie congolaise, elle repose principalement sur le secteur primaire (agriculture non intensive et exploitation minière).

Très instable après deux guerres civiles, la République Démocratique du Congo est, tel un colosse aux pieds d'argile, sans cesse déstabilisée, surtout dans sa partie orientale, par une multitude de milices soutenues par les voisins rwandais, burundais et ougandais. Ceux-ci interviennent dans le territoire congolais par mandement des puissances extracontinentales. En effet, au milieu des années 1990, la crise humanitaire et les mouvements de populations, composées de quelques personnes qui sont à l'origine du génocide survenu au Rwanda, ont complètement déstabilisé l'Est de l'ancienne colonie belge. Dans la foulée, depuis 1996, l'armée du maréchal Mobutu Sese Seko a été d'une bataille à l'autre défaite par les forces rebelles, militairement soutenues et équipées par le Rwanda, ainsi que l'Ouganda. Enfin, le 17 mai 1977, le Mze Laurent-Désiré Kabila a pris le pouvoir à Kinshasa. Mais, le nouveau président autoproclamé finirait par se

____

[5] In *Le Rwanda et la République Démocratique du Congo : David et Goliath dans les Grands Lacs*, Pierre Jacquemot, in *Revue internationale et stratégique*, 2014/3, n° 95, pp. 32-42.

retourner contre ses anciens parrains rwandais et ougandais, qui envahiraient entre-temps la partie orientale du Congo et l'occuperaient par milices locales interposées jusqu'en 2003. De nos jours, malgré la présence du plus gros continent onusien (plus de 20 000 personnes de la Monusco), le pays est en proie au *congocide*, ou alors au *bantoucide*. Il avait déjà fait inhumainement l'objet de 1885 à 1908, lors de la gestion léopoldienne, du premier génocide connu au monde avant celui ayant été perpétré contre les populations héréros et namas dans le Sud-Ouest africain allemand en Afrique australe. Ce massacre avait eu lieu, à partir de 1904, sous les ordres du général allemand Lothar von Trotha[6]. En tout cas, confronté à la pression de l'opinion internationale concernant les conditions des autochtones dans l'État indépendant du Congo (EIC), le roi Léopold II avait été contraint de transférer en 1908 la souveraineté de sa propriété à l'État belge. Le territoire avait pris *de facto* le nom de Congo belge.

Selon quelques sources, notamment à travers les sites touristiques et géostratégiques,

> « malgré une richesse de sols fertiles, un potentiel hydro-électrique et des ressources minérales, la République Démocratique du Congo est aux prises avec de nombreux problèmes socio-économiques, notamment des taux élevés de mortalité infantile et maternelle, la malnutrition, une couverture vaccinale insuffisante, le manque d'accès à une eau améliorée et l'assainissement, [ainsi que] la fertilité fréquente et précoce. Conflit en cours, mauvaise gestion des ressources, et un manque d'investissements ont entraîné une insécurité alimentaire ; presque 30 pour cent d'enfants de moins de 5 sont mal nourris. »

---

[6] Lire *Le regard africain sur l'Europe* (2019) et *Mais quelle crédibilité pour les Nations Unies au Kivu ?* (2019), ouvrages écrits par Gaspard-Hubert Lonsi Koko.

Depuis l'arrivée des Européens en terre africaine, le malheur des populations congolaises a sans arrêt été dû au fait d'être natives d'un territoire scandaleusement riche en ressources naturelles et géologiques. Leur pays étant très très convoité à la fois par les puissances extracontinentales et la plus grande majorité de leurs voisins, les Congolais n'ont plus que jamais un seul choix, celui de devenir les premiers gardiens de leurs intérêts et les seuls protecteurs de la terre de leurs aïeux. Ils sont condamnés, au-delà de leurs divergences internes, de rester soudés afin de faire patriotiquement front à diverses tentatives de déstabilisation territoriale et de pillages de leurs richesses.

Les différentes guerres volontairement non assumées, planifiées par les véritables commanditaires, à partir de l'Est de la République Démocratique du Congo, ont surtout été occasionnées par une succession de conflits fonciers, personnels, tribaux, ethniques et politiques. Elles n'ont cessé de s'entremêler avec les intérêts économiques, financiers et géostratégiques des pays voisins. Leur finalité n'a jamais dissocié le fait de vouloir dépeupler une partie du territoire congolais dans le but de permettre aux États prédateurs, ainsi qu'à leurs alliés régionaux et partenaires non africains, de poursuivre en toute aisance le pillage des matières premières du Kivu et de l'Ituri. Il est aussi question de l'établissement massif des populations en provenance des pays limitrophes – Rwanda, Burundi et Ouganda – dans les zones désertées par les autochtones contraints de fuir les massacres. À cet effet, plus de soixante-dix groupes, militaires ou miliciens, étrangers et nationaux, ont été armés gratuitement. Ils continuent de terroriser et d'humilier les populations locales. Ils ne cessent de cibler prioritairement les autochtones. Les enfants et les femmes sont, curieusement, leurs toutes premières victimes.

Cet ouvrage, lequel se situe tout à fait dans la droite ligne d'une autre publication du même auteur, intitulée *Le Congo-Kinshasa en quelques lettres* (L'Atelier de l'Égrégore, Paris, 2018), est relatif à l'avenir des populations congolaises et au devenir de leur pays. Il s'appesantit sur les sillons que pourraient suivre les Congolais éveillés et les forces vives de ce géant assailli avec acharnement, agressé dans sa partie orientale, ainsi que sur le façonnage d'un moule dans lequel coulera de manière consciente le Congolais de demain. Bref, aux dires de quelques chroniqueurs et spécialistes de l'Afrique, il est question du regard d'un essayiste réformiste, très habile et avisé, *condottiere* pétri d'intentions constructives et humanistes. Que les forces spirituelles soutiennent le Congo !

Gaspard-Hubert Lonsi Koko
Paris, le 8 décembre 2020

A

Accord-cadre d'Addis-Abeba

L'accord-cadre d'Addis-Abeba a été signé le 24 février 2013 dans la capitale éthiopienne par onze pays africains[7] sous l'égide de l'Organisation des Nations Unies représentées par son Secrétaire général Ban Ki-moon. Il vise à la restauration de la paix dans l'Est de la République Démocratique du Congo au regard de l'insécurité en cours depuis plus de deux décennies. Si les pays signataires se sont notamment engagés à ne pas soutenir les groupes armés actifs dans cette partie du continent africain, la République Démocratique du Congo et les Nations Unies ont pourtant accusé le Rwanda et l'Ouganda de soutenir la rébellion du Mouvement du 23 mars (M23)[8]. Celle-ci était très active dans la province du Nord-

---

[7] L'Afrique du Sud, l'Angola, le Burundi, le Centrafrique, le Mozambique, la République Démocratique du Congo, la République du Congo, le Rwanda, le Soudan du Sud, la Tanzanie et la Zambie.

[8] Un groupe ayant été créé lors de la guerre du Kivu. Il était composé d'anciens rebelles du Congrès national pour la défense du peuple (CNDP) réintégrés dans l'armée congolaise à la suite d'un accord de paix qui a été signé le 23 mars 2009 avec Kinshasa (voir le volet consacré à l'accord de Paix de Goma). Ils se sont

Kivu à partir de mai 2012. Cet accord recommande, entre autres, le renforcement « de la coopération régionale, y compris à travers l'approfondissement de l'intégration économique avec une attention très particulière accordée à la question de l'exploitation des ressources naturelles ».

> « Or, l'article 56 de la Constitution congolaise stipule que "tout acte, tout accord, toute convention, tout arrangement ou tout autre fait, qui a pour conséquence de priver la nation, les personnes physiques ou morales de tout ou partie de leurs propres moyens d'existence tirés de leurs ressources ou de leurs richesses naturelles, sans préjudice des dispositions internationales sur les crimes économiques, est érigé en infraction de pillage punie par la loi". En conséquence, précise l'article 57 de la loi fondamentale, "les actes visés à l'article précédent ainsi que leur tentative, quelles qu'en soient les modalités, s'ils sont le fait d'une personne investie de l'autorité publique, sont punis comme infraction de haute trahison". »

On peut, d'ores et déjà, percevoir les éventuelles conséquences de certains dispositifs dudit accord-cadre par rapport à la souveraineté nationale.

Le Conseil de sécurité a surtout souhaité l'intégration de la force internationale neutre à la Mission des Nations Unies pour la stabilisation en République Démocratique du Congo (Monusco), contrairement à la position officielle de quelques pays de l'Union africaine, comme l'Afrique du Sud, la Tanzanie et le Mozambique.

> « Ces États membres de la SADC[9], qui se sont [pourtant] engagés à fournir des effectifs de la nouvelle brigade, [ont estimé], de leur côté, que cette force devrait être placée

ensuite mutinés en avril 2012.
[9] La Communauté pour le développement de l'Afrique australe.

sous un commandement autonome.

» La force internationale neutre, composée de quatre mille soldats, [devait] démanteler les groupes armés opérant dans l'Est de la RDC, notamment les rebellions des Forces démocratiques pour la libération du Rwanda (FDLR) et du M23.

» Son déploiement entre la RDC et le Rwanda avait été proposé lors du sommet interministériel des États de la CIRGL[10], en mi-juillet 2012 à Addis-Abeba.

» Fin octobre [2012], les ministres de la Défense [des pays] de la CIRGL avaient adopté, à Goma, le plan d'opérationnalisation de ladite force, bien que son financement et la date effective de son déploiement n'aient [...] pas été définis. »[11]

Cette décision a révélé le manque de volonté et de crédibilité des autorités africaines dans la résolution des problèmes que rencontre depuis plusieurs décennies le continent. Effectivement, à l'instar de leurs homologues de la Communauté économique des États d'Afrique de l'Ouest (CEDAO) qui ont peiné à trouver la solution adéquate pour le rétablissement de l'unité du Mali, les représentants au sommet interministériel de la Conférence internationale sur la région des Grands Lacs (CIRGL) ont démontré, à l'issue de la rencontre du 11 juillet 2012 à Addis-Abeba, leur mauvaise foi. Cette incapacité à prendre des mesures d'urgence, s'agissant du conflit dont les dégâts collatéraux risqueraient d'hypothéquer l'entente cordiale entre les États de l'Afrique centrale et orientale, aurait dû inquiéter les autorités congolaises et l'Union africaine.

---

[10] La Conférence internationale sur la région des Grands Lacs.

[11] In *Crise à l'Est de la RDC : un accord de paix a été signé à Addis-Abeba*, article mis en ligne par *Radio Okapi* le 22 février 2013 et modifié le 8 août 2015, consulté le 11 février 2021. Voir le lien ci-dessous. (https://www.radiookapi.net/actualite/2013/02/24/crise-a-l-est-de-la-rdc-un-accord-de-paix-a-ete-signe-a-addis-abeba).

« Il est très important de rappeler qu'aucune intervention militaire sur le sol congolais ne devrait être pilotée par une force neutre. En effet, en tant que pays souverain, la République Démocratique du Congo est en droit d'assurer la sécurité, ou de la superviser, dans l'ensemble de son territoire. Cela implique la présence étatique sur la totalité du pays. Une action militaire, sous le contrôle des forces étrangères, consisterait *de facto* à une mise sous tutelle, avec tout ce que cela comporterait comme risque en matière de balkanisation. »[12]

À l'intérieur du pays et à l'étranger, certaines organisations non gouvernementales ont soutenu avec beaucoup d'enthousiasme l'accord-cadre d'Addis-Abeba appréhendé comme l'une des solutions aux problèmes de sécurité en cours dans l'Est de la République Démocratique du Congo. Mais d'autres, par contre, ont consciencieusement avancé l'hypothèse d'une aliénation de la souveraineté nationale. Les avis étaient très partagés, dans presque la même proportion, entre les Congolais aussi bien de l'étranger que ceux vivant au pays.

Six mois après la ratification dudit accord-cadre de paix et de stabilité dans les Grands Lacs africains, le coordonnateur national du mécanisme de suivi, François Muamba Tshishimbi, a manifesté devant la presse le 31 août 2013 sa satisfaction à propos des avancées significatives dans son application. Il a toutefois dénoncé l'incompréhensible attitude de certains pays de la région qui ne se sentaient plus concernés par leurs signatures, apposées en février

---

[12] In *Incohérences de l'accord d'Addis-Abeba sur la situation en RDC : la charrue avant les bœufs*, Gaspard-Hubert Lonsi Koko, article mis en ligne le 18 juillet 2012 par *La Revue Internationale* et consulté le 11 février 2021. Voir le lien ci-contre : https://www.revue-internationale.com/2012/07/incoherences-de-laccord-daddis-abeba-sur-la-situation-en-rdc-la-charrue-avant-les-boeufs.

dernier à ce texte à Addis-Abeba[13].

Tout justement, lors de son discours prononcé le 25 septembre 2013 à la 68ème session de l'Assemblée générale des Nations Unies, à l'époque chef de l'État congolais, Joseph Kabila Kabange a mis l'accent sur l'avènement d'une paix durable dans la région des Grands Lacs. L'issue du processus de pacification dépendait, de toute évidence, de la fin de l'impunité pouvant découler de la mise en œuvre de l'accord-cadre d'Addis-Abeba. Ainsi a-t-il non seulement demandé à l'Organisation onusienne « de traiter tous les États membres avec la même rigueur et d'exiger de chacun le strict respect de la charte des Nations Unies », et précisé que le fait de :

> « dénoncer la violation de ce principe [était] certes une bonne chose ; mais sanctionner ceux qui le [violaient était] de loin meilleur surtout quand la violation [était] établie, persistante et répétitive »[14].

Joseph Kabila Kabange a également rappelé ce qui, de son point de vue, était à l'origine de l'insécurité dans l'Est de la République Démocratique du Congo :

> « Il est [...] important de rappeler une double réalité souvent méconnue ou occultée, à savoir : c'est pour avoir posé un acte de solidarité en [ayant accueilli] sur son territoire des réfugiés originaires du Rwanda, que les popula-

---

[13] In *François Muamba se réjouit de l'application de l'accord d'Addis-Abeba*, article mis en ligne sur par *Radio Okapi* le 2 septembre 2013 et modifié le 8 août 2015, consulté le 11 février 2021 (https://www.radiookapi.net/emissions-2/dialogue-entre-congolais/2013/09/02/ce-soir-francois-muamba-se-rejouit-de-lapplication-de-laccord-daddis-abeba).

[14] In *Discours de Son Excellence Monsieur le Président de la République à la 68ème session de l'Assemblée générale des Nations Unies*, New York, le 25 septembre 2013, p. 5. Document PDF consulté le 11 février 2021. Voir le lien ci-contre : https://www.radiookapi.net/sites/default/files/Discours-Kabila.pdf.

tions de l'Est [du Congo ont été] privées de paix, droit élémentaire de tout être humain, et qu'ils [n'ont arrêté] de compter les morts.

» Une véritable tragédie dont l'ampleur n'a d'égale dans l'Histoire de l'humanité et qui ne peut laisser cette dernière indifférente.

» Il y a lieu de se demander ce qui resterait du droit international humanitaire si accueillir des réfugiés en détresse, acte humanitaire par excellence, devait désormais être considéré suffisant pour justifier le déclenchement d'une guerre, l'épisode [...] de cette tragédie sans fin [ayant été] celui de ces femmes et enfants de Goma aplatis sous les bombes au mois de juillet [2013]. »[15]

Curieusement, ayant déjà été mis en place par les signataires de l'accord-cadre d'Addis-Abeba, dans l'absolu, le mécanisme de suivi régional n'est plus guère habilité à sanctionner tout manquement aux engagements contractés. Nul n'ignore que les institutions supranationales sont pourvues de pouvoirs de décision à l'égard des États membres et de leurs ressortissants. Le fait d'avoir ignoré ce principe fondamental a démontré la logique expansionniste qui a animé la plus grande majorité des signataires de cet accord-cadre, dont le but réel avait trait à la recherche de nouveaux marchés et à l'exploitation dans l'impunité des ressources naturelles de la région du Kivu et de l'Ituri. Les décisions que prendrait ce mécanisme régional de suivi, le fameux système « 11 + 4 »[16], ne pourraient être révocables par le gouvernement congolais.

---

[15] *Ibidem*, p. 4.

[16] Lequel serait étroitement lié à l'Union africaine, à la Conférence internationale sur la région des Grands Lacs africains et à la Communauté pour le développement de l'Afrique australe, ainsi qu'à d'autres partenaires internationaux, y compris l'Union européenne, la Belgique, les États-Unis d'Amérique, la France et le Royaume-Uni. Un plan détaillé pour la mise en œuvre de l'accord-cadre serait développé conjointement, y compris l'établissement de critères et mesures de suivi appropriées.

Leurs règlements et directives, qui auraient la primauté sur le droit national, s'appliqueraient automatiquement. Ainsi la République Démocratique du Congo serait-elle mise *de facto* sous tutelle.

> « Certes, les acquis de l'accord-cadre d'Addis-Abeba –notamment ceux [se rapportant] à l'évolution du mandat des forces onusiennes, au déploiement d'une brigade d'intervention rapide et à la nomination d'un Envoyé spécial des Nations Unies – ont permis la fragilisation du M23 [...] désormais contraint d'engager des négociations à Kigali en vue de l'attitude à adopter. Néanmoins, la Constitution congolaise réaffirme, dans son article 5, le principe démocratique selon lequel tout pouvoir émane du peuple. » Comme le souverain primaire a délégué ses représentants dans les institutions étatiques, il [revenait] au Parlement congolais[17] de jouer pleinement son rôle en demandant des explications à l'autorité ayant engagé le pays dans un accord-cadre dont certaines clauses hypothéqueraient la souveraineté de la République Démocratique du Congo et encourageraient le pillage de ses ressources naturelles. »[18]

Plus explicitement, les Parlementaires congolais auraient dû auditionner les ministres des Affaires étrangères, Raymond Tshibanda, et de la Défense nationale, Alexandre Lubal Tamu, pour essayer au moins de comprendre la nature des recommandations ayant véritablement motivé le président Joseph

---

[17] En effet, les commissions des affaires étrangères et de la défense des chambres haute et basse du Parlement congolais auraient dû se réunir en urgence pour se pencher sur lesdites clauses qui, si elles n'étaient pas précisées, risqueraient vraisemblablement d'officialiser la soumission de la République Démocratique du Congo aux décisions qui découleraient du système « 11 + 4 ».

[18] In *RDC : les visées expansionnistes de l'accord-cadre d'Addis-Abeba*, Gaspard-Hubert Lonsi Koko, article mis en ligne le 28 février 2013 par *Union du Congo* et consulté le 11 février 2012. Voir le lien ci-contre : http://uniondu-congo.blogspot.com/2013/02/rdc-les-visees-expansionnistes-de.html.

Kabila Kabange, garant de la souveraineté nationale conformément à l'article 69 de la Constitution[19], à ratifier l'accord-cadre d'Addis-Abeba. Ils auraient dû préconiser, comme l'ont d'ailleurs fait dans un passé proche la France et l'Allemagne, des clauses de substitution pouvant privilégier une politique étrangère et de sécurité commune, ainsi qu'un mode intergouvernemental en matière de justice et d'affaires intérieures. Ainsi auraient-ils dû faire évoluer certains engagements dudit accord-cadre au profit des institutions transnationales.

Accord de Luanda

L'accord de Luanda, lequel a été signé le 6 septembre 2002 par le président congolais Joseph Kabila Kabange et son homologue ougandais Yoweri Kaguta Museveni, a préconisé le retrait des troupes ougandaises du territoire de la République Démocratique du Congo et la normalisation des relations diplomatiques entre les deux pays. Perçu favorablement par des entités extérieures, telles que les Nations Unies et l'Union européenne, cet accommodement est devenu une base pour les autres accords de paix en Afrique.

> « Ce nouveau pacte de coexistence pacifique entre deux voisins divisés par la guerre depuis le 2 août 1998 [a été] perçu comme un jalon de plus dans la voie de la construction de la paix dans les Grands Lacs. L'accord de Luanda, [...] a été dans un premier temps signé [le 15 août 2020] par le ministre congolais à la Présidence, [Augustin] Katumba Mwanke, et son homologue ougandais chargé des Affaires étrangères, James Wapakhabulo. »

---

[19] Modifiée par la Loi n° 11/002 du 20 janvier 2011, portant révision de certains articles de la Constitution de la République Démocratique du Congo du 18 février 2006.

L'accord de Luanda a eu le mérite de la clarté. N'ayant souffert d'aucune ambiguïté, il a préconisé le retrait « sans délai et sans condition » des troupes ougandaises du sol congolais, notamment de leurs bases opérationnelles de Gbadolite, Bunia et Beni. Il a avant tout concerné l'exploration et la production des hydrocarbures dans une zone d'intérêt commun. Mais, peut-on reconnaître avec le recul indispensable à l'histoire,

> « le retrait des troupes ougandaises a en outre laissé le pouvoir vacant, en particulier en Ituri. Dans une étude récente, un groupe local de défense des droits humains implanté à Bunia a signalé une recrudescence de la violence, des meurtres politiques et des combats dans toute la province. Depuis l'accord de Luanda, l'armée ougandaise a de nouveau déployé des forces en RDC. L'Ouganda a démenti des informations selon lesquelles, le 20 octobre 2002, ses troupes étaient stationnées à Rwabisengo, du côté ougandais de la frontière, d'où elles pouvaient aisément franchir le fleuve Semiliki pour pénétrer dans l'Est de la RDC.
>
> » L'absence de projection et de perspectives à long terme dans la planification du processus de retrait des troupes, ainsi que le manque de clarté du calendrier accompagnant l'accord intervenu entre les gouvernements ougandais et rwandais pour retirer leurs forces, ont eu de sérieuses répercussions sur l'efficacité et la viabilité de l'opération. La Monuc a été incapable d'assurer la paix et la sécurité en raison de la limitation de son mandat et du manque de ressources appropriées. Ces éléments [ont risqué] d'inverser le processus de retrait des troupes. »[20]

---

[20] In *République Démocratique du Congo : « Nos frères qui aident à nous tuer… », Exploitation économique et atteintes aux droits humains dans l'Est du pays*, par *Amnesty International*, Index AI : AFR 62/010/2003, Londres, avril 2003, p. 10. Document PDF consulté le 10 février 2021. Voir le lien ci-contre : https://www.amnesty.org/download/Documents/100000/afr620102003fr.pdf.

Si l'Union européenne a publié une déclaration favorable à l'accord de Luanda comme mécanisme d'aide aux efforts de paix, elle a aussi reconnu que la poursuite des combats entre les populations congolaises constituait une raison valable pouvant justifier la présence protectrice de l'Ouganda sur le sol congolais. Force est donc de constater que,

> « depuis la signature de l'accord de Paix de Luanda, les parties signataires n'ont pu s'accorder sur la mise sur pied du mécanisme de sécurité des versants Ouest du Ruwenzori qui constitue le seul dispositif de l'accord de Luanda relatif au problème des groupes armés ougandais. Il sied de relever d'ailleurs que ce mécanisme ne visait pas les opérations DDRRR[21] dans le sens classique du terme. Dans l'entendement des signataires de l'accord, ce mécanisme de sécurité des versants Ouest du Ruwenzori visait l'organisation des patrouilles mixtes pour la traque, le démantèlement et la destruction des sanctuaires et réseaux des groupes armés ougandais opérant dans ce secteur.
> » Nulle part dans l'accord, il n'est fait allusion au rapatriement des combattants désarmés et démobilisés. Il importe de relever par ailleurs l'impasse de l'application du principe de l'article 1er alinéa 4 de l'accord concernant ce mécanisme de sécurité des versants Ouest du Ruwenzori. En effet, dans la poursuite de l'exécution de l'engagement relatif à ce mécanisme, le calendrier des activités de la mise en œuvre de l'accord de Paix de Luanda [a prévu] la tenue d'une réunion des Experts pour son élaboration à jour j + 7, c'est-à-dire le 13 septembre 2002. »[22]

---

[21] Désarmement, démobilisation, rapatriement, réintégration et réinstallation des groupes armés étrangers.

[22] In *Cahier des charges, avec ampliation à tous les acteurs nationaux, africains et internationaux*, sous l'orientation pédagogique de M. Fernadez Murhola, COJESKI-RDC, septembre 2004, p. 77. Document PDF consulté le 10 février 2021. Voir le lien ci-dessous.
(https://repositories.lib.utexas.edu/bitstream/handle/2152/4189/3300.pdf

En tout cas, ce traité bilatéral a directement modifié les termes de l'accord de Lusaka ratifié en juillet 1999, même si les deux conventions nécessitaient le consentement explicite de la République Démocratique du Congo pour autoriser une intervention des troupes ougandaises sur ses terres. En effet, en vue de la pacification régionale, d'aucuns devaient avoir à l'esprit quelques recommandations sur :
- le non-recours à la force, le règlement pacifique des différends, le respect de la souveraineté et la non-intervention à la fois ;
- les règles d'occupation, le respect de la souveraineté sur les ressources naturelles, le droit à l'autodétermination des peuples et les principes de non-ingérence dans les affaires internes ;
- les obligations juridiques internationales relatives au respect des droits de l'Homme, y compris l'obligation de faire la distinction entre les objectifs civils et militaires pendant les conflits armés.

Accord de Lusaka

Sous la médiation et avec la caution de l'Organisation de l'Unité africaine (OUA), des Nations Unies et de la SADC, l'accord de cessez-le-feu de Lusaka a été signé dans la capitale zambienne le 10 juillet 1999 par l'Angola, la République Démocratique du Congo, la Namibie, le Rwanda, l'Ouganda et le Zimbabwe, dans l'optique de mettre définitivement fin à la Deuxième Guerre du Congo[23]. Il a ensuite été ratifié par

---

;sequence=1).

[23] La Deuxième Guerre du Congo se rapporte à un conflit armé qui s'est déroulé sur le sol congolais de 1998 à 2002, avec une fin formelle le 30 juin 2003. Elle a impliqué neuf pays africains, et une trentaine de groupes armés ; ce qui en fait la plus grande guerre entre États dans l'histoire de l'Afrique contemporaine. Elle est aussi considérée comme la « Grande Guerre africaine » ou encore la « (Pre-

Jean-Pierre Bemba Gombo du Mouvement de libération du Congo (MLC), le 1er août 1999, et, le 31 août 1999, par cinquante membres fondateurs du Rassemblement congolais pour la démocratie (RCD).

> « Les accords de paix de Lusaka d'abord, en 1999, puis de Pretoria et de Luanda, en 2002, sont venus relativement stabiliser la région, avec notamment le départ des 20 000 soldats rwandais présents dans l'Est de la RDC. Cependant, en dépit de tous ces accords, de ceux qui ont suivi (Nairobi 2006), de la présence de 20 000 Casques bleus et de l'organisation d'élections nationales en RDC (2006 et 2011) qui ont conforté [Joseph] Kabila, de nombreux groupes armés, parrainés par des gouvernements étrangers, ont continué à opérer [dans] le territoire congolais. Cette instabilité chronique a anéanti toute possibilité de développement durable du pays et rendu impossible la normalisation des relations entre Kinshasa et Kigali. »[24]

Dans un premier temps, du 21 au 27 juin 1999, les négociations entre les représentants des trois communautés ont abouti au texte de l'accord ayant ainsi précédé la rencontre, du 19 juin au 7 juillet, des ministres de la Défense et des Affaires étrangères des parties au conflit en vue d'une discussion sur le fond. Le chef de l'État zambien, Frederick Chiluba, en tant que président de l'Initiative régionale pour la paix en République Démocratique du Congo, a joué un rôle détermi-

---

mière) Guerre mondiale africaine » ou la « Deuxième Guerre de libération nationale ». Ce conflit a occasionné de nombreux viols et massacres et entraîné, selon les différentes sources et, aux dires des démographes européens, le décès de 183 000 à environ 4 à 4,5 millions de personnes principalement de famine et de maladies. D'ailleurs, un rapport de l'*International Rescue Committee* a abondé dans ce sens. Des millions d'autres personnes ont été déplacées de leurs terres ou ont trouvé refuge dans les pays limitrophes.

[24] In *Le Rwanda et la République Démocratique du Congo : David et Goliath dans les Grands Lacs, op. cit.*

nant dans la signature dudit accord.

> « Pourquoi cet interminable conflit ? Experts et chercheurs ont avancé différentes explications ancrées dans des écoles théoriques et de pensées distinctes. En simplifiant, disons qu'elles [ont insisté] sur la faiblesse étatique, l'abondance des ressources naturelles et l'importance des conflits locaux pour expliquer la persistance de la violence. Comme [l'a résumé] un journaliste ougandais : "le problème du Congo est d'être trop grand, trop riche et trop faible". »[25]

Selon les dispositions de l'accord de Lusaka, les parties concernées devaient mettre un terme aux opérations militaires dans les vingt-quatre heures ayant suivi la ratification. De plus, l'article Ier a préconisé l'interdiction de tout mouvement militaire et le transfert d'armes vers le champ de bataille. Toutes les nations devaient donc respecter les droits humains et protéger les civils. L'article III a ordonné la libération de tous les prisonniers de guerre, confié au Comité international de la Croix rouge (CICR) la tâche de prêter secours aux blessés et requis le déploiement d'une force onusienne de maintien de la paix sur la base du chapitre VII de la Charte des Nations Unies. L'OUA devait également s'attendre à l'implication de la mission onusienne, en tant qu'une force temporaire de maintien de la paix.

Très critiques en 2003, Mwesiga Laurent Baregu et le professeur Chris Landsberg, de l'*International Peace Academy*, ont allégué que cette mission onusienne dépassait les capacités de l'OUA. Par conséquent, la Communauté de développement d'Afrique australe (SADC) aurait été plus à même d'assumer une telle tâche.

---

[25] In *We Have Had Two Decades of War in Congo, How About we Try Some Love?*, Daniel Kalinaki, *The Daily Monitor*, 2 août 2012.

« Il n'y a plus eu de véritable processus de paix depuis 2006, fin de la période du gouvernement de transition, pour affronter ces différents défis. On a vu au contraire des corrections techniques et des accords secrets conclus entre Kinshasa et Kigali, sans qu'aucun d'entre eux ne parvienne à entraver ces dynamiques sous-jacentes. En raison de la nature épineuse du problème – un État fort ne se [matérialiserait] pas dans un futur proche, et de tels problèmes d'investissement [étaient] difficiles à résoudre sans la médiation d'une tierce partie crédible – il n'y [avait] pas de solution miracle. Mais la première étape [était] bien de comprendre la nature du problème. »[26]

Kofi Annan, à l'époque Secrétaire général de l'Organisation onusienne, a publié le 15 juillet 1999 un rapport recommandant le déploiement d'une mission d'observation en République Démocratique du Congo, tandis que, le 23 juillet, le Département d'État des États-Unis d'Amérique a sans tarder affirmé son soutien à une mission de maintien de la paix. Le 6 août de la même année, le Conseil de sécurité des Nations Unies a adopté la résolution 1258 prévoyant le déploiement de personnel de liaison militaire dans les capitales des pays signataires de l'accord et l'établissement d'une commission militaire mixte pour superviser sa mise en œuvre. Le 5 novembre 1999, le Conseil de sécurité a enfin confirmé l'envoi de la Mission de l'Organisation des Nations Unies en République Démocratique du Congo (Monuc) dans la résolution 1273. Mais les deux résolutions onusiennes n'auraient aucune conséquence escomptée sur le terrain. Le cessez-le-feu n'étant pas appliqué, les combats et massacres se sont poursuivis jusqu'en 2002. Au cours de l'année 2021, la Monuc étant devenue la Monusco en juillet 2010, des groupes

---

[26] In *Repenser la crise au Kivu : mobilisation armée et logique du gouvernement de transition*, Jason Stearns, traduction de Raphaël Botiveau, dans *Politique africaine* 2013/1, n° 129, pp. 23-48.

rebelles non-signataires n'ont cessé de s'activer dans la partie orientale du territoire congolais, notamment au Nord-Kivu et au Sud-Kivu, ainsi qu'en Ituri[27].

Accord de Nairobi 1

C'était dans la capitale kenyane qu'a été ratifié le Pacte de sécurité, de stabilité et de développement de la région des Grands Lacs africains. En effet, le 9 novembre 2007, les ministres des Affaires étrangères congolais et rwandais, Antipas Mbusa Nyamwisi et Charles Murigande, ont signé, à Nairobi, un communiqué conjoint convenant que les anciens FAR/Interahamwe constituaient une menace majeure pour la sécurité à la fois des territoires rwandais et congolais. Ils étaient convaincus que « la présence de groupes armés irréguliers congolais dans l'Est de la République Démocratique du Congo [représentait] également une menace pour la paix et la sécurité dans l'ensemble de la région des Grands Lacs ». À vrai dire, contraints de trouver la solution idoine,

> « les gouvernements congolais et rwandais ont […] affirmé leur engagement à "démanteler les ex-FAR/Interahamwe comme organisation génocidaire et militaire opérant sur le territoire de la RDC" et à "empêcher tout soutien direct ou indirect – politique, matériel ou humain – à tout groupe national ou étranger opérant en RDC". Le gouvernement de la RDC s'est engagé à "préparer, pour le 1er décembre 2007, un plan détaillé pour désarmer les ex- FAR/Interahamwe et éliminer la menace qu'elles [constituaient]". Le gouvernement rwandais, de son côté, s'est engagé à "pren-

---

[27] Le conflit d'Ituri, ou guerre d'Ituri, a pris le relais de la Deuxième Guerre du Congo qui s'est déroulée de 1998 à 2002. Il a essentiellement opposé des milices lendu, de la Force de résistance patriotique de l'Ituri (FRPI), et hema dans le district de l'Ituri dans la Province orientale au Nord-Est de la République Démocratique du Congo.

dre toutes les mesures nécessaires pour sécuriser sa frontière et empêcher l'entrée ou la sortie de membres de tout groupe armé, en particulier de celui du chef de milice dissident [Laurent Nkundabatware Mihigo[28]]". »

Cet accord prévoyait, entre autres, la normalisation des relations entre Kinshasa et Kigali, mais aussi le désarmement, la démobilisation et le rapatriement des combattants rwandais qui sévissaient dans le territoire congolais.

Accord de Nairobi 2

Après leur défaite face aux éléments des FARDC et des Casques bleus de la Monusco le 5 novembre 2013, les rebelles du M23 ont signé avec Kinshasa le 12 décembre de la même année dans la capitale kenyane un traité de paix conclu à Goma, baptisé accord de Nairobi 2. Cela a été conclu sur la base de la mutation du mouvement en parti politique, d'une amnistie pour les faits de guerre et d'insurrection, de la démobilisation et la réinsertion des ex-combattants. L'accord a aussi inclus la possibilité de rapatrier les combattants de ce groupe rebelle depuis l'Ouganda et le Rwanda, où ils avaient trouvé refuge.

------

[28] Officier supérieur du Rassemblement congolais pour la démocratie – Goma (RCD-Goma), l'un des principaux groupes rebelles soutenu par le Rwanda ayant combattu en République Démocratique du Congo de 1998 à 2003, Laurent Nkundabatware Mihigo était connu sous le nom de Laurent Nkunda. En 2004, il a été nommé général dans une nouvelle armée nationale congolaise créée avec des soldats des forces dissidentes à la fin de la guerre. Il a décliné la proposition et s'est retiré avec des centaines de ses soldats dans les forêts du Masisi au Nord-Kivu. En septembre 2005, un mandat d'arrêt a été lancé contre lui à cause de son implication, sur le sol congolais, dans de nombreux crimes de guerre au cours des trois dernières années : exécutions sommaires, tortures, ainsi que viols commis par des soldats sous son commandement à Kisangani en 2002 et à Bukavu en 2004.

« Le 5 novembre [2013], le Mouvement du 23 mars, dont les responsables militaires [appartenaient] majoritairement à la population banyarwanda [...], avait annoncé [le fait d'avoir abandonné] la lutte armée. Soudain, [c'était] un cercle vicieux qui [a semblé] avoir été brisé. La victoire des Forces armées de la RDC (FARDC) [était] une revanche de nature historique. Jamais, depuis que le cycle des guerres [s'était] ouvert dans l'ex-Zaïre en 1997, l'armée n'était parvenue à battre une rébellion soutenue par les pays [bordant] le géant congolais à l'Est. Des processus de paix [avaient en effet] permis d'éteindre des rébellions, jamais de les casser militairement ni de répondre à leurs griefs politiques. »[29]

Cet accord concernant la sécurité dans l'Est de la République Démocratique du Congo aurait dû ensuite être conclu après la cessation des hostilités, mais sa ratification serait reportée au dernier moment, c'est-à-dire une semaine plus tard. Cela était dû au désaccord entre le gouvernement de Kinshasa et le M23 sur la qualification du texte, le pouvoir congolais ayant accepté de ne parapher qu'une simple « déclaration », et non un « accord de paix ».

« Il [était] plus prudent de ne pas vendre la peau de l'ours avant d'être sûr de l'avoir abattu. Neutraliser les éléments du M23 [était] une chose. Stabiliser complètement la région du Kivu en [était] une autre. Le M23 [ayant été] l'émanation du Congrès national pour la défense du peuple (CNDP), rien ne [garantissait] que sa décapitation [n'allait] pas générer d'autres mouvements armés. Raison pour laquelle la victoire militaire sur ce groupe rebelle [aurait dû] être accompagnée d'un accord de non-agression entre le Rwanda, l'Ouganda et la RD Congo – l'objectif [était]

[29] In *En RDC, les dessous d'une victoire*, Jean-Philippe Rémy, article mis en ligne sur le site Internet du quotidien français *Le Monde*, consulté le 9 février 2021 (https://www.lemonde.fr/afrique/article/2013/11/20/en-rdc-les-dessous-d-une-victoire_3516689_3212.html).

de pacifier pour longtemps la région des Grands Lacs. »[30]

Parmi ces engagements ayant été pris figurait l'amnistie au profit des rebelles qui ne s'étaient pas rendus coupables de crimes de guerre ou de crimes contre l'Humanité. Cela concernait 549 membres de l'ancienne rébellion du M23. Par contre, environ 500 ex-combattants du M23, qui avait fui en Ouganda et au Rwanda, n'ont toujours pas été rapatriés vers la République Démocratique du Congo.

Un document, lequel circulait déjà sur les réseaux sociaux, a révélé les clauses ayant été finalisées dans la capitale ougandaise le 11 novembre 2013 par les parties concernées en vue de l'engagement du gouvernement congolais et des rebelles du M23. Dans les points 6, 7 et 8 dudit document, l'accent était mis sur le retour et l'installation des réfugiés, y compris des personnes déplacées internes, également sur les biens spoliés, extorqués, volés, pillés et détruits, ainsi que sur la réconciliation nationale et la justice.

> « En quoi un mouvement défait militairement et ayant annoncé la fin de son existence en tant que structure armée [pouvait-elle] imposer sa volonté, s'agissant des domaines ayant trait aux pouvoirs régaliens du gouvernement congolais ? Depuis quand le vaincu impose-t-il sa volonté au vainqueur ? »[31]

---

[30] In *RD Congo : vers un règlement définitif de la crise du Kivu ?*, interview de Gaspard-Hubert Lonsi Koko accordée le 30 octobre 2013 à Sybille de Laroque pour la plateforme *JOL Press*, consulté le 9 février 2021. Voir le lien ci-contre : https://www.revue-internationale.com/2013/10/rd-congo-vers-un-reglement-definitif-de-la-crise-du-kivu.

[31] In *RD Congo, les véritables intentions des parrains du M23*, Gaspard-Hubert Lonsi Koko, article daté du 25 novembre 2013 et consulté le 9 février 2021 sur le site Internet de *La Revue Internationale*. Voir le lien ci-contre : https://www.revue-internationale.com/2013/11/rd-congo-les-veritables-inten-tions-des-parrains-du-m23.

À cette phase, les pourparlers de Kampala devaient respecter les principes généraux du droit international[32] relatif à la non-ingérence dans les affaires intérieures d'un État souverain. La défection du M23 n'obligeait plus la République Démocratique du Congo à signer un quelconque accord avec des individus qui, s'ils étaient réellement des citoyens congolais, de surcroît soutenus militairement par des États limitrophes, étaient passibles devant la justice pour avoir violé un bon nombre de dispositifs de la Constitution du 18 février 2006. Leurs actes relèvent de la haute trahison.

> « L'éventualité d'une solution à la dramatique situation en cours dans l'Est de la République Démocratique du Congo [semblait] être hypothéquée par le machiavélisme de la communauté internationale et l'hypocrisie des chefs d'État de la région des Grands Lacs africains.
> » [...] D'aucuns ne [pouvaient] qu'être surpris par l'ambiguïté du Conseil de sécurité des Nations Unies [...]. Rappelons que les États-Unis ont annoncé, le 3 octobre 2013, qu'ils avaient pris des sanctions contre le Rwanda pour des cas de recrutement d'enfants soldats liés à la rébellion du M23 soutenue par Kigali en République Démocratique du Congo. La plus haute responsable du département d'État pour l'Afrique, Mme Linda Thomas-Greenfield, n'ayant ni précisé de quand datait la loi sanctionnant le Rwanda, ni quelles étaient les sanctions prises contre Kigali, les lobbyistes du président Paul Kagamé [se sont activés] pour qu'une solution politique soit [vite] trouvée dans la région des Grands Lacs. Cela [faciliterait la levée des] sanctions contre le pays des mille collines et [permettrait], en douceur, l'infiltration des institutions congolaises par les poulains rwandais qui [constituaient] l'effectif du M23.

---

[32] À savoir des principes non écrits, c'est-à-dire non expressément formulés dans des textes, mais qui, dégagés par le juge et consacrés par lui, s'imposent à l'administration dans ses diverses activités.

» Les spécialistes de la région des Grands Lacs africains [savaient] que les pourparlers de Kampala [préfiguraient de toute façon], à n'en pas douter, le devenir de la République Démocratique du Congo. Aussi l'attitude du Conseil de sécurité des Nations Unies [a-t-elle conforté] de plus en plus l'hypothèse d'un complot international contre ce pays qualifié de scandale géologique. La situation sur le terrain lui [ayant été] enfin favorable – grâce, entre autres, au déploiement de la brigade d'intervention en appui à la Monusco –, Kinshasa aurait dû cesser toute participation aux pourparlers de Kampala. Ce qui [était] en train de se dérouler dans la capitale ougandaise, entre les représentants du gouvernement congolais et ceux du mouvement dénommé M23, [n'a fait] que révéler le pot aux roses. En dépit de cette démarche sournoise à finalité balkanisatrice, la République Démocratique du Congo [avait] la possibilité d'accompagner les menteurs jusqu'à la porte. Encore [fallait-il] que Kinshasa [ait pu] habilement manœuvrer. [N'était] pas [du tout] Talleyrand qui [aurait pu] le [vouloir] ! »[33]

Pouvait-on pour autant conclure que la mauvaise foi et les intentions cachées contraignaient le Rwanda et l'Ouganda, ainsi que la communauté internationale, à traiter le M23 et le gouvernement congolais sur un pied d'égalité ?

« La signature de l'accord-cadre d'Addis-Abeba et la mise en place de la brigade d'intervention ont signifié l'échec de la médiation ougandaise dans le cadre de la CIRGL. De ce fait, le gouvernement congolais s'est retrouvé en position de force par rapport au M23. Retourner à Kampala, au moment où le M23 [était] affaibli, ne [pouvait] que paraître incompréhensible. De plus, vu le caractère supra-

---

³³ In *Un complot international contre la RD Congo ?*, Gaspard-Hubert Lonsi Koko, *Agoravox*, le 7 octobre 2013, consulté le 4 mars 2021. Voir le lien ci-contre : https://www.agoravox.fr/actualites/international/article/un-complot-international-contre-la-141824.

national des décisions prises par l'Union africaine et le Conseil de sécurité des Nations Unies, il ne [revenait] plus au président Yoweri Museveni d'arbitrer quoi que ce soit. La délégation gouvernementale [airait donc dû] signifier au médiateur ougandais que la République Démocratique du Congo [souhaitait] la nomination d'un Haut représentant des Nations Unies pour superviser l'articulation de l'accord-cadre d'Addis-Abeba et la mise en place d'une institution, dans le cadre du mécanisme du suivi régional, en mesure de sanctionner les éventuels manquements de la part des contractants. Il [aurait en effet dû être] hors de question que ces retrouvailles servent à régler des problèmes congolo-congolais, lesquels [devaient] être évoqués à Kinshasa dans un cadre inclusif. »[34]

En tout cas, les clauses 6, 7 et 8 du document que l'on souhaitait faire signer au gouvernement congolais avaient pour finalité l'introduction en toute légalité des populations étrangères sur le sol congolais, et l'assurance de leurs besoins matériels et fonciers, dans le Nord-Kivu. Cette infiltration déboucherait, en principe, sur un processus, ultérieurement, d'autodétermination territoriale. Telles étaient les véritables intentions des parrains du M23.

Accord de Paix de Goma

L'accord de Goma, signé[35] le 23 mars 2009 dans la capi-

______

[34] In *RDC : Du dialogue national aux négociations de Kampala*, interview de Gaspard-Hubert Lonsi Koko accordée le 10 avril 2013 à Roger Musandji pour *L'Œil d'Afrique*, reprise par le blog d'*Union du Congo* et consultée le 4 mars 2021 (https://unionducongo.blogspot.com/2013/04/rdc-du-dilogue-national-aux.html?m=0).

[35] Sous les auspices de la co-facilitation de l'envoyé spécial du Secrétaire général de l'Organisation des Nations Unies pour les Grands Lacs, S. E. Monsieur Olusegun Obasanjo, et du co-facilitateur de l'Union africaine, ainsi que de la Conférence internationale sur la Région des Grands Lacs (CIRGL),

tale du Nord-Kivu, a prévu la transformation du Congrès national pour la défense du peuple (CNDP) en parti politique, la libération de ses membres détenus par les autorités de la République Démocratique du Congo et la promulgation par Kinshasa d'une loi d'amnistie des anciens rebelles.

> « Olusegun Obasanjo, qui a rencontré Laurent [Nkunda-batware] le 16 novembre [2008], a rappelé que le chef rebelle avait présenté trois exigences principales – des discussions directes avec le gouvernement, la protection des minorités et l'intégration de ses hommes dans l'armée et l'administration congolaises. L'envoyé de l'ONU a dit ne pas juger ces exigences "exorbitantes", [ayant ajouté] que le gouvernement de Kinshasa pouvait rencontrer Laurent [Nkundabatware] pour discuter des détails d'un accord. »[36]

Pour Gervais Muhindo Bayibika, enseignant et chercheur à l'université de Goma dans le Nord-Kivu,

> « en dépit de cet accord de paix consécutif à la guerre du CNDP, les acteurs politiques et analystes de la sécurité dans la région [ont été] profondément divisés au sujet de son impact sur la paix et la sécurité dans cette partie du pays. Pour les uns, cet accord aurait contribué au retour d'une paix relative dans la province du Nord-Kivu. Pour les autres, ledit accord n'aurait pas été appliqué dans son intégralité, comme [l'a témoigné] l'insécurité permanente dans laquelle [est restée] plongée cette Province où tueries par armes, viols, assassinats, kidnappings, déplacements internes, graves violations des droits humains, justice

---

S. E. Monsieur Benjamin William Mkapa.

[36] In *Négocier : oui, mais dans le cadre de l'accord de Goma*, article de l'agence *Reuters* mis en ligne le 26 novembre 2008 sur le site Internet de *La Libre Belgique*, consulté le 10 février 2021. Voir le lien ci-dessous. (https://www.lalibre.be/international/negocier-oui-mais-dans-le-cadre-de-l-accord-de-goma-51b8a29fe4b0de6db9b484ce).

populaire, enrôlements forcés des enfants, etc. [sont restés] monnaie courante et banalisés. »[37]

Mais différents mouvements armés des Kivu du Nord et du Sud ont estimé en avril 2010, en toute sincérité ou non, que le gouvernement congolais n'avait pas respecté son engagement et n'avait rien entrepris, quant à l'application de l'accord de Goma. Dans l'intention de manifester leur mécontentement, des représentants de dix-sept factions armées, dont le CNDP et plusieurs groupes Maï-Maï, se sont réunis au sein de l'Alliance pour la sauvegarde de l'accord de paix de Goma[38] sous la direction du chef des Maï-Maï Kifuafua, en la personne de Didier Bitaki.

> « Les différends qui [les] opposaient auparavant n'avaient plus de sens. [C'était] parce [qu'ils avaient] découvert les catalyseurs, c'est-à-dire le gouvernement de Kinshasa. Lorsque l'on [disait] que l'intégration politique [était] un élément important pour que ces accords trouvent une issue favorable, il y [avait] l'intégration dans l'armée, qui serait une condition pour qu'il y ait la paix. Il y [avait] le projet de développement. Il y [avait] la reconnaissance des provinces de l'Est, [c'étaient] des provinces sinistrées, cela [n'avait] jamais été déclaré. […] Voilà pourquoi [ils disaient] que le gouvernement [devait] sentir qu'il [était] responsable de tout ce qui [pouvait] arriver, tout [pouvait] être possible… »[39]

---

[37] In *L'accord de paix de Goma du 23 mars 2009 et son impact sur la sécurité dans la province du Nord-Kivu*, Gervais Muhindo Bayibika, préface de Jean Otemikongo Mandefu Yahisule, Éditions universitaires européennes, 2020.

[38] Cette structure regroupait notamment le CNDP, les Patriotes résistants congolais (Pareco), les Maï-Maï Kifuafua et Mongol.

[39] In *Création de l'Alliance pour la sauvegarde des accords de paix de Goma*, article mis en ligne le 11 avril 2010 sur le site Internet de *Radio France Internationale* et consulté le 10 février 2021 (https://www.rfi.fr/fr/contenu/20100411-creation-alliance-sauvegarde-accords-paix-goma).

On était confronté aux faillites du « brassage », à l'intégration des anciens guérilleros à travers un processus de « dilution » dans différentes unités de l'armée régulière, au difficile suivi sur le plan psychologique, et au manque flagrant de fonds. Entre-temps, les dirigeants et leurs affidés s'enrichissaient de manière éhontée. Tous ces facteurs ont poussé les hommes en arme à vivre aux dépens des populations civiles.

> « D'une part, il n'y [avait] pas de plan pour un démantèlement des FDLR[40]. Au Nord-Kivu, ces milices, qui [connaissaient] bien le terrain, [venaient] parfois donner des "coups de main" aux FARDC[41] pour attaquer le CNDP de [Nkundabatware]. Par ailleurs, au Sud-Kivu, plus aucun affrontement armé impliquant des FDLR [n'était] signalé depuis l'offensive de Laurent [Nkundabatware] au Nord. Sur le terrain, des témoignages [faisaient] état de ce que les populations locales [faisaient] parfois appel aux FDLR pour se protéger des exactions des FARDC ou de bandes Maï-Maï. De son côté, le président rwandais [Paul Kagamé], au cours d'un entretien au début novembre avec le ministre belge des Affaires étrangères [Louis Michel], [n'a plus évoqué] que la présence d'une centaine de "génocidaires" en RDC. D'autre part, à partir de juin [2008], le CNDP de Laurent [Nkundabatware a quitté] les réunions de la commission qui [travaillait] sur le calendrier des opérations de désengagement, brassage, etc., qui étaient prévues dans l'acte d'engagement de Goma concernant le Nord-Kivu. Des accrochages ont régulièrement [eu] lieu entre ses troupes

---

[40] Forces démocratiques de libération du Rwanda. Elles constituent un groupe armé formé en 2000 en République Démocratique du Congo. Ses membres n'ont cessé d'œuvrer pour les intérêts des Hutus rwandais réfugiés sur le sol congolais. Ayant pris la suite de l'Armée de libération du Rwanda, ils s'opposent au gouvernement de Paul Kagamé. Ils ont sans arrêt nié les accusations, selon lesquelles certains de leurs éléments sont des responsables du génocide des Tutsis, survenu au Rwanda du 7 avril 1994 jusqu'au 17 juillet 1994.
[41] Forces armées de la République Démocratique du Congo.

et les FARDC, tandis que [Nkundabatware a placé] la barre encore plus haut d'abord en [ayant récusé] l'accord de Goma, puis en [ayant appelé] à un "soulèvement national".

» Par ailleurs, la Monuc [est apparue] comme paralysée devant les évolutions [de la situation]. Son commandant en chef [Vicente Diaz de Villegas y Herrería a démissionné]. Il [a estimé] qu'elle [n'avait] pas les moyens de réagir, que les violences populaires [s'étaient déchaînées] contre cette impuissance à faire respecter le mandat dont elle [était] chargée et qu'elle [n'est plus parvenue] à "protéger les populations civiles" comme le [prévoyait] aussi le mandat.

» Effectivement, de 350 000 déplacés au Nord-Kivu à la fin 2007, on [était] passé [...] à un chiffre allant de 1,4 à 2 millions. Lors de l'offensive de Laurent [Nkundabatware] entre septembre et novembre 2007, la Monuc [s'était repliée] sur ses bases en [ayant pratiqué] la stratégie du hérisson. »[42]

On a donc assisté en République Démocratique du Congo, selon l'expression du professeur émérite belge Jean-Claude Willame, aux limites de la « politico-diplomatie » comme substitut au « militaire », ainsi qu'aux grandes failles conceptuelles qui ont bloqué le processus de paix. Au moment de la création du Mouvement du 23 mars (M23), les rebelles ont revendiqué l'application de l'accord de Goma auquel ils ajouteraient d'autres points relatifs notamment à l'État de droit, à la sécurité et à la gestion socio-économique du pays.

---

[42] In *On s'est trompé d'« histoire de paix » au Congo*, Jean-Claude Willame, *La Revue Nouvelle*, novembre-décembre 2008, p. 84. Version pdf consultée le 10 février 2021. Voir le lien ci-dessous. (https://www.revuenouvelle.be/IMG/pdf/082-087_Article_Willame.pdf).

Accord de Pretoria

L'accord global et inclusif de Pretoria a été signé le 16 décembre 2002 à Pretoria, en Afrique du Sud, entre le Rwanda et la République Démocratique du Congo, dans le but de mettre un terme à la Deuxième Guerre du Congo. Ses résolutions ont débouché en 2003 sur la Constitution de la transition et le gouvernement de transition[43], ou gouvernement « 1 + 4 », le 30 juin de la même année. « Un cadeau de Noël ? »

> « C'est en ces termes que l'ambassadeur de RDC en Afrique du Sud a qualifié l'accord signé dans la nuit de lundi à mardi entre les différentes composantes du dialogue inter-congolais. Le "cadeau", a-t-il précisé, est fait au peuple congolais qui [venait] d'endurer quatre ans de guerre et à la communauté internationale qui avait mis les négociateurs sous forte pression pour conduire ces derniers à trouver un accord. Il a donc fallu une semaine entière de négociations menées jour et nuit, presque sans interruption, pour que les derniers obstacles soient levés grâce aux deux médiateurs, le Sud-Africain Sydney Mufamadi, et le Sénégalais Moustapha Niasse, envoyé spécial de l'ONU. »[44]

[43] Une institution qui a été mise en place le 30 juin 2003, en guise de gouvernement d'union nationale afin d'établir une transition démocratique, de restaurer la paix dans l'Est du pays, et d'organiser des élections législatives prévues pour le 30 juin 2005 au plus tard, mais qui, reportées une première fois le 30 juin 2006, se sont finalement déroulées le 30 juillet 2006. Ce gouvernement de transition a été dirigé par le président de la République, Joseph Kabila Kabange, et quatre vice-présidents en fonction des principaux courants politiques : Abdoulaye Yerodia Ndombasi (PPRD), Azarias Ruberwa (RCD), Jean-Pierre Bemba Gombo (MLC) et Arthur Z'ahidi Ngoma (Forces du futur) représentant l'opposition non armée.

[44] In *RDC : Un accord de paix signé à Pretoria*, Philippe Couve, article mis en ligne le 17 décembre 2019 sur le site Internet de *Radio France Internationale*, consulté le 9 février 2021. Voir le lien ci-contre : https://savoirs.rfi.fr/fr/compren-

L'accord global et inclusif sur la transition en République Démocratique du Congo a convenu de la cessation des hostilités, ainsi que des objectifs, des principes, de la durée et des institutions de transition.

Ayant considéré l'accord de Pretoria comme « l'opportunité la plus sérieuse » depuis le début de la guerre dans le territoire national, le ministre congolais des Affaires étrangères, Léonard She Okitundu, avait d'ailleurs saisi le 2 août 1998 le Conseil de sécurité en vue de l'élaboration d'un nouveau concept d'opérations. Cela permettrait à la Mission de l'Organisation des Nations Unies en République Démocratique du Congo (Monuc) de déclencher la phase III de son déploiement, ainsi que de définir des opérations et de s'acquitter valablement de la tâche qui avait été conférée par l'accord de Pretoria. En tout cas, le Secrétaire général des Nations Unies, Kofi Annan, a indiqué que la Monuc avait reçu des instructions pour prendre des mesures pouvant aider les parties à exécuter ledit accord.

D'après Greg Mills, à l'époque directeur de l'Institut sud-africain pour les affaires internationales, la signature de cet accord devait être considérée comme un pas dans la bonne direction, mais il restait un long chemin à parcourir. En effet, le texte ratifié a prévu un calendrier de 90 jours pour le désarmement, ainsi que le regroupement en République Démocratique du Congo des combattants extrémistes hutus rwandais Interahamwe et des anciens éléments des FAR impliqués dans le génocide survenu au Rwanda en 1994. Cela permettrait leur rapatriement dans leur pays, en échange du retrait inconditionnel des troupes rwandaises du territoire congolais.

À ce calendrier « extrêmement ambitieux » évoqué par Greg Mills et à la possibilité du refus des génocidaires de

---

dre-enrichir/histoire/rdc-un-accord-de-paix-signe-a-pretoria.

1994 de retourner au Rwanda pour y être jugés, il aurait fallu apporter à cet accord tout le soutien extérieur et international possible pour surmonter de nombreux obstacles logistiques. Pis encore, a rappelé Richard Cornwell, de l'Institut sud-africain des études de sécurité, l'absurdité de ce délai était évidente dès lors que :

> « l'armée congolaise [n'était] pas en mesure de désarmer les hutus rwandais Interahamwe, et les troupes étrangères opérant dans le cadre de la Monuc [ne détenaient] pas le mandat pour le faire. »[45]

Sans compter qu'une éventuelle intervention de l'armée sud-africaine, envisagée par le président Thabo Mvuyelwa Mbeki, nécessitait un délai d'au moins trois mois pour le déploiement des troupes sur le sol congolais. Tâche qui, pour Richard Cornwell, aurait dû être confiée à « une force (militaire) robuste ».

Accord de Sun City

Le 19 avril 2002 a été signé à Sun City en Afrique du Sud dans la province du Nord-Ouest, entre certaines parties à la Deuxième Guerre du Congo, l'accord global et inclusif de Sun City à la suite du dialogue inter-congolais. Les délégués ont espéré que cet épilogue mettrait fin à plus de quatre années de conflit et dix-neuf mois de négociations, et ouvrirait en même temps la voie à un gouvernement d'union nationale. La rencontre qui a abouti à la signature de l'accord de Sun

---

[45] In *L'accord de Pretoria, un chemin difficile vers la paix*, article mis en ligne le 1er août 2002 sur le site Internet *L'Orient-Le Jour* et consulté le 9 février 2021 Voir le lien ci-contre : https://www.lorientlejour.com/article/381791/RDCongo-Rwanda_L%2527accord_de_Pretoria%252C_un_chemin_difficile_vers_la_paix.html.

City s'est déroulée sous les auspices du président sud-africain, Thabo Mvuyelwa Mbeki, ainsi que de ses homologues du Botswana, Festus Mogae, de la Namibie, Samuel Nujoma (dit Sam), de la Zambie, Levy Mwanawasa, et du Zimbabwe, Robert Gabriel Mugabe.

Après un accord partiel trouvé entre le gouvernement congolais de Joseph Kabila Kabange et le Mouvement de libération du Congo[46] de Jean-Pierre Bemba Gombo, ainsi qu'à la suite de moult tentatives d'une majorité de la société civile et des groupes d'opposition non armés, aucun compromis n'a toutefois été trouvé. Les parties ne se sont donc pas accordées sur une nouvelle Constitution et la mise en place d'un autre gouvernement. La branche rebelle du Rassemblement congolais pour la démocratie (RCD-Goma), dirigée par Azarias Ruberwa et soutenue par le président rwandais Paul Kagamé, ainsi que plusieurs partis d'opposition non armés, dont l'Union pour la démocratie et le progrès social (UDPS) d'Étienne Tshisekedi wa Mulumba, ont refusé de signer l'accord. Pourtant,

> « cet accord, rejoint par la grande majorité des délégués de l'opposition politique non armée et de la société civile et approuvé par l'Angola, l'Ouganda et le Zimbabwe, [a reflété] un début de recomposition des alliances, notamment la fin de la coalition anti-Kabila et l'isolement du Rassemblement congolais pour la Démocratie (RCD) et celui de son allié, le Rwanda. Le gouvernement Kabila et le MLC ont conclu cet accord par défaut, devant l'inflexibilité des positions du RCD sur la question de partage du pouvoir à Kinshasa et, en toile de fond, l'échec des négociations entre les gouvernements de la RDC et du Rwanda sur le désarmement des rebelles hutus de l'Armée pour la libération du Rwanda (ALiR)[47]. Il [a

---

[46] Groupe rebelle soutenu par le président ougandais Yoweri Kaguta Museveni.
[47] In *Disarmament in the Congo : Jump-starting DDRRR to prevent further war,*

transformé] la négociation entre les signataires de l'accord de Lusaka en une négociation bilatérale, avec d'un côté un axe Kabila-Bemba renforcé et soutenu par la communauté internationale, et de l'autre un RCD politiquement fragilisé et soutenu par un Rwanda militairement fort. Les nouveaux partenaires [ont annoncé] qu'ils [mettraient] en place un gouvernement de transition pour le 15 juin [2003], [déclaré] la [fin] de l'accord de Lusaka mais [prétendu] vouloir continuer la négociation avec le RCD et directement avec le Rwanda. Le RCD, menacé dans son existence et sa cohésion, a d'abord cherché à rompre cet isolement par une alliance avec l'Union pour la démocratie et le progrès social (UDPS) d'Étienne Tshisekedi et [agité…] l'option d'une reprise des hostilités ou d'une partition consommée du pays. »[48]

L'accord, lequel a dégagé un cadre en vue de la mise sur pied d'un gouvernement unifié et multipartite, ainsi que d'une feuille de route pour des élections démocratiques, a maintenu Joseph Kabila Kabange à la présidence de la République pendant une période de transition de deux ans, extensible pour une année supplémentaire. Quant à Jean-Pierre Bemba Gombo, il a été nommé Premier ministre du gouvernement transitoire.

« Le Dialogue inter-congolais qui s'est déroulé de 2001 à 2003 a officiellement mis un terme à la guerre civile en République Démocratique du Congo, l'un des conflits armés les plus meurtriers depuis la Seconde Guerre mondiale. Il s'agissait d'un dialogue inclusif auquel ont participé les principaux acteurs du conflit armé, les partis politiques non armés et la société civile. Dans les faits, les parties armées au conflit ont cependant dominé le

---

Rapport Afrique, *International Crisis Group* (ICG), n° 38, 14 décembre 2001.

[48] In *Temps couvert sur Sun City : La réformation nécessaire du processus de paix congolais,* Rapport Afrique, *International Crisis Group* (ICG), n° 44, 14 mai 2002.

processus de décision. Dans un premier temps, les organisations de femmes du pays ont rencontré des difficultés pour prendre part aux négociations, en raison de procédures de sélection exclusives et d'attitudes négatives à leur encontre. Grâce au soutien d'organisations de femmes internationales et régionales, elles sont néanmoins parvenues à déployer des stratégies qui ont permis d'augmenter le nombre de déléguées prenant part au Dialogue et ont mené un lobbying [en vue de] l'inclusion de plusieurs dispositions sensibles au genre dans l'accord final. Lors d'une action qui a particulièrement marqué les esprits, elles ont assuré la signature de l'accord de Sun City en formant une chaîne humaine dans la salle des négociations pour bloquer les issues tant que l'accord n'aurait pas été signé. »[49]

La signature de l'accord n'ayant nullement prévu l'unification de l'armée et le fait pour les délégués de n'avoir détenu aucun document officiel sur les négociations (procès-verbaux des échanges, rapports des commissions…) a rendu difficile l'articulation des résolutions ayant été prises. Par conséquent, la guerre s'est poursuivie dans l'Est de la République Démocratique du Congo.

Force est de reconnaître que, depuis 2001, Joseph Kabila Kabange aurait dû mettre en place une armée dont la puissance aurait inspiré le respect. Il aurait dû se conformer aux cinq objectifs de la transition initiée par l'accord global et inclusif de Sun City qui avait soulevé, à l'instar de l'accord de Lusaka de 1999, la nécessité de la formation d'une armée nationale et républicaine. Cela aurait sauvé plusieurs millions de vies humaines et évité l'humiliation que n'ont cessé de

---

[49] In *République Démocratique du Congo (2001-2003)*, dans *Les femmes dans les processus de paix et de transition*, novembre 2017, document PDF mis en ligne par *Inclusive, Peace & Transition Initiative* et consulté le 8 février 2021 (https://www.inclusivepeace.org/sites/default/files/IPTI_Etude-de-cas_RDC_2001-2003.pdf).

connaître les populations congolaises à travers les violences sexuelles, l'enrôlement des enfants par des bandes armées, le pillage des ressources, les conflits sociaux, les expropriations, l'exil involontaire, l'insécurité, la déstabilisation régionale, les guerres, les conflits…

Amnistie

Acte législatif qui met un terme aux poursuites et supprime les condamnations, l'amnistie est une mesure de clémence relevant de la compétence du pouvoir législatif dont bénéficieraient les criminels. Elle a pour finalité l'effacement rétroactif du caractère infractionnel des actes ou faits punis par la loi, mettant *de facto* les auteurs des crimes à l'abri soit des poursuites judiciaires, soit de l'exécution de la peine, soit remettant le criminel dans la légalité et, si possible, la sociabilité perdue à cause d'une juste condamnation. Le concept « amnistie » tire son sens du grec ancien « amnestia » (privation) et « mnêstis » (souvenir). Il est question, dans ce contexte, d'un acte du pouvoir législatif prescrivant l'oubli officiel d'une ou plusieurs catégories d'infractions et annulant leurs conséquences pénales[50].

Le 4 février 2014, le Parlement congolais a adopté une loi, votée par le Sénat, ayant accordé l'amnistie pour les « faits insurrectionnels, faits de guerre et infractions politiques commis sur le territoire » national du 18 février 2006, date de promulgation de la Constitution, au 20 décembre 2013, date de l'approbation du projet de loi par le gouvernement. Ladite loi d'amnistie était censée favoriser la réconciliation nationale

---

[50] In *Les institutions de clémence (amnistie, grâce, prescription) en droit international et droit constitutionnel comparé*, Hélène Ruiz Fabri, Gabriele Della Morte, Élisabeth Lambert-Abdelgawad, Kathia Martin-Chenut, *Archives de politique criminelle*, 2006/1, n° 28, pp. 237-255.

en permettant la réinsertion sociale d'anciens rebelles.

Cette mesure de clémence a généré quelques effets tout à fait considérables :
– l'extinction de l'action publique sur les faits infractionnels qui ne faisaient pas encore l'objet de poursuites ;
– la cessation immédiate des poursuites en cours ;
– l'anéantissement des condamnations non encore revêtues de l'autorité de la chose jugée, et la non-prononciation des condamnations devenues irrévocables.

Correspondant à l'un des engagements pris à Nairobi lorsque la rébellion du Mouvement du 23 mars et le gouvernement congolais ont formellement mis un terme au conflit qui les a meutrièrement opposés, cette loi promulguée contre toute attente le 14 février 2014 par le président Joseph Kabila Kabange a été restrictive. Elle a exclu, bien qu'ayant perdu leur caractère infractionnel, l'amnistie pour les crimes tels que le génocide, les crimes contre l'Humanité et les crimes de guerre. Subsiste, en revanche, la responsabilité civile des auteurs des crimes.

Cet accord *a minima* n'a pas satisfait, néanmoins, les organisations de défense des droits de l'Homme. En effet, pour le *Réseau national des organismes non gouvernementaux des droits de l'Homme en République Démocratique du Congo* (Renadhoc),

> « dans un pays comme la RDC caractérisé par le recyclage dans la vie politique d'anciens rebelles ayant bénéficié de "plusieurs décennies d'impunité", la nouvelle loi [a consacré] "la banalisation des crimes et autres graves violations des droits de l'Homme", commis par toutes sortes de milices depuis 2006 »[51].

---

[51] In *RDC : le Parlement adopte une loi d'amnistie pour les anciens rebelles*, article mis en ligne le 6 février 2014 par *Jeune Afrique*, consulté le 9 mars 2021

Le député national Jean-Claude Mvuemba avait d'ailleurs dénoncé le 30 janvier 2014 le fait d'avoir retenu la période allant de l'année 2009 jusqu'en janvier 2014 comme période devant être couverte par l'amnistie. Cela revenait, d'après l'élu de Kasangulu, à légiférer uniquement et exclusivement en faveur du M23, dont le gouvernement avait déjà accepté sa reconnaissance comme parti politique[52]. Quant à Georges Kapiamba, avocat et fervent défenseur des droits humains,

> « cette loi [a encouragé] l'impunité. On [risquait] d'amnistier des hommes qui [avaient] commis des viols, des crimes de guerre, des crimes contre l'Humanité. On [savait] très bien que de nombreux combattants [avaient] tué des hommes, des femmes, des enfants, des vieillards. Comment les identifier, comment les distinguer s'il n'y [avait] pas d'enquête ? »[53]

Le compromis sur la loi d'amnistie n'a donc pas fait l'unanimité, dès lors que les détenus politiques étaient accusés pour la plupart de délits de droit commun et non d'infractions politiques. À l'instar d'Eugène Diomi Ndongala de Démocratie Chrétienne et quelques-uns, dont Franck Diongo Shamba du Mouvement lumumbiste progressiste (MLP), ils n'ont pas automatiquement bénéficié de cette mesure comme le souhaitaient les concertations nationales.

(https://www.jeuneafrique.com/165761/politique/rdc-le-parlement-adopte-une-loi-d-amnistie-pour-les-anciens-rebelles).

[52] In *La loi d'amnistie congolaise, une mesure qui encourage l'impunité?*, article mis en ligne par *France 24*, le 5 février 2014, consulté le 9 mars 2021 (https://www.france24.com/fr/20140205-loi-amnistie-mesure-impunite-rd-congo-M23).

[53] *Ibidem*.

B

Balkanisation

L'installation avec faste le 28 septembre 2020 de Gad Mukiza comme bourgmestre de Minembwe, commune du territoire de Fizi dans le Sud-Kivu, a illustré la cause de tensions entre les rwandophones qui se sont appelés Banyamulenge et les Babembe « autochtones »[54] depuis des lustres. Il s'est agi d'une parfaite illustration de la profonde division entre les populations congolaises et les communautés d'origine rwandaise, les Banyarwanda, sur la base d'un potentiel démantèlement, ou décrochage, une grande partie de l'Est de la République Démocratique du Congo.

> « Comment la cérémonie d'installation d'une commune locale a-t-elle pu créer une telle agitation nationale ? Lorsqu'on analyse le langage utilisé pour la dénoncer, la réponse devient immédiatement plus claire : Minembwe [a évoqué] le spectre de la "balkanisation" qui fait régulièrement surface dans le débat politique congolais. »[55]

---

[54] Voir plus loin, le volet consacré à Minembwe.
[55] In *RDC : le « Minembwegate » ou l'antienne de la « balkanisation »*, Judith

Outre l'ensemble de facteurs relatifs à la crise politique et au malaise économique que connaît la partie orientale de la République Démocratique du Congo, s'affirmait la crainte du démembrement du territoire hérité de l'indépendance. Cette peur collectivement partagée et entretenue a souvent relancé, à l'échelle nationale, le patriotisme congolais par rapport à toute tentative sécessionniste que l'on attribue, très souvent, à une initiative extranationale.

> « La complicité entre les différentes parties concernées par la problématique congolaise ne pourrait que se poser, dès lors que l'intervention rwandaise dans la région du Kivu n'a en aucun cas incité la Monusco et les FARDC à sécuriser efficacement ou sérieusement, voire réellement, la frontière orientale. En effet, comment se fait-il que les troupes onusiennes ne se soient jamais positionnées le long de la frontière rwandaise afin d'empêcher toute incursion dans la région du Kivu ? Ce positionnement permettrait pourtant de prendre en étau les forces négatives et de faciliter, de surcroît, à Kinshasa le rétablissement de l'autorité de l'État sur l'ensemble du territoire national. Le cantonnement des militaires onusiens très loin de la frontière rwandaise a constitué *de facto* une sorte de ligne de démarcation, ayant laissé libre cours au Rwanda et à ses milices armées, ainsi qu'au Burundi et à l'Ouganda, d'opérer en toute tranquillité dans la région du Kivu, et cautionné la non-souveraineté du Congo-Kinshasa. Toutefois, la Monusco encouragerait-elle le pillage des ressources naturelles, en favorisant éventuellement la déstabilisation de la région du Kivu en vue de la balkanisation du pays ou de la transformation du Kivu en zone franche ? En n'ayant pas non plus imposé [ou permis] la présence des FARDC le long de la frontière rwandaise, alors qu'il

Verweijen, *Jeune Afrique*, le 28 octobre 2020. Article mis à jour le 2 novembre 2020, consulté le 15 mars 2021 (https://www.jeuneafrique.com/1064421/politique/tribune-rdc-le-minembwegate-ou-lantienne-de-la-balkanisation).

aurait suffi de deux bataillons pour la rendre davantage infranchissable, donc moins poreuse, Kinshasa aurait-il validé tacitement la probabilité d'un démembrement d'une portion non négligeable du territoire national au profit de Kigali ? Le gouvernement congolais et la Monusco auraient-ils encouragé, tout compte fait, le commerce illicite des minerais de sang ? »[56]

Il est évident que les questions de l'identité, locale ou régionale, voire nationale ou étrangère, ont supplanté les problématiques des réformes socio-économiques indispensables à la politique d'immigration. Elles ont surtout découlé des conséquences désastreuses des réformes néolibérales dans le cadre de la globalisation.

Au premier abord,

> « le discours sur la balkanisation est toujours utilisé également en raison de son fort attrait émotionnel et parce qu'il garantit donc presque un impact sur les esprits : il fait appel à des sentiments d'appartenance ethnique profondément enracinés et invoque un schéma moral simple, qui associe les "étrangers" au "mal" et les populations "autochtones" au "bien". »[57]

Force est toutefois de remarquer que, à propos de ce raisonnement aux relents patriotiques,

> « il évoque les traumatismes des violences liées aux guerres du Congo et aux épisodes ultérieurs de conflits armés, où l'ingérence militaire des pays voisins a joué un rôle crucial »[58].

---

[56] In *Mais quelle crédibilité pour les Nations Unies au Kivu ?*, *op. cit.*, pp. 101-102.

[57] In *RDC : le « Minembwegate » ou l'antienne de la « balkanisation »*, *op. cit.*

[58] *Ibidem.*

La problématique de la balkanisation renvoie, dans l'absolu, aux craintes d'érosion de l'autorité coutumière au regard de l'identité, des chefs régnant sur des groupes ethniques et des territoires spécifiques. En République Démocratique du Congo, du point de vue traditionnel, le foncier a toujours relevé du droit coutumier. La terre a appartenu, depuis la nuit des temps, aux familles. Elle a très longtemps relevé du droit coutumier et son exploitation, sur le plan minier, est régie de nos jours, à tort selon les caciques du traditionalisme relatif aux us et coutumes, par la loi Bakajika[59]. Celle-ci a été proposée par le député Isaac-Gérard Bakajika Diyi Kagombe, votée par la Chambre des députés le 28 mai 1966 et promulguée par le lieutenant-général Joseph-Désiré Mobutu sous forme d'ordonnance-loi le 7 juin 1966.

Beni

Ville du Nord-Est de la République Démocratique du Congo, Beni est située à proximité du Parc national des Virunga, sur le plateau du mont Ruwenzori (5 119 mètres d'altitude), en bordure de la forêt de l'Ituri. Elle se trouve à 70 km de Kasindi, une cité frontalière de l'Ouganda.

Les deux guerres, celle de 1996 et 1998, ont provoqué l'exode rural des populations. Par conséquent, tout comme Butembo et d'autres villes de l'Est du pays, la cité s'est développée en très peu de temps à Beni, les nouveaux venus étant essentiellement des déplacés de guerre qui ont fui leurs villages à la suite des exactions commises par des éléments incontrôlés de l'armée régulière ou par des rebelles. Curieuse-

---

[59] Elle concerne le régime juridique de la propriété foncière tel que stipulé dans l'article 43, alinéa 4 de la Constitution du 1er août 1964: « une loi nationale réglera souverainement le régime juridique des cessions et des concessions foncières faites avant le 30 juin 1960 ».

ment, lorsque le Rassemblement congolais pour la démocratie / Kisangani Mouvement de libération (RCD-KML) de Mbusa Nyamwisi, natif de la région, s'est emparé de cette partie du territoire congolais, un nouveau dynamisme entrepreneurial a animé de jeunes commerçants. Effectivement, ce mouvement rebelle a encouragé les importations des biens et des produits manufacturés grâce aux tarifs forfaitaires très compétitifs instaurés aux frontières qu'il contrôlait.

Mais, dans ce territoire de la province du Nord-Kivu, des éléments armés ont régulièrement commis des massacres. Ils ont procédé aux enlèvements et perpétré d'autres atteintes aux droits de l'Homme à l'encontre d'une population civile davantage vulnérable. En janvier 2020, selon les autorités congolaises, plus de 36 civils ont été assassinés à la machette non loin de Beni par le groupe armé des ADF. Ces rebelles musulmans ougandais ont été accusés d'y avoir tué près de 300 personnes depuis le début du mois de novembre 2020, et plus d'un millier depuis octobre 2014 dans la région de Beni.

Le 5 avril 2021, les organisations *Veranda Mutshanga, Lutte pour le changement* (Lucha) et d'autres groupes de pression ont organisé la grève générale des activités commerciales dans le territoire de Beni et la ville de Butembo. À travers cette action, ils ont voulu mettre la Monusco et les FARDC face à leur responsabilité au regard des massacres souvent attribués aux rebelles présumés des ADF qui ont sans cesse sévi dans cette région frontalière de l'Ouganda. Ce groupe armé d'origine ougandaise, installé depuis au moins vingt-cinq années dans le territoire congolais, est considéré comme le plus meurtrier parmi les dizaines en activité dans les deux provinces du Kivu.

Paradoxalement, les ADF n'ont plus mené d'attaques contre l'Ouganda voisin et se sont transformés en mouvement islamiste violent. D'après certaines sources, les ADF, qui vivent de trafic divers, seraient proches de l'Organisation l'État islamique. Mais cette affiliation suscite de nombreux doutes.

C

Congocide

Tout a été mis en place et entrepris pour nier, la main sur le cœur, l'existence de nombreux meurtres ayant été prémédités dans le seul but d'exterminer des populations *autochtonement* congolaises. Dans l'absolu, le pillage des minerais et d'autres ressources, ainsi que les violences sexuelles, masquent à n'en pas douter un objectif planifié de longue date : le démembrement de la République Démocratique du Congo. Le colosse doit être dépecé, tel est l'objectif final qui anime quelques conglomérats d'expansionnistes et de néocolonialistes. Les différentes tentatives de balkanisation s'appuient surtout sur l'humiliation des autochtones et le *congocide*, voire le *bantoucide*. La finalité de cette opération sournoisement non assumée par les pays situés à l'Est, et bras armés de quelques puissances extracontinentales, n'est en aucun cas étrangère aux crimes économiques et au fait de vouloir reconfigurer à tout jamais la carte géographique de l'Afrique centrale, ainsi que de la région des Grands Lacs africains.

« Deux ans après la guerre civile qui a conduit M. Laurent-Désiré Kabila au pouvoir, l'ex-Zaïre [a poursuivi] sa descente aux enfers. Amateurisme du régime, violations des droits humains, présence de réfugiés hutus impliqués dans le génocide au Rwanda, factions rebelles aux intérêts divers [ont provoqué] une situation chaotique qui [a impliqué], dans un camp ou dans l'autre, six États de la région. Des provinces entières [étaient] passées sous contrôle étranger, tandis que se [multipliaient] les exactions. Derrière les arguments de bon aloi [ont apparu] des volontés hégémoniques et la convoitise que [suscitaient] les richesses du géant affaibli de l'Afrique centrale. »[60]

Les raisons de la tentative de déstabilisation de la République Démocratique du Congo sont aussi complexes que les conflits n'ayant cessé de les alimenter. Laurent-Désiré Kabila est triomphalement rentré en République du Zaïre dans le bagage des Tutsis rwandais. Pour ses pourfendeurs, les causes de la problématique kivutienne ont résidé dans la rivalité constante et contre-productive entre Hutus et Tutsis en cours au Rwanda et au Burundi depuis plusieurs années. L'Ouganda s'est associée à l'agression et à l'intervention armée dans le sol congolais pour soutenir le Rwanda, dont le gouvernement dirigé par les Tutsis réprimait la milice composée de Hutus. Par l'implication à cette expédition soldatesque, Kampala a en réalité souhaité contenir ses propres rebelles basés dans l'Est du Congo. Le Burundi a également envoyé des militaires en territoire congolais pour combattre ses détracteurs et opposants hutus.

Le territoire congolais n'a-t-il représenté que, outre les aspects géoéconomiques et financiers, un repère d'opposants aux régimes en place dans les pays frontaliers ? Depuis sa frontière au Nord, le président angolais José Eduardo dos

---

[60] In *La République Démocratique du Congo dépecée par ses voisins*, Colette Braeckman, *Le Monde Diplomatique*, octobre 1999, pp. 16-17.

Santos avait besoin de son voisin Laurent-Désiré Kabila pour neutraliser sa dissidence armée appartenant à l'Union nationale pour l'indépendance totale de l'Angola (Unita) de Jonas Malheiro Savimbi, basée dans la partie septentrionale du Congo. Quant à la Namibie, elle épaulait son allié angolais. Le président du Zimbabwe, le redoutable Robert Gabriel Mugabe, a soutenu Laurent-Désiré Kabila par ambition personnelle. Le Zimbabwéen avait la volonté de se positionner au centre de la géopolitique régionale, et de s'attribuer la meilleure part du gâteau. En plus, ses généraux s'enrichissaient en exploitant les ressources congolaises (bois, or, diamant…).

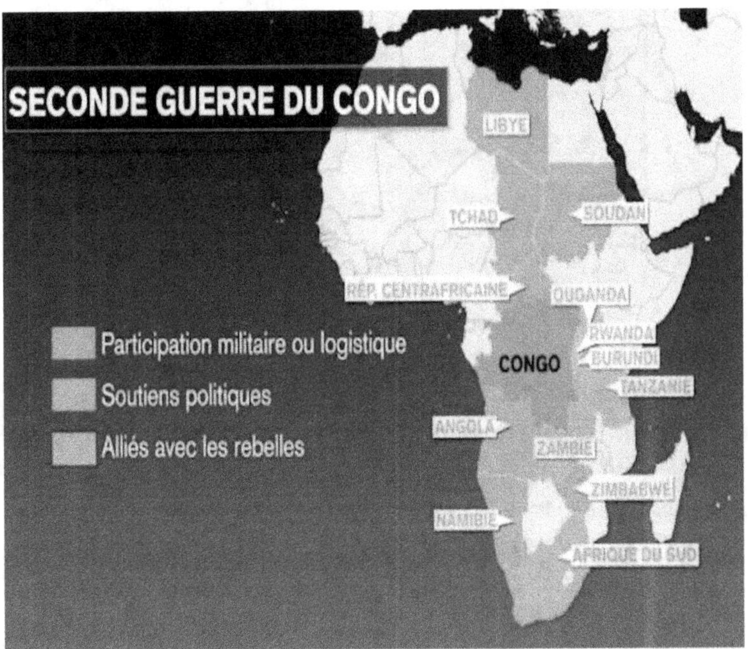

Pis encore, la néfaste implication de ces nations a fini par déployer plus loin les ondes de choc, sous la forme de réfugiés en fuite – en Zambie, au Burundi, en Tanzanie et au Soudan –

ou des rébellions opportunistes. Ce qui a compliqué encore plus les choses, c'était la rivalité pour leadership entre le président Mugabe et son homologue ougandais, le parrain des Grands Lacs Yoweri Museveni[61], ainsi que, de toutes parts, l'attrait des richesses du Congo.

Parce que dotée de fabuleuses richesses, la République Démocratique du Congo était presque saignée à sec au moment de l'éclatement de cette Grande Guerre. Trois décennies de pillage par le maréchal Mobutu Sese Seko ont déjà semé le germe de la décomposition territoriale.

Bref, à l'inverse de la période mobutiste ayant consisté à maintenir l'unité nationale, des protagonistes internes ont cautionné le projet planifié à partir de l'étranger : le Congo-Kinshasa devait à tout prix disparaître en tant qu'entité étatique. Par conséquent, il faudrait castrer moralement les

____
[61] Le président ougandais s'est toujours considéré comme le Bismarck des Grands Lacs africains.

populations congolaises par les violences sexuelles, l'expropriation, ainsi que par l'élimination physique (assassinats ou empoisonnements). À cet effet, surtout à propos du *congocide* ou du *bantoucide*, le refus de rétablir la vérité historique équivaudrait tout simplement au révisionnisme. De toute façon, le mensonge et le silence ont sans arrêt servi les intérêts des pays limitrophes en vue de leur enrichissement et de leur expansion du point de vue cadastral.

Contrat social de Mbudi[62]

Le contrat social de Mbudi, ou le contrat social de l'innovation, est un accord qui a été signé le 12 février 2004 à Mbudi, une banlieue occidentale de la ville de Kinshasa. Les différents protagonistes ont été le gouvernement de transition de la République Démocratique du Congo, représenté par le vice-président de la République Arthur Z'ahidi Ngoma, ainsi que les syndicats interprofessionnels et ceux de l'administration publique.

Le gouvernement congolais s'est engagé, dans le premier article dudit contrat social de l'innovation, à payer à l'huissier 208 USD et au secrétaire général de l'administration publique 2 080 USD de salaire mensuel en respectant la tension de 1 à 10. L'application de cet accord devait se faire en trois paliers :
– 10 000 FC payables à partir du mois d'avril 2004 ;
– deux tiers des 208 USD au mois de juin 2004 ;
– le dernier tiers des 208 USD en octobre 2004.

Les indemnités de transport devaient être réajustées en fonction des tendances du marché. Les syndicats devaient en retour observer la trêve sociale. Malheureusement, en viola-

____

[62] Également appelé « l'accord de Mbudi ».

tion de la Constitution, ont prévalu de la part du gouvernement la discrimination et la mauvaise répartition des richesses nationales. En s'étant toujours octroyé les 90 % de l'enveloppe salariale, le personnel politique n'a attribué que 10 % du budget aux fonctionnaires.

Pour le syndicaliste Bienvenu Mulenda, le président de l'Intersyndicale nationale de l'administration publique (INAP), une commission paritaire devrait procéder à un réexamen du contenu de l'accord de Mbudi,

> « pour que les deux parties, gouvernement et banc syndical, puissent se retrouver afin qu'on réexamine et qu'on adapte le contenu de l'accord [...] au contexte actuel dans la perspective d'une solution définitive à cette problématique ».

L'objectif, à n'en pas douter, c'est de dégager un consensus autour du contenu de l'accord de Mbudi.

D

Diaspora

Dans un entretien accordé le 18 décembre 2020 à la presse à Kinshasa en marge de la célébration de la Journée internationale des migrants, Fabien Sambussy, le chef de mission de l'Organisation internationale pour les migrations (OIM), a affirmé que les transferts d'argent de la diaspora congolaise vers la République Démocratique du Congo sont estimés chaque année à au moins 2 milliards USD.

« Le transfert d'argent de la diaspora vers le Congo représente à peu près 2 milliards de dollars [américains] par an. C'est le premier contributeur aux services sociaux du pays. Combien de personnes ici, vulnérables, dépendent de la diaspora pour payer les frais médicaux ? Combien de personnes ici, d'enfants, dépendent de la diaspora pour aller à l'école et payer des frais scolaires ? Ça, c'est une force financière qui est sous-estimée, pas optimisée puisque beaucoup de ces transferts-là vont dans la consommation directement.

» Une partie infime (de ces transferts) va dans l'investissement. Donc, il est important aussi de pouvoir travailler avec la diaspora pour qu'un dialogue puisse se faire avec l'État congolais. Il est important de pouvoir échanger, de regarder quelles sont les priorités [et] les secteurs où cet argent-là pourrait être mieux utilisé. »[63]

En tout cas, différents rapports de la Banque mondiale évaluent de manière concordante le soutien financier annuel de la diaspora congolaise à plusieurs milliards de dollars américains. Outre l'aspect monétaire, les statistiques ont récemment indiqué que la diaspora congolaise dans le monde avoisinerait, ou dépasserait, les 8 millions de personnes.

> « Celle-ci est considérée comme la diaspora la plus importante du continent africain et joue un rôle considérable dans la vie socio-économique de la RDC. En effet, devant la carence de l'État, les membres de la diaspora congolaise ont pris le relais et sont considérés comme le principal soutien financier des familles restées au pays. »[64]

Il est une évidence, en dehors de leur apport pécuniaire sur le plan social, les Congolais de l'étranger pourraient aussi jouer un rôle capital sur les plans politique, économique, culturel et sécuritaire à l'avantage de leur pays. Encore faut-il que le patriotisme prenne le dessus sur des réflexes exclusifs, stériles, de la part des quelques acteurs politiques très frileux au regard de leurs compatriotes de l'étranger.

---

[63] In *La diaspora transfère en RDC 2 milliards USD chaque année (OIM)*, article mis en ligne le 18 décembre 2020 par *Radio Okapi*, consulté le 25 mars 2021 (https://www.radiookapi.net/2020/12/18/actualite/economie/la-diaspora-transfere-en-rdc-2-milliards-usd-chaque-annee-oim).
[64] In *Plaidoyer pour la reconnaissance de la double nationalité en RDC*, Dieudonné Tshibuabua Mbuyi, *La Libre*, le 24 juillet 2020. Article consulté le 25 mars 2021 (https://afrique.lalibre.be/52723/opinion-plaidoyer-pour-la-reconnaissance-de-la-double-nationalite-en-rdc).

Pourtant, l'intérêt du pays doit l'emporter sur des considérations personnelles et égoïstement primaires.

1 – Les droits des Congolais de l'étranger

Les dispositions constitutionnelles n'ont jamais prévu l'exclusion d'une certaine catégorie de Congolais du processus électoral, sous prétexte qu'ils vivent en dehors du territoire national. Bien au contraire, elles cautionnent les droits humains, les libertés fondamentales, les devoirs du citoyen et de l'État. En guise d'illustration, dans son troisième alinéa, l'article 5 de la Constitution congolaise précise que « tous les Congolais de deux sexes âgés de dix-huit ans révolus et jouissant de leurs droits civils et politiques sont électeurs et éligibles ». Quant à l'article 12, il affirme que « tous les Congolais sont égaux devant la loi et ont droit à une égale protection des lois ».

Pour ce qui est de l'article 50 de la loi fondamentale, dans son premier alinéa, il reconnaît que « l'État protège les droits et les intérêts légitimes des Congolais qui se trouvent tant à l'intérieur qu'à l'extérieur du pays ». Enfin, son article 66 stipule que « tout Congolais a le devoir de respecter et de traiter ses concitoyens sans discrimination aucune et d'entretenir avec eux des relations qui permettent de sauvegarder, de promouvoir et de renforcer l'unité nationale, le respect et la tolérance réciproques ».

> « Alors que cette diaspora a porté haut et fort les revendications politiques du pays à l'extérieur pour réclamer des élections crédibles et un changement de régime politique, force est de constater que lorsqu'elle souhaite participer activement à la vie politique interne du pays, certaines voix s'élèvent pour brandir l'exclusivité de la nationalité congolaise, dans l'unique but

d'exclure ces dignes filles et fils du pays. »[65]

Il n'empêche que, de nos jours, beaucoup de jeunes foot-balleurs binationaux de souche congolaise qui sont nés, ou ont grandi, en Europe ou ailleurs n'hésitent plus, fort heureusement, à endosser avec fierté, loyauté et civisme les maillots de l'équipe nationale de la République Démocratique du Congo. Les encourageantes et louables initiatives de la Fédération congolaise de football association (FECOFA), qui les intègre d'office dans l'effectif des *Léopards*, n'offusquent d'ailleurs personne. Faut-il pour autant conclure que la double nationalité est seulement légale en sport, et non permise, c'est-à-dire *stricto sensu* illégale, en politique ?[66]

Le fait de priver injustement des millions d'individus de leurs droits fondamentaux sans renier leurs devoirs vis-à-vis de la nation, ne fût-ce que pour des raisons techniques, revient à fouler sous le pied la règle universelle selon laquelle le peuple reste le souverain primaire. En privant d'office les Congolais de l'étranger de leurs droits civils et politiques du fait de leur résidence, ou de la détention d'une autre citoyenneté, les autorités violent purement et simplement les articles 5, 12, 50 et 66 de la Constitution.

2 – Le droit de vote et d'éligibilité

« *Summun jus, summa injuria* »[67], disait avec justesse Cicéron. En droit, la loi désigne une règle juridique suprême, générale et impersonnelle. Et lorsqu'elle est régulièrement adoptée, seul le législateur, ou une autorité supérieure, pourra la défaire ou la refaire au regard de la règle pratique du

---

[65] *Ibidem.*

[66] Voir plus loin, le volet consacré à la nationalité congolaise.

[67] « *Nul n'est injuste qu'une loi qui génère des injustices.* »

« parallélisme des formes ». Par conséquent, une autre autorité peut passer outre, ou modifier la loi, dès lors qu'elle est inconstitutionnelle. Par ailleurs, la Constitution l'emporte sur la loi en cas de conflit et, en conformité avec l'alinéa 2 de l'article 69 de la loi fondamentale, « le président de la République veille au respect de la Constitution ».

En vertu de ces principes juridiques et au regard du droit international en matière de nationalité, sachant qu'en droit les faits précèdent la loi, le magistrat suprême doit en principe exiger l'abrogation *mutis mutandis* des dispositions légales dont l'inconstitutionnalité génère des injustices. Ainsi serait-il judicieux qu'il demande au gouvernement de surpasser les problèmes techniques, ainsi que les intérêts personnels, et au législateur d'officialiser le droit de vote et d'éligibilité des Congolais de l'étranger aux élections sénatoriales et législatives.

E

Expropriation des terres

En 1990, lors des conflits interethniques ayant opposé les populations hunde et hutu, les populations autochtones pygmées ont été contraintes d'abandonner leurs terres. En leur absence, au moins sept années plus tard, il a semblé que des autorités politiques et des officiers militaires du RCD-Goma d'Azarias Ruberwa n'auraient pas du tout hésité à accorder, ayant ainsi pris le risque d'attiser le feu, des supposés contrats emphytéotiques aux populations rwandophones, connus depuis longtemps sous le qualificatif de Banyarwanda. Ils ont concerné des terres coutumières appartenant traditionnellement aux allogènes pygmées. De ce fait, des germes d'éventuels conflits fonciers auraient été *ipso facto* inoculés. De toute évidence,

> « la communauté de Mukowa [a été] victime de spoliation de ses terres par des fermiers ayant sans aucune forme de contrat des concessions de plus de 100 hectares pour l'élevage de vaches. Les Pygmées ont subi l'exploitation illégale de leurs terres, interdiction d'exploiter leur terre

par le spoliateur en complicité avec certains services de sécurité sur place. Mais également diverses menaces : arrestations arbitraires par les éléments de la Police Nationale Congolaise, des coups et blessures, des déplacements forcés. »[68]

De tels cas ont été fréquents dans la partie orientale de la République Démocratique du Congo, où les expropriations ont permis *in fine* l'implantation intentionnelle des populations étrangères en provenance des pays limitrophes. Les troubles dus à la gestion foncière n'ont cessé d'occasionner de nombreux conflits qui ont sans cesse menacé, sur fond de violence, la paix fragile après l'accord de Pretoria. Pourtant, le 17 septembre 2003, le ministre des Affaires foncières Venant Tshipasa, sur décision du gouvernement d'union nationale, a enjoint aux conservateurs des titres immobiliers des Kivu du Sud et du Nord d'arrêter jusqu'à nouvel ordre toute délivrance de titres et actes fonciers en milieux ruraux.

« Cette décision de suspendre l'enregistrement des terres rurales au Nord-Kivu et au Sud-Kivu [s'est justifiée] par la nécessité de procéder à un état des lieux des secteurs foncier et immobilier. La décision s'imposait tout autant pour les terres urbaines. En effet, au moment où les conflits fonciers liés à l'accaparement des terres rurales sévissaient à l'intérieur des deux provinces [du Kivu], des conflits de même nature avaient pris de l'ampleur dans la ville de Bukavu – principalement depuis la fin de la Deuxième Guerre de la RDC. Certains de ces conflits portaient sur des maisons et sur des parcelles de particuliers, abandon-

---

[68] In *Mobilisation pour la protection des défenseurs des droits fonciers en RDC, cas de la spoliation des terres de Mukowa*, article mis en ligne le 9 février 2020 par *Enviro News*, consulté le 12 mars 2021. Voir le lien ci-contre : https://www.environews-rdc.org/2020/02/09/foncier-mobilisation-pour-la-protection-des-defenseurs-des-droits-fonciers-en-rdc-cas-de-la-spoliation-des-terres-de-mukowa.

nées par leurs propriétaires durant les périodes de guerre. Elles avaient ensuite été occupées par des élites politiques ou militaires ou vendues illégalement par des agents de l'État, avec la complicité des agents du cadastre. D'autres conflits portaient sur des maisons ou des parcelles de l'État vendues par des agents de l'État à des particuliers. Selon les statistiques disponibles actuellement dans les archives du service du cadastre de Bukavu, plusieurs dizaines de conflits étaient enregistrées chaque mois. »[69]

Dans le Katanga, détruisant par moments certains produits agricoles, les expropriations des terres ont surtout eu lieu à l'initiative des entreprises minières en vue des prospections dans des villages. Dénonçant avec fermeté ces pratiques, la députée provinciale du Haut-Katanga, Liliane Komba, n'a nullement mâché ses mots :

> « Des populations [ont perdu] leurs champs au profit des exploitants miniers. [C'était] le cas de Kintungulwa où les gens [ont été] dépossédés de leurs champs, alors que pour ces personnes les champs [constituaient] un moyen de survie. Le même cas [était] observé à la cité de Kambove où les carrés miniers [allaient] au-delà de leurs limites, mais aussi à Lwafu et Kapulwa. »[70]

---

[69] In *Accaparement des terres dans la ville de Bukavu (RDC) : déconstruire le dogme de la sécurisation foncière par l'enregistrement*, Aymar Nyenze Bisoka et An Ansoms, dans *Conjonctures congolaises* 2014, pp. 218-219. Document PDF consulté le 12 mars 2021. Voir le lien ci-contre : https://www.eca-creac.eu/sites/default/files/pdf/2014-10-nyenyezi-ansoms.pdf.

[70] In *Haut-Katanga : la députée Liliane Komba dénonce la spoliation des champs de la population par les miniers*, article mis en ligne le 7 octobre 2019 par *Radio Okapi* et consulté le 12 mars 2021. Voir le lien ci-contre : https://www.radiookapi.net/2019/10/07/actualite/societe/haut-katanga-la-depu-tee-liliane-komba-denonce-la-spoliation-des-champs.

À l'entrée de la ville de Kolwezi, leurs terres ayant en effet été spoliées sans rien en contrepartie, les habitants du village Musompo ont révélé haut et fort en novembre 2017 « l'extorsion » de leurs champs par des miniers expatriés. Ils ont osé dénoncer des actes malveillants, lesquels auraient été commis avec la complicité des services du cadastre et du ministère des Affaires foncières de la province du Lualaba.

En novembre 2019, plus de 300 agents de l'Institut national pour l'étude et la recherche agronomique (INERA) et des centaines d'habitants des villages autour de Kavumu, Miti, Murhesa et Kabare ont organisé une marche publique en guise de manifestation de leur mécontentement. Ils ont ainsi dénoncé à cette occasion la dépossession de 16 hectares du terrain d'expérimentation du centre de recherche et des champs des habitants dans la concession de l'INERA-Mulungu – créé par des colons belges en 1932 pour valoriser les études agronomiques – par la chefferie et les populations autochtones. Les manifestants en colère ont arboré des banderoles sur lesquelles il était rappelé par écrit que :

> « l'INERA [déplorait] la destruction méchante de ses cultures et essais expérimentaux par les Pygmées installés dans sa concession et [exigeait] leur déguerpissement et le dédommagement des pertes causées par ces derniers ou, encore, les élèves et étudiants [s'insurgeaient] contre la spoliation de l'INERA-Mulungu qui leur [servait] de lieu de stage et de formation »[71].

Au sein de cet Institut agronomique, se trouvaient plusieurs autres centres servant d'espace d'expérimentation des

---

[71] In *Colère au Sud-Kivu après la spoliation des terres du centre INERA-Mulungu*, Justin Mwamba, *Actualité CD*, le 22 novembre 2019. Article consulté le 12 mars 2021 (https://actualite.cd/2019/11/22/rdc-colere-au-sud-kivu-apres-la-spoliation-des-terres-du-centre-inera-mulungu).

chercheurs et étudiants de IITA, Harvest Plus, ISTD Mulungu, INERA et autres centres de recherche agricole actifs dans le territoire de Kabare, au Sud-Kivu. Ces concessions ont été attribuées aux groupes autochtones.

En tout cas, dans un pays où plus de 80 % du territoire sont inhabités, on comprendrait mal que l'on puisse installer, dans la plupart des cas, des personnes sociologiquement minoritaires en provenance de l'extérieur sur des terres appartenant déjà aux populations majoritaires. Est-ce le fait du hasard, ou d'une intention manifeste dans le but de provoquer pour s'imposer, ou s'approprier les terrains, par la force ?

La capitale de la République Démocratique du Congo n'a pas non plus été épargnée par ce phénomène d'expropriation. En effet, les maraîchers de la ville de Kinshasa et des autres agglomérations limitrophes ont sans cesse été confrontés au problème de spoliation de leurs terres agricoles. Ils ont ainsi perdu leurs parcelles agricoles et fermières – des véritables greniers citadins – à cause des opérations immobilières au profit de nouveaux notables venus d'ailleurs.

F

Féminicide ou Fémicide

Terme apparu au XIXe siècle dans la langue française sous forme d'adjectif et repris en 1863 dans un article ayant été consacré au corset dans l'hebdomadaire *Le Monde illustré*, le féminicide (ou fémicide, gynécide ou alors gynocide) renvoie au meurtre d'une ou plusieurs femmes ou filles pour la seule raison qu'elles sont du sexe féminin[72]. La féministe française Hubertine Auclert avait utilisé ce terme en tant que qualificatif en 1902 dans *Le Radical algérien*, à propos d'une loi dite « féminicide »[73].

L'étymologie et l'emploi de ce substantif ayant concerné divers enjeux, l'Organisation mondiale de la santé (OMS)

---

[72] In *Courrier de Paris*, Jules Lecomte, *Le Monde Illustré*, Paris, 14 février 1863. Source : BnF Gallica, consulté le 10 décembre 2020. Voir le lien ci-contre : https://gallica.bnf.fr/ark:/12148/bpt6k6221620c/f1.item.

[73] In *Le passé regorge de meurtres de femmes*, Lydie Bodiou et Frédéric Chauvaud, article publié le 6 juillet 2019 sur le site Internet du quotidien français *Le Monde*, consulté le 10 décembre 2020 (https://www.lemonde.fr/idees/article/2019/07/06/lydie-bodiou-et-frederic-chauvaud-le-passe-regorge-de-meurtres-de-femmes_5486100_3232.html).

et l'Organisation des Nations Unies ont proposé des typologies de féminicides dont la question des causes peut être appréhendée sous un angle soit psychologique ou sociologique, soit criminologique.

Pouvant être également interprété comme une sous-catégorie de l'homicide, au même titre que le parricide ou l'infanticide, le terme de « femicide » a été popularisé en langue anglaise dans les années 1980 par la Britannique Jill Radford et la sociologue sud-africaine Diana Elizabeth Hamilton Russell, qui en ont proposé comme définition[74] le « meurtre de femmes commis par des hommes parce qu'elles sont des femmes ».

De retour d'un séjour en République Démocratique du Congo en 2008, à propos des crimes perpétrés dans l'Est du territoire congolais, la dramaturge féministe Eve Ensler s'est interrogée sur le désintérêt de la communauté internationale. Pourtant, celle-ci est très convoiteuse des ressources naturelles et forêts, ainsi que des minerais précieux, comme le coltan indispensable à la fabrication des téléphones portables, dont regorgent le sol et le sous-sol de ce pays. Ce mutisme était-il dû au simple manque de considération pour le sort des populations à la peau noire ? À moins que ce soit à cause de l'implication avérée des pays occidentaux dans des conflits armés et fonciers dans la région du Kivu et en Ituri où, sans aucune impunité, les corps, les organes génitaux et reproducteurs des femmes sont devenus des objets de satisfaction sadique et

---

[74] In *Qu'est-ce que le « féminicide »?*, Anne-Aël Durand, article publié le 2 février 2018 sur le site Internet du quotidien français *Le Monde*, consulté le 10 décembre 2020 (https://www.lemonde.fr/les-decodeurs/article/2018/02/02/qu-est-ce-que-le-feminicide_5251053_4355770.html).
Voir aussi *« Féminicide » pas français?*, Juliette Déborde, article publié le 23 novembre 2017 sur le site Internet du quotidien français *Libération*, consulté le 10 décembre 2020 (https://www.liberation.fr/debats/2017/11/23/feminicide-pas-francais_1612057).

primaire de certains hommes, un jouet de destruction morale par le biais du viol. Les grandes puissances restent-elles cyniquement indifférentes, quand il s'agit du sort des femmes noires, ou de la condition humaine ? Doit-on rester insensible lorsque le corps féminin, qu'il soit africain ou non, est honteusement chosifié, utilisé comme armes de guerre, ou livré inhumainement en spectacle ? La journaliste Aline Gobeil de *Radio-Canada* a rappelé le caractère criminel d'un tel acte. De plus, au-delà de l'épiderme ou de la caractéristique sociale, partout dans le monde, les femmes n'accouchent-elles pas de la même façon ?

> « Un véritable féminicide a lieu en [...] République Démocratique du Congo, a déclaré Stephen Lewis, ancien ambassadeur du Canada à l'ONU et envoyé spécial de l'ONU pour le VIH/SIDA en Afrique, lors d'une conférence à l'Université de Montréal, le 9 octobre 2007. On assiste à une barbarie indicible sous l'œil du monde, sans que personne n'intervienne. La violence est si extrême qu'il est impossible de la décrire à la radio. Il n'y a aucun équivalent sur terre, selon Stephen Lewis. Ce qui se passe dans l'Est du Congo est la continuation du génocide au Rwanda. Des miliciens hutus ont trouvé refuge au Congo, depuis 1994, attirés par ses richesses, et y perpètrent en toute impunité, à la face de l'opinion mondiale, viols, mutilations, cannibalisme. »[75]

D'après le journaliste irlandais Rory Carroll, en 2005, des dizaines de milliers de Congolaises ont été violées et torturées par des militaires, ainsi que des proches en huit années. Un article du *New York Times* daté du 7 octobre 2007, intitulé *Rape Epidemic Raises Trauma of Congo War*,

---

[75] In *Fémicide au Congo*, Éliane Audet, article publié le 21 novembre 2008 sur le site Internet *Sisyphe*, consulté le 10 décembre 2020 (http://sisyphe.org/article.php3?id_article=2767).

a annoncé qu'une « épidémie de viols au Congo » avait indéniablement « pour but de détruire les femmes ».

Comme l'a tristement rappelé la féministe Geneviève Bruneau, dans l'article publié[76] en décembre 2011 sur le site Internet de l'*Alliance de la Fonction Publique Québécoise*, des milices armées ont organisé des viols collectifs dans une quinzaine de villages du Nord-Kivu. Ces crimes se seraient produits sans interruption pendant plusieurs jours. Bilan ? 179 viols de femmes et d'enfants ont été confirmés par les Casques bleus des Nations Unies qui, toutefois, n'ont découvert les faits que dix jours plus tard.

> « Cet événement a une fois de plus mis en évidence les lacunes du plus important dispositif de maintien de la paix de l'ONU dans le monde, la Monusco, en ce qui a trait à la protection de la population civile. Du côté du gouvernement congolais, on [n'a pas nié] que le viol constitue une arme de guerre, mais on [a surtout mis] l'accent sur les progrès accomplis [pendant] les dernières années. Selon Kinshasa, le nombre de viols a diminué de 70 % en 15 ans, passant de 42 à 14 viols par jour. En 2009, d'après Roger Meece, responsable de la Monusco, plus de 15 000 femmes et filles ont été violées en République Démocratique du Congo. »[77]

À en croire des sources américaines, en 2009, au moins 1 100 victimes féminines par mois, voire par jour ou par semaine, ont été enregistrées en République Démocratique du Congo – une femme ayant été victime de violences graves toutes les 39 minutes. Pour la journaliste congolaise et mili-

---

[76] Intitulé *La République Démocratique du Congo : théâtre d'un atroce « féminicide »*, publié en 2010.

[77] In *En 2009 – Plus de 15 000 viols dans l'Est de la RDC. La Monuc se dit incapable de protéger tous les civils*, dans *Le Devoir*, le 16 octobre 2010. Article repris par l'*Agence Reuters*.

tante féministe Elsa Vumi, de 1997 à 2009, près de 500 000 viols[78], soit plus de 1 152 femmes par jour, plus de 48 par heure, y ont été orchestrés à l'aide des abominables mises en scène à l'attention des populations impuissantes.

> « Avec plus de 1 000 femmes violées par jour, la République Démocratique du Congo est considérée comme "la capitale du viol". Dans l'ex-Congo belge, le sexe de la femme y est utilisé comme arme de guerre, dans l'indifférence générale. Pour remédier à ce drame humanitaire, une marche de 14 jours [a été organisée et] baptisée "Ni Violées Ni Persécutées". »[79]

À propos de cette manifestation, le rendez-vous a été fixé au 30 juin 2011 à la place du Trocadéro sur le parvis des droits de l'Homme dans le seizième arrondissement de Paris par l'*Action des Journalistes de l'Espace Schengen* (AJES) présidée par Marie Inyongo. Cela a été entrepris en partenariat avec l'association française *Ni Putes Ni Soumises* (NPNS), dans l'optique d'une marche de la métropole francilienne à Bruxelles. Dans la capitale belge, une plainte pour crimes de guerre serait donc déposée au Tribunal de grande instance, servant de relais à la Cour pénale internationale (CPI), pour les viols et mutilations perpétrés de manière systématique depuis quatorze années en République Démocratique du Congo.

---

[78] In *En RDC, capitalisme et patriarcat se conjuguent pour faire de la vie des femmes un enfer*, Elsa Vumi, dans *Féminicide*, rubrique *Mise en perspective*, FASTI, 2009.

[79] In *Féminicide en RDC : une marche contre le viol*, Marie Desnos, *Paris Match*, article consulté le 10 décembre 2020. Voir le lien ci-contre : https://www.parismatch.com/Actu/International/republique-democratique-du-Congo-marce-Ni-Violees-Ni-Persecutees-et-plainte-contre-crime-de-guerre-149663.

Pour l'ancien ambassadeur de France chargé des droits de l'Homme, François Zimeray, en soutien à la marche *Ni Violées Ni Persécutées* ayant été organisée à Paris,

> « personne ne [soupçonnait] l'ampleur du drame qui se [déroulait] chaque jour dans les Grands Lacs. On [avait] beau vivre dans une société de l'information, il y [avait] des angles morts. Il y [avait] des thèmes dont on ne [parlait] pas. Il y [avait] des zones dont on ne [parlait] pas »[80].

François Zimeray a rappelé qu'au Congo-Kinshasa, quant à ces odieux événements,

> « des enfants portent le prénom de Non-désiré, parce qu'ils sont issus d'un viol. C'est un pays où des enfants portent le prénom de FDLR. [...] Voilà la réalité humaine de cette souffrance insondable [...] »[81]

Pourtant, a déclaré l'anthropologue Françoise Héritier,

> « tout [aurait dû] être [entrepris] pour faire connaître et dénoncer ces abominations, ces crimes monstrueux perpétrés contre les femmes en République Démocratique du Congo »[82].

Pour enfin porter un coup d'arrêt à ce déferlement de violences banalisées, 52 femmes ont appelé en 2013, emboîtant le pas aux Congolais de la diaspora, à la création d'un Tribunal pénal international pour juger les actes criminels commis dans ce pays d'Afrique centrale. Parmi elles, trois Françaises :

[80] *Ibidem.*

[81] *Ibid.*

[82] In *RDC : un tribunal pour enfin stopper les violences faites aux femmes*, Mylène Wascowiski, dans le magazine *Marie Claire*, article consulté le 10 décembre 2020 (https://www.marieclaire.fr/,rdc-tribunal-penal-international-crimes-rdc-viols-agressions,697692.asp).

les anciennes ministres Roselyne Bachelot et Ramatoulaye Yade (dite Rama), ainsi que la médiatique Colombo-française Ingrid Betancourt Pulecio. L'impunité en faveur des auteurs de ces crimes contre l'Humanité constitue *ab initio* « une discrimination à l'égard de la femme congolaise, un déni de justice internationale ainsi qu'un encouragement à commettre le génocide ou fémicide ».

Dans la région du Kivu et en Ituri, les femmes ont donc sans cesse été massivement l'objet, sans distinction d'âge, de viols et mutilations lors des exactions mises à exécution le plus souvent en public. L'objectif a sans aucun doute consisté à les chasser de leurs terres, et les exiler loin de leurs familles. En effet, en s'attaquant à la femme, véritable pilier de la société congolaise et sanctuaire de la tradition bantoue, on a surtout tablé sur le dépeuplement s'apparentant à une sorte de stérilisation humaine, également sur l'occupation progressive d'une grande partie de la région du Kivu dans l'optique d'une installation extranationale et du démembrement de la République Démocratique du Congo. Quelle impardonnable monstruosité, franchement.

Femmes et filles

Pendant plus d'une dizaine d'années, directement et collatéralement d'après les différentes estimations, la guerre et les nombreux conflits civils, ainsi que fonciers, ont occasionné plus de 10 millions de morts et le déplacement d'au moins 4 millions de personnes dans l'Est de la République Démocratique du Congo. Les femmes et les filles congolaises n'ont cessé d'être les principales victimes. C'est dans la région du Kivu, lieu de la plus grande concentration de rescapées et victimes de viol au monde, que leur tragédie a mis un visage féminin sur les millions d'actes inhumains à dessein commis du simple fait de leur nationalité.

« Selon le rapport de mai 2018 du groupe d'experts sur la [République Démocratique du Congo] du Conseil de sécurité, plusieurs pays ont livré des cargaisons d'armes et de matériels connexes [à ce pays] en 2017 en violation du régime d'embargo[83]. Les stocks des Forces Armées de la RDC (FARDC) [ont constitué] en outre la principale source d'approvisionnement en armes et en munitions des groupes armés, obtenus soit au cours d'attaques par les groupes armés sur ces stocks, soit par la revente par des officiers des FARDC[84].

» Le plan d'action national sur les ALPC 2012-2016 avait noté que les ALPC[85] [occasionnaient] divers types de violences, dont le principal [restait] le viol, suivi de près par les violences domestiques[86]. Le rapport annuel du Secrétaire général des Nations Unies sur les violences sexuelles liées aux conflits de mars 2018 couvrant notamment la [République Démocratique du Congo a souligné] également que "l'intensification ou la résurgence des conflits et de l'extrémisme violent, et la prolifération des armes, les déplacements massifs de population et l'effondrement de l'État de droit qui en [a résulté], [ont entraîné] des violences sexuelles[87]". »[88]

---

[83] In *Final report of the Group of Experts on the Democratic Republic of the Congo*, S/2018/531, para. 180. Document consulté le 14 décembre 2020 (https://reliefweb.int/sites/reliefweb.int/files/resources/N1812836.pdf).
[84] *Ibidem*.
[85] Armes légères et de petits calibres.
[86] In *Plan d'action national de contrôle et de gestion des armes légères et de petit calibre en RDC 2012-2016*, ministère de l'Intérieur (RDC), juillet 2011, p.31. Document consulté le 14 décembre 2020. Voir le lien ci-contre : https://www.reseau-rafal.org/sites/reseau-rafal.org/files/document/externes/Plan%20d%27action%20national%20ALPC%202012-2016.pdf.
[87] In *Rapport du Secrétaire général sur les violences sexuelles liées aux conflits*, 23 mars 2018, S/2018/250, paragraphe 10.
[88] In *Femmes, Paix et Sécurité en République Démocratique du Congo*, Rapport

D'après les déclarations faites en octobre 2006 par l'ancien Secrétaire général adjoint des Nations Unies aux opérations de maintien de la paix, Jean-Marie Guéhenno, le diplomate français et spécialiste des questions de défense et des relations internationales, 12 000 femmes et filles avaient été violées au cours des seuls six mois précédents. Rien qu'entre 2004 et 2005, les services des Nations Unies et les organisations non gouvernementales ont estimé à plus de 100 000 le nombre de femmes et de filles qui avaient été prises par la force dans l'ensemble des provinces de l'Est du Congo-Kinshasa. Dans un pays où les services de santé sont tout à fait défaillants, les survivantes de viol sont horriblement confrontées à moult problèmes : graves blessures internes qui demandent d'importantes interventions chirurgicales, traumatisme psychologique[89], contraction du VIH/Sida et de l'épidémie d'Ebola, absence d'habitation ou habitats sans fenêtre, aucun soutien médical adéquat de la part du gouvernement, pauvreté aggravant davantage les obstacles, difficultés d'ester en justice amplifiant l'impunité, silence de beaucoup de victimes, castration morale…

> « Cette guerre a laissé les femmes avec un cœur meurtri. Les violences faites à la femme ont entraîné la contagion du SIDA et d'autres maladies sexuellement transmissibles. Plusieurs femmes sont restées veuves et traumatisées à cause de la perte de leurs époux. Elles sont devenues inconsolables suite à la perte de leurs enfants et d'autres membres de famille. Elles sont traumatisées suite au viol de leurs filles majeures, et mineures, par les agresseurs en

individuel soumis pour la 33ème Session du Groupe de Travail de l'Examen Périodique Universel, octobre 2018, *Ligue nationale de femmes pour la Paix et la Liberté* (WILPF RDC), p. 12. Document consulté le 14 décembre 2020 (https://aprws.wilpf.org/wp-content/uploads/2019/04/DRC-UPR_FR.pdf).

[89] Même chez les hommes et les garçons ayant assisté, contraints et forcés, aux viols de leurs proches.

présence des parents. Elles ont dû lutter pour la survie dans une situation de déplacées de guerre sans ressources. Elles souffrent encore de la fuite de leurs enfants des écoles, en vue de l'enrôlement dans les forces militaires. Elles sont sorties épuisées d'une guerre dont elles étaient, avec leurs enfants, les principales victimes. »[90]

De la sado-pornographie malsaine. Outre la violence sexuelle, la pauvreté extrême n'a cessé d'accroître encore plus le risque d'exploitation humaine. Au cours des conflits armés et des migrations forcées, notamment dans le Nord-Kivu et le Sud-Kivu, ainsi qu'en Ituri, l'espoir de subvenir aux besoins alimentaires et sanitaires ont exposé des femmes et des filles déplacées à la prostitution.

Qu'attendent la communauté internationale et ses diverses organisations, relatives à la santé et à la protection des droits fondamentaux de la personne, pour intervenir enfin efficacement contre les auteurs de ces crimes perpétrés à ciel ouvert, au vu et au su de tout le monde ? Les violeurs des femmes et filles congolaises bénéficient-ils, *de jure*, de l'impunité ?

Frontières

Une frontière est un espace d'épaisseur variable, de la ligne imaginaire à un espace particulier, séparant ou joignant deux territoires, en particulier deux États souverains. Le sens attribué au mot « frontière » a évolué tout au long de l'histoire de l'humanité, et il n'a pas été le même selon les époques. Mais la définition de frontière comme « ligne conventionnelle

---

[90] In *Les femmes et la reconstruction post-conflit en République Démocratique du Congo*, Mabiala Mantuba-Ngoma, document pdf consulté le 14 décembre 2020. sur le site Internet de l'Unesco. Voir le lien ci-dessous. (http://www.unesco.org/new/fileadmin/MULTIMEDIA/HQ/SHS/pdf/Femmes-RDC.pdf).

marquant la limite d'un État, séparant les territoires de deux États limitrophes », paraît être plutôt issue de pays de frontière (« partie d'un pays limitrophe d'un autre ») que résultant de la substantivation de frontière.

Les pays limitrophes de la République Démocratique du Congo ont bien entendu contrôlé des éléments réguliers au sein de l'armée congolaise, ainsi qu'irréguliers parmi les différentes forces négatives ou rebelles. La déstabilisation et la porosité des frontières orientales ont continué de renforcer les trafics de minerais et de produits agricoles en direction du Rwanda, du Burundi et de l'Ouganda. Ces trois pays n'ont cessé de profiter ainsi de la violence dans la région du Kivu et dans la Province orientale.

> « Rappelons [d'emblée] que ce colosse aux pieds d'argile, qu'est [devenue] la République Démocratique du Congo, partage respectivement une frontière commune avec neuf voisins : l'Angola, le Congo-Brazzaville, la République centrafricaine, le Soudan du Sud, l'Ouganda, le Burundi, le Rwanda, la Tanzanie et la Zambie. Rappelons aussi que le génocide qui avait tristement ébranlé le Rwanda en 1994 n'a cessé d'avoir des répercussions néfastes sur la stabilité du territoire congolais, puisque plusieurs millions de Hutus venus du Rwanda s'étaient installés en République du Zaïre lors de l'opération Turquoise[91] – avec armes, bétails et bagages – dans la province frontalière du Kivu. La grande majorité de ces réfugiés aurait été composée, paraît-il, de membres des Forces démocratiques de libération du Rwanda, FDLR en sigle. »[92]

La prise des armes par l'Alliance des forces démocratiques pour la libération du Congo (AFDL ou AFDLC) de Laurent-

---

[91] Voir plus loin, le volet consacré à l'opération Turquoise.

[92] In *Mais quelle crédibilité pour les Nations Unies au Kivu ?*, *op. cit.*, pp. 16-17.

Désiré Kabila avec l'aide digne d'un cadeau empoisonné de du Rwanda et de l'Ouganda, pour chasser le président maréchal Mobutu Sese Seko du pouvoir, a été contreproductive. Pour Bura Baloma, un habitant de Bunia, chef-lieu de la province de l'Ituri, elle est le point de départ de la prolifération des groupes armés en territoire congolais.

> « Il y avait l'armée ougandaise qui faisait la loi […] en Ituri et à Beni aussi – dans le Nord-Kivu. Il y avait l'armée rwandaise qui était également partout dans le pays jusqu'à Kinshasa. Les Burundais étaient aussi entrés [dans] le territoire congolais. Même les Tanzaniens étaient là. Ainsi les FDLR, qui sont des étrangers, se trouvent toujours aujourd'hui en RDC. »[93]

Quant à Juvénal Twaibu du *Centre indépendant de recherche du Sud-Kivu*, les soutiens étrangers des éléments rebelles ont aussi bénéficié des complicités au sein des Forces armées de la République Démocratique du Congo, ainsi que de l'échec absolument patent des programmes de démobilisation et de réinsertion des anciens combattants dans l'armée nationale congolaise.

> « D'autres étrangers se sont infiltrés dans l'armée [nationale] congolaise. Ils ont constitué des antennes de liaison de pays voisins qui contrôlaient des forces régulières [en son] sein. »[94]

---

[93] In *Le rôle trouble des voisins de la RDC dans la guerre dans l'Est du pays*, Bob Barry, article mis en ligne le 17 décembre 2019 sur le site Internet de la *Deutsche Welle* (DW), consulté le 20 janvier 2021 (https://www.dw.com/fr/le-r%C3%B4le-trouble-des-voisins-de-la-rdc-dans-la-guerre-dans-lest-du-pays/a-51712502).

[94] *Ibidem.*

Effectivement, la présence sur le sol congolais de militaires étrangers n'a pas permis aux éléments des FARDC de coordonner les opérations de sécurisation dans l'ensemble du territoire national, notamment dans les zones minières. Ainsi les soldats congolais sont-ils restés impuissants dans la lutte contre le trafic illicite de minéraux ayant enrichi les groupes armés comme le Mouvement du 23 mars (M23) et leurs parrains étrangers. Plusieurs acteurs, internes et externes, sont donc à l'origine de la criminalisation des échanges commerciaux et des opérations financières dans ce pays.

D'ailleurs, un rapport de l'organisation non gouvernementale *Global Witness* publié en 2012 a confirmé les faits. L'or, la cassitérite et le coltan, ainsi qu'un bon nombre de minerais congolais, étaient bel et bien exploités par diverses bandes armées pour être ensuite exportés frauduleusement vers le Rwanda au sous-sol pauvre en ressources minières, en vue de leur réexportation comme produits rwandais. Combien de preuves faudrait-il encore fournir, pour prouver que le Congo-Kinshasa fait bel et bien l'objet d'une agression par ses voisins et d'un complot planifié depuis l'extérieur du continent africain ? En plus, l'hypothèse d'une complicité intérieure ne devrait pas non plus être exclue.

La production et l'exportation du métal jaune des voisins de la République Démocratique du Congo[95]

Producteurs	Production	Exportation
RDC	45 600 kg	1 295 kg
Tanzanie	48 000 kg	15 119 kg
Ouganda	1 800 kg	27 966 kg
Rwanda	300 kg	10 976 kg
Burundi	880 kg	1 915 kg

[95] Les chiffres de production pour l'Ouganda, le Rwanda et le Burundi datent de 2017. Sources : CEIC 2017, *the Observatory of economic complexity* 2020.

Force est donc de constater que la République Démocratique du Congo est l'un des gros producteurs d'or des pays de la région des Grands Lacs africains. Mais, très curieusement, il reste l'exportateur le plus insignifiant par rapport à ses voisins.

« Parallèlement, le Rwanda, le Burundi et l'Ouganda exportent beaucoup plus d'or qu'ils n'en extraient, 36 fois plus même dans le cas du Rwanda dont le métal jaune représente 66 % des exportations.

» À moins de considérer que ces trois pays ont découvert le secret de la pierre philosophale, la seule explication est que ceux-ci exportent l'or congolais apporté par des contrebandiers.

» La porosité des frontières, le rôle des groupes armés, la forte taxation des exportations et le peu de scrupule des négociants de Bukavu et Butembo font que l'or de la RDC se retrouve ensuite illégalement dans ces trois pays voisins.

» À Butembo, au Nord-Kivu, le seul comptoir d'achat d'or, le *Glory Minerals*, n'a enregistré officiellement aucune exportation en 2019. Ce comptoir est [pourtant] cité depuis des années par le Groupe d'experts sur la RDC comme se fournissant en or auprès de sites non homologués dont beaucoup sont contrôlés par des groupes armés.

» Depuis Butembo, l'or est transporté vers Kampala tandis que les négociants de Bukavu, dans le Sud-Kivu, choisissent de l'acheminer vers Kigali ou Bujumbura.

» Un acteur joue un rôle central dans le commerce de l'or dans cette région : l'homme d'affaires Alain Goetz. Il est l'ancien propriétaire de l'*African Gold Refinery*, basée à Entebbe en Ouganda.

» Cette raffinerie est épinglée depuis des années par l'ONU car elle [se permet sciemment de refuser] de livrer le nom de ses fournisseurs et est soupçonnée de blanchir l'or des conflits, acheté à des groupes armés, pour le recycler dans le circuit légal. »[96]

Le rapport 2020 du *Groupe d'étude sur le Congo* (GEC) a mis l'accent sur la vulnérabilité du secteur de l'or en République Démocratique du Congo à propos de l'exploitation des groupes armés et des réseaux criminels, ainsi que du commerce illégal. De plus, les volumes d'or concernés par la contrebande ont été considérablement plus importants que ceux ayant été négociés en toute légalité.

Au-delà du pillage des minerais et d'autres ressources naturelles, l'aspect foncier représente également le facteur déterminant de la présence à l'Est du territoire congolais des voisins malveillants.

> « Le véritable nœud de la stabilité de la République Démocratique du Congo résiderait, en grande partie, dans l'équation qui consisterait à positionner carrément les éléments des FARDC et ceux des forces onusiennes le long des frontières rwandaise, burundaise et ougandaise : soit au maximum dix bataillons bien équipés pour assurer la surveillance. Tant que cela ne serait pas fait, la reconfiguration de la région des Grands Lacs africains serait inévitable et le néocolonialisme, de la part des pays industrialisés, s'implanterait dans d'autres États d'Afrique comme le Nigeria, le Cameroun… L'Afrique du Sud n'échapperait pas, non plus, à ce sort qui permettrait aux populations blanches de constituer leur propre République. L'exemple soudanais risquerait de se propager à travers tout le continent africain. »[97]

---

[96] In *Pour tout l'or de l'Afrique*, Jean-Michel Bos, article mis en ligne le 28 décembre 2020 sur le site Internet de la *Deutsche Welle*, consulté le 20 janvier 2021 (https://www.dw.com/fr/pour-tout-lor-de-lafrique/a-55979508).
[97] In *Mais quelle crédibilité pour les Nations Unies au Kivu ?*, *op. cit.*, pp. 102-103.

En effet, dans le rapport de force interplanétaire, certains pays africains – le Nigeria, l'Algérie, la République Démocratique du Congo, l'Afrique du Sud, le Cameroun… – pourraient jouer à l'avenir, s'ils parviennent à maîtriser leur cohésion sociale et leur unité territoriale, un rôle déterminant dans le devenir planétaire. Pour éviter une telle éventualité, sans lésiner sur les moyens, tout est imaginé et entrepris, y compris le recours aux divers services offerts par des officines économiques aux États mercenaires et contrebandiers. Des pouvoirs extracontinentaux, gouvernementaux ou non, ne cessent de s'activer dans le but de fragiliser les potentielles toute-puissances étatiques africaines et d'empêcher, par moult stratagèmes, l'unité du continent africain.

> « Au-delà de toute polémique sur l'empoisonnement ou sur les intentions meurtrières des miliciens et leurs parrains, des FARDC ou de la Monusco, la situation en cours dans la région du Kivu s'apparenterait, en effet, plus ou moins à une sorte de remake de la conférence de Berlin de 1885. Celle-ci avait été entreprise par Otto von Bismarck en vue de la délimitation des concessions qui fut à l'origine de la plus grande majorité des frontières des pays d'Afrique centrale. »[98]

Rien n'est donc anodin, s'agissant des envies déstabilisatrices au détriment des États d'Afrique noire, notamment celle à très forte culture bantoue.

> « La menace est réelle, beaucoup d'intérêts – financiers, fonciers et militaires – sont convergents et favorables aux potentats régionaux, ainsi qu'aux officines internationales. L'objectif déjà défini risque de devenir réalité si les gouvernements des pays d'Afrique subsaharienne ne constituent pas en urgence un front commun en vue de la stabilité et

---

[98] *Ibidem*, pp. 128-129.

de l'intangibilité des frontières héritées de la décolonisation. Et ce ne sont pas du tout, loin de là, les forces onusiennes, transformées en agence de voyages pour touristes armés aux dires du président ougandais Yoweri Kaguta Museveni, qui éviteraient que le pire, c'est-à-dire l'irréparable, se produise. Bien au contraire… »[99]

Pour faire échouer le projet relatif à la balkanisation, l'État congolais n'a pas l'embarras du choix. Il est condamné à faire respecter, par la diplomatie ou – à défaut – par les armes, le principe de l'intégrité territoriale et, en droit international, de l'intangibilité des frontières. Afin de maintenir en permanence la paix dans le territoire national, Kinshasa doit nécessairement privilégier la politique d'indépendance dans l'interdépendance. L'importance de la sécurité en Afrique centrale et dans la région des Grands l'y contraignent. Et, pour parvenir à un tel résultat, la République Démocratique du Congo doit disposer d'un élément dissuasif. Ainsi les FARDC devaient-elles se transformer en une institution patriotique et performante, dont l'aspect défensif pourrait devenir tout de suite offensif en cas de nécessité.

---

[99] In *La conscience bantoue*, Gaspard-Hubert Lonsi Koko, L'Atelier de l'Égrégore, Paris, 2020, p. 128.

G

Génocide

D'un point de vue lexical, un génocide concerne un crime relatif à l'élimination physique intentionnelle, totale ou partielle, d'un groupe national, ethnique ou religieux, reconnu comme tel, dont les membres sont détruits ou rendus incapables de procréer en raison de leur appartenance à un groupe bien identifié. Cette destruction planifiée d'un groupe humain peut être perpétrée par divers moyens, notamment le meurtre collectif, direct ou indirect, la stérilisation… Hélas, depuis l'époque léopoldienne, le territoire constituant de nos jours la République Démocratique du Congo n'a jamais été à l'abri de ce genre d'actes horribles.

> « C'est un pan terrifiant de l'histoire souvent occulté. Probablement 10 millions de morts, un sacrifice humain inouï de cruauté, une véritable mécanique de mort mise en place pour permettre à un modeste royaume européen de satisfaire ses appétits économiques, tout cela sous la pression d'un monarque, [Léopold II], prêt à tout pour avoir sa part du "gâteau africain" [...]

» Le récit de cette monstruosité coloniale évoquée par Marc Wiltz – monstruosité qui a décimé un tiers de la population du Congo de l'époque – [s'est appuyé] sur les textes des explorateurs et écrivains [...], tels Joseph Conrad, Conan Doyle ou Marc Twain, [ainsi que les missionnaires Alice Seeley Harris et son mari John, le journaliste Roger Casement].

» La "mission civilisatrice" de l'Europe, d'une Belgique justifiant et occultant les crimes commis sur les populations indigènes du Congo, exterminées sans aucun état d'âme par l'homme blanc, est omniprésente dans ces pages sincères, et comme poreuses d'une abjection glaciale. Tout cela au nom d'un roi "humaniste" et "philanthrope", comme était alors perçu le roi des Belges. »[100]

Inventé en 1943 par le juriste Raphaël Lemkin, le terme « génocide » a connu plusieurs déclinaisons quant à sa signification restrictive ou plus large. Pour certains juristes et historiens, le génocide est programmé, systématique, et radical dans ses intentions : le génocide arménien, la Shoah et le génocide des Tutsis. Ces trois génocides, tout à fait reconnus par l'ensemble des spécialistes et experts en droit international, sont en effet des exterminations planifiées par un État indépendamment de l'âge ou du sexe des victimes. *A contrario*, attribuer au génocide un sens plus large consiste à prendre en compte des éliminations sélectives. Celles-ci peuvent s'apparenter aux *politicides*, aux massacres et aux oppressions de population. Ceux-ci sont dus à des guerres et des épidémies, ou encore aux séries de meurtres – en fonction des aspects épidermique et sanguin, voire ethnique – plus ou moins liés à la discrimination ou à l'exclusion, laissés impunis par une

[100] In « *Il pleut des mains sur le Congo* » : *l'ethnocide colonial belge oublié*, Pascal Hérard, article mis en ligne par la chaîne de télévision francophone *TV5 Monde*, consulté le 11 janvier 2021. Voir le lien ci-dessous. (https://information.tv5monde.com/afrique/Il-pleut-des-mains-sur-le-congo-lethnocide-colonial-belge-oublie).

autorité et contribuant à la disparition d'un peuple. C'est notamment le cas du *congocide*[101], voire du *bantoucide*, en République Démocratique du Congo. Cet immense pays a connu de nombreuses fois, à la grande indifférence de la plupart des médias et de l'opinion internationale, plus de trois grands génocides au cours de sa dramatique histoire.

> « Il faut remonter à l'époque de l'esclavage pour assister au premier génocide congolais avec un bilan conséquent de plus de 10 000 000 de morts. Quelques siècles plus tard [aurait] lieu le deuxième génocide. De 1885 à 1908, le Congo, colonisé par la Belgique, [était] gouverné par le roi belge Léopold II. Se servant du pays africain comme de sa propriété et des Congolais comme ses sujets, [le monarque avait] été coupable d'un génocide qui a ôté la vie à 15 000 000 de personnes[102].
>
> » Le troisième génocide est [finalement] parti du pays voisin, le Rwanda. Paul Kagamé, président autoritaire, a été à l'origine d'une guerre entre différentes ethnies en 1994. Poursuivie par [des] groupes radicaux, cette guerre a déjà fait plus de 15 millions de morts et continue à impacter la République Démocratique du Congo. La guerre déclenchée en 1996 perdure. La RDC a été envahie par des armées étrangères, majoritairement composées de troupes du Rwanda et de l'Ouganda, parrainées par les États-Unis [d'Amérique] et les Anglo-Saxons. Les enjeux majeurs de cet envahissement étaient d'obtenir les ressources minières du Congo. Désormais, c'est l'Est du Congo qui est en pole position face aux conflits internes. La ville de Beni est en première ligne des massacres, violences et pillages quotidiens. Les civils sont souvent tués par des groupes armés ougandais, notamment par le groupe des Forces démocratiques alliées (ADF) qui attaque dans des zones inaccessi-

---

[101] Voir plus haut, le volet consacré au *congocide*.

[102] Il s'est agi du premier génocide perpétré au XIXe siècle, lequel serait suivi au XXe siècle par celui qui serait commis à l'encontre des peuples héréro et himba dans l'actuelle Namibie.

bles aux forces de sécurité. Un autre groupe armé rwandais, les Forces démocratiques de libération du Rwanda (FDLR), sévit depuis des années dans l'Est de la RDC. Opposé au gouvernement de Kigali, ce groupe, créé en 1994, est connu pour ses activités criminelles, pillages et meurtres au Rwanda comme au Congo. […] Les massacres [commis] au Congo sont continus. Malgré le nombre conséquent de morts, le terme de génocide n'est pas encore admis officiellement par les grandes instances internationales.

» Le pays pillé depuis la fin de la colonisation pour ses richesses n'est en effet pas aidé par les grandes puissances mondiales, souvent [favorables à] cette guerre qui leur permettrait d'avoir les ressources naturelles congolaises à moindre prix. En effet, depuis la fin de la colonisation et la dette africaine envers les pays développés, les ressources naturelles sont exploitées et pillées [aux] dépens [des populations locales]. »[103]

Pour Claire-Line Nass, si une partie de la population de l'Est de la République Démocratique du Congo est sans arrêt victime de violences perpétrées par des groupes armés depuis plusieurs années, les photographies et vidéos qui circulaient en masse sur les réseaux sociaux étaient antérieures à la situation en cours dans le pays au moment de leur mise en ligne. Cela n'a donc pas permis de démontrer l'existence d'un génocide qui s'est déroulé pendant ladite période, selon un bon nombre de spécialistes de la région des Grands Lacs africains. Cet argument ne pouvait pas non plus exclure la réalité, plusieurs milliers de crimes, ayant quand même été commis dans le territoire congolais contre des populations bantoues.

---

[103] In *Congo : un génocide passé sous silence médiatique*, Olesya Arsenieva, *Le Podcast Journal*, article mis en ligne le 7 janvier 2020 et consulté le 6 janvier 2021. Voir le lien ci-contre : https://www.podcastjournal.net/Congo-un-genocide-passe-sous-silence-mediatique_a27254.html.

« Mais alors pourquoi ces images [ont-elles fait] le buzz
sur les réseaux sociaux francophones en 2020 ? [...] Et
l'une des revendications, de longue date, du docteur
[Denis] Mukwege, c'est la mise en place d'un "Tribunal
international pénal pour la République Démocratique du
Congo"[104], afin de mettre fin à "l'impunité" entourant
des crimes perpétrés entre 1993 et 2003 dans le pays. »[105]

L'idée de créer un tel tribunal, déjà préconisée par les
Congolais de l'étranger, a ainsi émergé suite à la publication
du projet Mapping. Ce rapport des Nations Unies a recensé
les crimes qui se sont déroulés depuis les années 1990 jusqu'en 2003 en République Démocratique du Congo.

« La mention de génocide est donc bien présente, dans
ce rapport, et dans les revendications du docteur [Denis]
Mukwege, mais fait référence à des crimes commis il y
a une vingtaine d'années, et ne qualifie en aucun cas la
situation actuelle. Pourtant, depuis début octobre [2020],
les nombreuses publications relayées sur les réseaux
sociaux [ont mentionné] un génocide en République
Démocratique du Congo. »[106]

Quand bien même certains éléments n'ont pu correspon-
dre hier aux normes définissant le génocide, ils le sont forcé-

---

[104] Plusieurs organisations non gouvernementales de la diaspora congolaise,
comme *Union du Congo* en France, ainsi que d'autres en Belgique et au
Royaume Uni, ont déjà réclamé la mise en place d'une telle instance. Elles ont
œuvré en ce sens, bien avant le gynécologue basé dans la région du Kivu et
la rédaction du rapport Mapping.

[105] In *Y a-t-il actuellement un génocide en RDC ayant déjà provoqué plusieurs millions de morts ?*, Claire-Line Nass, dans le quotidien français *Libération*. Article mis en ligne en octobre 2020, consulté le 6 janvier 2021
(https://www.liberation.fr/checknews/2020/10/23/y-a-t-il-actuellement-un-
genocide-au-congo-ayant-deja-provoque-plusieurs-millions-de-
morts_1803262).

[106] *Ibidem*.

ment de nos jours. De plus, selon toute vraisemblance, s'agissant du qualificatif « génocide » au regard de la définition de la charte des Nations Unies, si le doute et les hésitations subsistent encore sur les actes inhumains commis en République Démocratique du Congo, d'aucuns ne pourraient désormais mettre en cause le *congocide*, ou le *bantoucide*. Bien entendu, il est question des crimes économiques, des crimes de guerre et crimes contre l'Humanité qui ont été perpétrés dans le territoire congolais, du fait des raisons d'ordres foncier et commercial, à l'encontre des populations autochtones d'appartenance majoritairement bantoue.

> « Si parler de génocide en ce moment en République Démocratique du Congo [a semblé] donc inapproprié pour l'historien, [le professeur Alfred Tumba Shango Lokoho a tenu] toutefois à rappeler que l'Est du pays est bien le théâtre de violences. Le plus récent rapport de l'UNHCR, l'agence des Nations Unies pour les réfugiés, publié le 9 octobre [2020], [a] fait ainsi état de "40 000 à 60 000" personnes déplacées de force, afin de fuir pillages et violences perpétrés par des groupes armés [...] dans la région du Nord-Kivu. Dans le même temps, un autre rapport – de l'ONG *Human Rights Watch* – [a demandé] une enquête sur le chef de l'un de ces groupes armés, qui [semait] la terreur dans l'Est [du pays]. »[107]

La particularité dans ce cas précis réside dans les tentatives d'élimination physique, voire d'extermination, des populations ethniquement majoritaires par des groupes tout à fait minoritaires. Les victimes d'hier seraient-ils en passe de devenir des potentiels bourreaux ?

Au-delà des approches des historiens tels que Jean-Pierre Chrétien, Gérard Prunier, ou Alison Desforges, que d'aucuns n'hésitent plus à qualifier de négationnistes, on pourrait faci-

---

[107] *Ibid*.

lement estimer à au moins 4 millions de morts en République Démocrate du Congo à cause de différentes guerres armées et conflits sociaux depuis 1996. Ce nombre pourrait atteindre au moins les 10 millions, en tenant compte des dégâts collatéraux : absence réelle de politique sanitaire et nutritionnelle, faillite étatique, insécurité…

> « Certaines estimations sont effroyables : pour l'ensemble du pays, sur la période allant de 1996 à 2007, le nombre de "décès excédentaires", c'est-à-dire de morts additionnelles par rapport au taux standard de mortalité, dues aux conséquences des conflits au Congo, serait de 5,4 millions, morts aux combats exclus. Cela fait de la guerre au Congo oriental le conflit le plus meurtrier depuis la fin de la Seconde Guerre mondiale. Certains récits sont terrifiants, comme ceux relatés dans le rapport Mapping du Haut-commissariat des Nations Unies aux droits de l'Homme (HCDH), rendu public en octobre 2010, qui [a mentionné] "les attaques systématiques et généralisées […] ayant [eu] pour cible de très nombreux réfugiés hutus rwandais et des membres de la population civile hutu et causé leur mort, [ayant révélé] plusieurs éléments accablants qui, s'ils sont prouvés devant un tribunal compétent, pourraient être qualifiés de crime de génocide" (article 517). Peut-on parler de "contre-génocide" ? L'expression est forcément exagérée, et totalement insupportable pour des journalistes ou des membres d'associations des droits de l'Homme qui ont fait de [Paul] Kagamé le héros qui a mis fin au génocide dans son pays. Il est cependant incontestable qu'il s'agit de "crimes contre l'Humanité", et le rapport onusien [a] fait mention de la "nature systématique, méthodique et préméditée" des attaques contre les Hutus et [a révélé] le nombre important de victimes congolaises collatérales. »[108]

---

[108] In *Le Rwanda et la République démocratique du Congo : David et Goliath dans les Grands Lacs, op. cit.*

D'ailleurs, le rapport Mapping confirme *de facto* le cas avéré de *bantoucide*.

En Ituri, dans le Nord-Est de la République Démocratique du Congo, plus précisément dans la Province orientale, les langues ont fini par se délier. Un bon nombre de témoignages ont corroboré la thèse selon laquelle :

> « la grande majorité des victimes des attaques [a semblé] avoir été visée en raison de leur appartenance à la communauté hema[109] (au moins 402 membres de cette communauté tués entre décembre 2017 et septembre 2019). »[110]

D'après un rapport conjoint de la Mission de l'Organisation des Nations Unies au Congo (Monusco) et du bureau des droits de l'Homme,

> « l'un des enjeux majeurs du conflit est en effet le contrôle des terres par les Lendu[111].
> » Les violences entre Lendu, majoritairement agriculteurs, et Hema, éleveurs et commerçants, ont repris fin 2017 dans cette province frontalière de l'Ouganda par

---

[109] Un groupe ethnolinguistique de l'Est de la République Démocratique du Congo, et aussi présent en Ouganda. Son lignage est nigéro-congolais, atlantico-congolais, volataïco-congolais, benoué-congolais, bantou, bantou méridional. Voir aussi *La conscience bantoue, op. cit.*

[110] In *RDC. Les violences en Ituri, possibles « crimes contre l'humanité » voire un « génocide » pour l'ONU*, article mis en ligne le 10 janvier 2020 sur le site du quotidien français *Ouest France*, consulté le 11 janvier 2021. Voir le lien ci-dessous.
(https://www.ouest-france.fr/monde/republique-democratique-du-congo/rdc-les-violences-en-ituri-possibles-crimes-contre-l-humanite-voire-un-genocide-pour-l-onu-6683590).

[111] Une population de langue nilo-saharienne vivant dans la Province orientale dans le district de l'Ituri. Les Lendu sont proches du groupe des Lugbera, une population vivant au Nord-Ouest de l'Ouganda et de région frontalière du Nord-Est de la République Démocratique du Congo.

ailleurs convoitée pour son or et son pétrole sur les bords du lac Albert.

» Un précédent conflit entre 1999 et 2003 avait fait des dizaines de milliers de morts jusqu'à l'intervention d'une force européenne, Artémis[112], sous commandement français. »[113]

Par conséquent, depuis février 2018, ces nouvelles violences dans le territoire de Djugu au Nord du chef-lieu qu'est Bunia ont provoqué le déplacement massif des habitants. Au moins 57 000 personnes se sont réfugiées en Ouganda et plus de 556 356 autres se sont déplacées vers les territoires voisins non loin de la ville de Bunia après la première vague de violence, de décembre 2017 à mai 2018.

« En septembre 2018, les violences ont repris sous la forme d'une série d'attaques contre les forces de défense et de sécurité congolaises par des assaillants lendu, suivies d'opérations de riposte par les FARDC. »[114]

Une troisième phase de violence a été observée, à partir de juin 2019, avec des attaques contre la communauté hema. Celles-ci ont été menées, encore une fois, par des assaillants lendu. Elles ont suscité des ripostes de la part de la communauté hema, ainsi que des opérations menées par les FARDC contre les agresseurs. Ces violences ont fait au moins 168 autres blessées et 142 personnes ont été concernées par des violences sexuelles.

---

[112] Voir plus loin, le volet consacré à l'opération Artémis.

[113] In *Les violences en Ituri, possibles « crimes contre l'humanité » voire un « génocide » pour l'ONU, op. cit.*

[114] *Ibidem.*

H

Haine

Il est une évidence tout à fait considérable. La situation restera encore explosive dans la région du Kivu et en Ituri, tant que le *statu quo* sera maintenu et entretenu dans la configuration actuelle. Cela laisse penser que les conflits armés et fonciers dans la partie orientale de la République Démocratique du Congo risquent d'évoluer négativement, si aucune mesure salutaire n'est prise par les autorités étatiques et provinciales. Dans cette optique, à cause des visées expansionnistes de quelques pays, la configuration territoriale héritée de la période coloniale pourrait considérablement être modifiée si aucun effort n'est non plus fourni par les populations congolaises de l'Est. En effet, la haine viscérale pourrait semer la désolation et le trouble dans la région des Grands Lacs africains, comme cela s'est déjà produit, à maintes reprises, dans les pays limitrophes tels que le Rwanda et le Burundi dans le sempiternel et artificiel conflit entre Hutus et Tutsis.

« La Monusco et le Bureau conjoint des Nations Unies aux droits de l'Homme (BCNUDH) [se sont inquiétés], dans un communiqué publié [le] 1er mars [2021], du regain de discours et messages incitatifs à la haine.

» Le directeur du BCNUDH et représentant de la Haute-Commissaire aux droits de l'Homme en République Démocratique du Congo, [Abdoul Aziz Thioye, a souligné] que "les discours incitatifs à la haine sont non seulement une infraction à la législation nationale mais sont aussi contraires aux droits de l'Homme et constituent une menace réelle à la cohésion nationale, à une paix et une sécurité durables et à la protection des civils dans le pays". Bien que dans l'ensemble les autorités congolaises ont dénoncé les discours et messages incitatifs à la haine, le rapport du BCNUDH [a préconisé] une implication accrue des acteurs politiques, leaders communautaires, acteurs de la société civile et autorités nationales pour les prévenir et y mettre fin, et [formulé] des recommandations à leur endroit.

» En particulier, le rapport [a appelé] entre autres à veiller au respect des dispositions normatives sur les discours et messages incitatifs à la haine tout en garantissant le droit à un procès équitable et le droit à la liberté d'expression, à poursuivre les efforts de lutte contre l'impunité pour des violations et atteintes aux droits de l'Homme, ainsi qu'à renforcer le cadre légal et les organes et institutions visant à assurer l'égalité et la non-discrimination. »[115]

Certes, aucun humaniste ne peut désapprouver l'inquiétude des responsables onusiens, dont les forces armées sur le sol congolais, depuis plus de vingt années, n'ont jamais pu protéger les populations civiles. Mais il faudrait aussi penser à mettre en garder, voire à demander des sanctions contre les

---

[115] In *La Monusco et le Bcnudh s'inquiètent du regain de discours et messages incitatifs à la haine*, article mis en ligne 1er mars 2021 par *Radio Okapi*, consulté le 15 mars 2021 (https://www.radiookapi.net/2021/03/01/actualite/societe/rdc-la-monusco-et-le-bcnudh-sinquietent-du-regain-de-discours-et).

pays voisins qui continuent à s'ingérer en toute hostilité dans les affaires intérieures congolaises en ne cessant d'entretenir le feu. Ces pays devraient arrêter de régler leurs problèmes internes dans le territoire congolais, de monter les populations du Kivu et de l'Ituri les unes contre les autres, dans la seule optique de fragiliser davantage la République Démocratique du Congo et de poursuivre, avec outrecuidance, le pillage des matières premières. La communauté internationale doit enfin se racheter, en empêchant le projet en vue de la déstabilisation et du démembrement du géant d'Afrique centrale.

I

Impunité

L'impunité se rapporte à quelqu'un ou à quelque chose qui est exempt de punition, de sanction, de châtiment. Il est avant tout question d'absence de danger ou de risque. Cela laisse présager que la réconciliation nationale, concernant la République Démocratique du Congo, passera surtout, entre autres facteurs, par le pansement des plaies encore béantes des deux guerres. En plus, celles-ci ont intensément fragilisé le territoire congolais entre 1996 et 2003, et la gravité de la situation ne s'est guère atténuée. La justice ne pourrait rester, dans ce cas précis, impuissante par rapport à l'impunité dont bénéficient par exemple certaines personnes qui gravitent encore dans la sphère institutionnelle. Les victimes ne doivent pas être, *ad vitam æternam*, les dindons d'une farce conforme à un semblant d'unité nationale et à une parodie d'entente cordiale au niveau régional. Dans la Section III du rapport Mapping, en particulier les paragraphes 783-979, on peut prendre connaissance de la catastrophique évaluation du système judiciaire dans le territoire congolais.

« Entre 1996 et 2003, le pays a connu une succession de conflits armés qui a bien évidemment perturbé le fonctionnement de toutes les institutions, notamment des institutions judiciaires. Plusieurs de ses institutions demeurent dysfonctionnelles et plusieurs personnes suspectées de graves violations des droits de l'Homme occupent présentement des positions [importantes] au sein du gouvernement ou de l'armée.

» Bien que les besoins de justice et de mettre fin à un climat d'impunité presque total soit grandissants, des millions de victimes sont laissées à elles-mêmes et ne peuvent faire entendre leur voix. Les sérieuses violations des droits de l'Homme et du droit international humanitaire commises entre 1993 et 2003, répertoriées dans le rapport, demeurent impunies. »[116]

Selon l'état du droit interne congolais, seules les juridictions militaires sont restées compétentes pour juger les crimes internationaux : soit les crimes de guerre, soit les crimes contre l'Humanité et le crime de génocide. Au moment de l'écriture dudit rapport Mapping,

« l'exercice de la compétence exclusive des juridictions militaires sur les crimes internationaux s'est traduit par une impunité grandissante dont [a témoigné] le nombre insignifiant d'enquêtes et de poursuites menées pour crimes de guerre et crimes contre l'Humanité et ce, malgré le nombre effarant de crimes commis »[117].

Or, l'ingérence à maintes reprises des acteurs politiques et de la hiérarchie militaire ont souvent contribué à la dépendance de la justice militaire. Par conséquent, ces interposi-

[116] In *Climat d'impunité en RDC*, dans Fiche d'information 7 sur le rapport Mapping, document PDF consulté le 21 janvier 2021. Voir le lien ci-dessous. (https://www.ohchr.org/Documents/Countries/CD/Fiche7_impunite_FINAL.pdf).
[117] *Ibidem.*

tions ont annihilé, selon ce rapport onusien, « la capacité des autorités militaires et judiciaires congolaises à mettre un terme à l'impunité et à juger les atteintes graves aux droits de l'Homme ». En effet, dans une très large mesure,

> « une des grandes faiblesses du système judiciaire en RDC réside depuis toujours dans le manque d'indépendance des cours et tribunaux par rapport aux structures du pouvoir exécutif, législatif et de l'administration étatique. Les interférences et immixtions des autorités politiques et militaires dans les affaires judiciaires sont courantes et reconnues… »[118]

Le fonctionnement normal de la justice militaire n'est pas encore un paramètre acquis dès lors que,

> « pendant la transition et au cours des années qui l'ont suivie, plusieurs nominations d'individus dénoncés comme étant responsables de crimes graves commis en RDC, dont certains, pour des faits remontant à la période couverte par [ledit] rapport, sont devenus gradés [au moment] de leur intégration dans l'armée nationale créée lors des accords de paix de 2002 [allusion à l'accord de Paix de Goma]. Des cas très récents ont confirmé l'absence de volonté du gouvernement de les exclure, [à cause de] leur présence dans les institutions, et surtout dans celles qui ont le monopole de la force, les présumés auteurs des violations graves [pouvant] utiliser leur pouvoir pour empêcher toute initiative, et le cas échéant menacer ou simplement décourager de potentiels témoins et victimes »[119].

Subsistent *de facto* des pressions et des obstacles « insurmontables à la poursuite de certains hauts gradés responsables des crimes internationaux commis dans le passé ». À ces

______

118 *Ibid.*
119 *Ibid.*

contraintes s'ajoutent l'absence de procédures et mécanismes en vue de la protection des victimes, ainsi que le déficit de sécurité des magistrats et des enquêteurs. Ces lacunes constituent des obstacles majeurs. Elles découragent les meilleures intentions en matière d'enquêtes et de poursuites. L'implication des acteurs étrangers dans les violations graves du droit international humanitaire commises constitue également un autre facteur de l'impuissance des juridictions congolaises. De plus,

> « bien qu'elles soient compétentes sur toute personne, congolaise ou non, elles ont peu de moyens d'obtenir la comparution de suspects résidant à l'extérieur du pays. La coopération de certains États face à une demande d'extradition reste incertaine, voire improbable compte tenu du peu de garantie qu'offrent les juridictions militaires congolaises en matière de procès juste et équitable et de respect des droits fondamentaux des accusés alors que la peine de mort est toujours en vigueur en droit congolais »[120].

De toute manière, en dépit des preuves tangibles et irréfutables, aucun pays impliqué dans les meurtriers événements en cours dans la partie orientale de la République Démocratique du Congo n'a agi dans le sens de la condamnation de leurs ressortissants impliqués dans les crimes contre l'Humanité survenus dans la région du Kivu et en Ituri. Les autorités rwandaises n'ont-elles pas sciemment fermé les yeux, s'agissant du cas de Laurent Nkundabatware Mihigo ? Il en a été de même de la situation de Bosco Ntaganda, combattant rwandais de l'Armée patriotique rwandaise (APR), devenu général des FARDC au moment de la Deuxième Guerre du Congo. D'aucuns ne pourraient que s'interroger sur les rôles du Conseil de sécurité des Nations Unies et de la Cour pénale

---

[120] *Ibid.*

internationale au regard de l'impunité dont continuent de jouir des intouchables ou affranchis, ainsi que leurs complices, pour des crimes imprescriptibles. Pis encore, ces actes criminels concernent au moins 600 cas de violations graves du droit international des droits de l'Homme et du droit international humanitaire perpétrés entre mars 1993 et juin 2003 sur le sol congolais.

Selon Deprose Muchena, directeur du programme Afrique de l'Est et Afrique australe à *Amnesty International*,

> « l'incapacité d'identifier et de mettre en place les mécanismes adéquats pour rendre justice et accorder réparation a laissé des milliers de victimes et leurs familles impuissantes. Par conséquent, l'impunité généralisée continue de régner en RD Congo et dans la sous-région, contribuant ainsi à la récurrence des tueries et d'autres crimes graves. »[121]

Alors que la CPI a ouvert des enquêtes en 2004 sur des crimes graves qui ont été commis en République Démocratique du Congo à partir du 1er juillet 2002, des faits similaires n'ont cessé de se reproduire dans les régions du Kivu et du Maniema. L'État est toujours resté impuissant, tandis que les pays limitrophes muets et la communauté internationale carrément inscrite aux abonnés absents.

Pourtant, en matière de répression et de prévention des crimes internationaux, le gouvernement congolais s'est engagé, en ayant ratifié le Statut de Rome signé le 17 juillet 1998 par 124 États et entré en vigueur le 1er juillet 2002, à poursuivre par tous les moyens les auteurs des crimes

---

[121] In *Des mesures concrètes pour mettre fin à l'impunité ne peuvent plus attendre*, communiqué de presse mis en ligne par *Amnesty international* le 1er octobre 2020, consulté le 21 janvier 2021 (https://www.amnesty.fr/presse/rdc-des-mesures-concrtes-pour-mettre-fin-limpunit-).

énoncés dans ce traité international. Ainsi devait-il prévoir, dans la législation nationale, toutes les formes de coopération avec la Cour pénale internationale… L'adoption du projet de loi de mise en œuvre du statut de cette Cour aura en effet une importance capitale, nonobstant l'importance de ladite réforme, des doutes sérieux sur la réelle volonté du Parlement congolais de l'adopter, ainsi que de l'opposition notamment des autorités militaires et des acteurs politiques concernés par des crimes imprescriptibles.

J

Jeunesse

En République Démocratique du Congo, les jeunes sont numériquement majoritaires. Par conséquent, si le rapport de force est mis à contribution de manière démocratique, transparente, pacifique et responsable, leur voix ne pourra que compter davantage. De plus, l'avenir a toujours été façonné par ceux qui ont eu le courage de tracer des sillons idoines. Depuis la nuit des temps, la terre a toujours appartenu à ceux qui l'ont vaillamment défendue et consciencieusement entretenue. Le territoire national appartient en réalité au peuple souverain, même si, au-delà des frontières nationales, règnent la convoitise et l'antagonisme pour lesquels on doit à tout prix avoir de la méfiance. Affrontant l'adversité, devra se montrer déterminée la jeunesse congolaise. Combien de compatriotes ont-ils été tués, un beau matin, du simple fait d'être nés Congolais ? Combien de personnes ont-elles versé leur sang pour la défense de la patrie ? Combien de femmes et de filles ont-elles été violées dans le seul but d'humilier le peuple congolais ? Ardeur et vaillance, jeunesse congolaise ! L'intelligence et la persévérance, ainsi que les forces de l'esprit, sont évidemment de ton côté. Alors, bats-toi avec héroïsme pour la sauvegarde de la terre de tes ancêtres.

Dans *Le Congo-Kinshasa en quelques lettres* (*op. cit.*, pp. 89-90), il est rappelé que :

> « même si la jeunesse représente une période de transition, elle constitue toutefois un maillon indispensable d'une tranche de vie permettant d'affronter ou d'épouser l'avenir. Ainsi [sera-t-on] à l'écoute d'une jeunesse soucieuse du monde qu'elle veut pour demain.
>
> » [La jeunesse congolaise] est naturellement, par définition, l'avenir de [la] nation. Avec le gouvernement de la IVe République, [on] lui [offrira] sans conteste toutes les ressources nécessaires pour affermir sa personnalité et son identité, et ainsi forger sa conscience nationale. Cela passera inéluctablement par la morale publique, le civisme, le patriotisme et l'instruction pédagogique. [On bâtira] donc un Congo meilleur et davantage éclairé au sein duquel la formation initiale, cette composante primordiale de l'éducation des valeurs et des connaissances, ne pourra que garantir à la jeunesse un niveau éducatif élevé et une autonomie personnelle que confortera, plus efficacement, l'ambition du plein-emploi et de la croissance économique. »

Il est évident que, le colonialisme et les différents régimes politiques n'ayant pas brillé sur les plans socio-économique et sanitaire, ainsi que professionnel, la jeunesse congolaise doit s'impliquer davantage dans son destin. Il doit donc oser prendre le taureau par les cornes en exigeant plus de libertés et de démocratie, davantage d'intelligibilité et d'efficacité dans la gestion de la chose publique.

Pascal Sinamoyi, dit Seigneur Rochereau ou Tabu Ley, a rappelé à juste titre, dans la chanson *Congo avenir*, que la jeunesse est en train de se former et elle construira son pays.

Oui, chère Patrie, tout le monde t'adorera tout simplement ! Oui, on t'admirera, car tes enfants te rendront ta dignité longtemps piétinée et ta splendeur que, par tous les moyens, l'on a essayé de ternir.

Justice sociale

Selon les Nations Unies, qui la célèbrent le 20 février de chaque année, la justice sociale est un principe fondamental de la coexistence pacifique et prospère au sein des nations et entre elles. Elle implique également la pose des fondements nécessaires pour assurer la dignité et la stabilité, ainsi que des perspectives au profit de tous les citoyens. La justice sociale étant l'une des conditions *sine qua non* pour la coexistence pacifique et prospère des populations, comment peut-on l'obtenir sans la paix, sans l'égalité des sexes ou le respect des droits des peuples autochtones et des migrants ? Qu'est-ce que la justice sociale, dès lors que persistent les obstacles relatifs au sexe, à l'âge, à l'appartenance ethnique, à la religion, à la culture ou au handicap ? La justice sociale n'est concevable que sur la base d'une humanité paisible et orientée vers le développement, ainsi que sur un vivre-ensemble consolidé par une cohésion générationnelle et culturelle. Elle n'est possible que par le truchement d'une politique axée sur la santé, l'éducation, le développement sociétal, l'agriculture durable et le respect de l'environnement. Pas de paix, ni développement, sans justice sociale.

D'aucuns n'ignorent malheureusement que, en République Démocratique du Congo, la justice sociale représente encore un concept bien lointain et méconnu de la population, ne serait-ce qu'en matière de promotion de santé et de bien-être. Cela implique, afin de garantir à chacun les mêmes chances et les mêmes traitements au regard de l'égalité dans l'accès aux soins, une politique volontariste en vue de l'assurance maladie ou de la mutuelle de santé. S'impose donc une justice distributive et corrective[122] dans l'optique de combattre les inégalités dues aux politiques et pratiques sociales qui consolident les injustices.

Pour la militante et bénévole Rose Tuendeyane, présidente de la *Dynamique des femmes pour la bonne gouvernance* (DYFEGO), une organisation non gouvernementale regroupant des personnes de la gent féminine à Beni,

> « les femmes en RDC sont […] victimes des inégalités et des discriminations sur le plan social et professionnel. [Elles vivent] encore des discriminations, l'impunité, la restriction des libertés fondamentales »[123].

Par conséquent, la justice sociale doit être promue à la base, à savoir au sein des communautés locales dans le cadre de la paix et du développement. Du point en vue des principes d'équité et de justice, auxquels il faudrait ajouter l'utopie, il est plus que jamais temps que, en République Démocratique du Congo, la justice sociale devienne une construction morale et politique pour l'égalité des droits. Elle doit impliquer la nécessité d'une solidarité collective entre les Congolais, de souche ou par naturalisation, relevant du *jus sanguinis* ou du *jus soli*.

---

[122] Si la justice corrective consiste à rétablir, selon Aristote, une égalité perdue ou rompue par une inégalité indue, la justice distributive repose sur le principe d'une distribution des biens d'après une logique de proportionnalité, c'est-à-dire de division équitable.

[123] In *Rose Tuendeyane s'exprime sur la justice sociale en RDC*, article mis en ligne le 20 février 2018 par *Radio Okapi,* consulté le 3 mars 2021. Voir le lien ci-dessous. (https://www.radiookapi.net/2018/02/20/emissions/linvite-du-jour/rose-tuendeyane-sexprime-sur-la-justice-sociale-en-rdc).

Justice républicaine

Dans un rapport établi et rendu public à la fin du mois de janvier 2021 par *Transparency international*, la République Démocratique du Congo occupait la 168ème place sur 180 pays dans l'indice de perception de la corruption. D'ailleurs, contrairement à la loi organique régissant cette institution, la rentrée judiciaire à la Cour des comptes n'a pas eu lieu le 1er mars. Selon l'avocat général près ladite Cour, Nathalis Mbumba Nzuzi,

> « pour qu'il y [eût] rentrée judiciaire au niveau du Conseil supérieur de la magistrature de la Cour des comptes, il [aurait fallu] que tous les membres [aient prêté] serment devant le Chef de l'État, et que ce dernier [ait nommé] les nouveaux animateurs […]. »[124]

En conséquence, faute de nouveaux animateurs, la rentrée judiciaire de la Cour des comptes a été renvoyée *sine die*[125]. Or, a-t-il semblé, la non-opérationnalité de cette juridiction financière n'a nullement émoussé l'engouement du président de la République Démocratique du Congo dans l'indispensable combat en vue de l'éradication des antivaleurs et de la mauvaise gouvernance étatique.

Déjà l'année précédente, en juillet 2020, en conformité avec la majorité absolue dont disposait la mouvance kabiliste dans les deux Chambres, trois propositions de loi sur le fonctionnement de l'ordre judiciaire et de la magistrature ont failli

---

[124] In *Kinshasa : pas de rentrée judiciaire à la Cour des comptes*, article mis en ligne le 1er mars 2021 par *Radio Okapi*. Voir le lien ci-dessous. (https://www.radiookapi.net/2021/03/01/actualite/justice/kinshasa-pas-de-rentree-judiciaire-la-cour-des-comptes).

[125] D'après l'article 6 de cette loi, l'année judiciaire à la Cour des comptes commence le premier jour du mois de mars de l'année civile et se termine le 28 février de l'année suivante.

être adoptées par le Parlement. Cette étonnante initiative était l'œuvre de quelques députés proches du sénateur à vie Joseph Kabila Kabange, notamment l'ancien président de l'Assemblée nationale Aubin Minaku et l'honorable Garry Sakata. Ces propositions de loi visaient à conférer au ministre de la Justice, Célestin Tunda Ya Kasende, un contrôle renforcé sur les procureurs, aux dépens de la protection des droits civils et politiques. Cela aurait été possible grâce à un droit de regard sur les poursuites pénales et le droit de sanctionner tout procureur souhaitant maintenir une instruction contre la volonté ministérielle.

> « En effet, l'ancien ministre avait envoyé une lettre au Parlement pour approuver les réformes judiciaires proposées par sa famille politique, le Front commun pour le Congo (FCC, pro-Kabila), sans consulter préalablement le gouvernement. Cette démarche avait considérablement irrité Félix Tshisekedi [Tshilombo] qui avait alors dénoncé un manque de sincérité. »[126]

D'aucunes savent que Célestin Tunda Ya Kasende a été à l'origine de l'enquête, ayant été diligentée en février 2020 sur le programme des cent jours du chef de l'État. Cette investigation a abouti, pour détournement et corruption, à la condamnation de Vital Kamerhe, un autre ancien président de l'Assemblée nationale, ainsi que d'autres responsables politiques, à vingt années de prison au terme d'un procès sans précédent par détournement de deniers publics et corruption aggravée.

---

[126] In *Félix Tshisekedi obtient la démission du ministre de la Justice en RDC*, Stanis Bujakera Tshiamala, article mis en ligne le 11 juillet 2020 par *Jeune Afrique*, consulté le 1er mars 2021 (https://www.jeuneafrique.com/1013885/politique/felix-tshisekedi-obtient-la-demission-du-ministre-de-la-justice-en-rdc/).

« Depuis vingt ans, les habitants de la RDC subissent des violences et des atteintes aux droits humains. Des crimes de droit international – viols collectifs, torture et homicides, notamment – ont été commis dans presque tout le pays et continuent d'être perpétrés à une fréquence alarmante.
» L'impunité reste endémique : des millions d'hommes, de femmes et d'enfants souffrent des séquelles des violences subies mais les coupables sont rarement déférés à la justice.
» À la suite de décennies de négligences, d'erreurs de gestion et de mauvaise gouvernance, la justice congolaise est, d'une manière générale, incapable de se conformer à l'obligation de rendre des comptes, de s'attaquer au problème de l'impunité et de veiller à ce que les victimes obtiennent réparation. Sa crédibilité est entachée par les ingérences politiques et militaires, la corruption généralisée, le manque de personnel, de formations et de ressources, ainsi que par son incapacité à protéger les victimes et les témoins, à offrir une aide judiciaire, à appliquer ses propres décisions et même à maintenir les condamnés en détention. »[127]

Des années d'ingérences politiques et de corruption ont de toute évidence affaibli le système judiciaire déjà déliquescent, sapant ainsi les fondements de l'État de droit au profit des responsables de haut rang de l'ancienne administration bénéficiant de l'impunité depuis belle lurette. Au nombre d'actes inhumains restés impunis figurent bien entendu des crimes contre l'Humanité, des crimes de guerre, des actes de torture, des violences sexuelles, l'enrôlement et l'utilisation d'enfants au sein des forces militarisés et des groupes armés, des disparitions forcées et des meurtres. Si des millions d'hommes, de

---

[127] In *Il est temps que justice soit rendue : La République Démocratique du Congo a besoin d'une nouvelle stratégie en matière de justice.* Document *Amnesty International*, AFR 62/006/2011, août 2011, p. 1, document PDF consulté le 1er mars 2021. Voir le lien ci-contre : https://www.amnesty.org/download/Documents/28000/afr620062011fr.pdf.

femmes et d'enfants souffrent de nombreuses séquelles dues aux violences qui leur ont été infligées, l'impunité reste généralisée et les coupables sont très rarement déférés devant l'autorité judiciaire. Elle encourage la violence et les violations des droits humains, affaiblit la confiance dans le système judiciaire et l'État. Elle empêche également les victimes et leurs familles d'obtenir réparation, et de faire confirmer la reconnaissance de la responsabilité des criminels.

Justice transitionnelle

Contexte discuté selon certains juristes, l'expression « justice transitionnelle » est en principe employée pour désigner « l'ensemble des mesures auxquelles un régime fraîchement installé à la suite d'un conflit armé, ou d'une crise politique, a recours pour affronter les violations massives et/ou systématiques des droits de l'Homme ayant eu lieu avant la transition ». L'objectif, c'est de promouvoir la transformation de la société, faciliter la réconciliation et favoriser l'établissement de l'État de droit et de la démocratie »[128]. Ainsi,

> « les commissions "vérité" établies dans des dizaines de pays, notamment en Afrique du Sud, les juridictions Gacaca au Rwanda, les processus d'épuration dans les pays anciennement communistes ou encore les tribunaux pénaux internationaux *ad hoc* pour le Rwanda et l'ex-Yougoslavie en sont emblématiques »[129].

En République Démocratique du Congo, ce pays où les crimes les plus graves et abominables ont été perpétrés depuis

---

[128] In *La justice transitionnelle, un concept discuté*, Noémie Turgis, dans *Les Cahiers de la Justice*, 2015, n° 3, pp. 333-342.
[129] *Ibidem*.

plus de vingt-cinq années, l'incapacité d'identifier et de mettre en place les mécanismes adéquats, pour rendre justice et accorder réparation, a laissé des milliers de victimes et leurs familles impuissantes. Fort heureusement, au cours des trente dernières années, dans un contexte international favorable à la reconnaissance d'un domaine entièrement consacré à l'étude des problématiques de la justice durant la transition, des initiatives progressistes ont été prises. En effet,

> « face à la gravité et à l'étendue des crimes commis avant certaines transitions étatiques et à l'incapacité conséquente des institutions judiciaires nationales à leur apporter une réponse adéquate, de nouveaux procédés ont en effet été développés pour tirer les conséquences de ces passés troubles. L'ensemble de ces mesures, présentées comme une condition à une transition vers la paix et la stabilité, est désormais appréhendé sous le label "justice transitionnelle".
>
> » Les fondements conceptuels se sont en outre élargis, notamment par l'expansion rapide du droit international sur les questions touchant au champ matériel visé par la justice transitionnelle[130] durant les années 1990 et la pression sur les sociétés en transition, visant à ce que les mesures appropriées soient mises en œuvre, s'est accrue, favorisant par là même l'exportation de ces mesures de justice »[131]

D'après l'universitaire roumaine Daniela Ana-Maria Radu, la dimension structurelle de la construction de la paix se focalise sur les nouveaux fondements pour les institutions démocratiques, sur une justice fonctionnelle, sur la réforme du système de sécurité, sur la guérison des traumas psycho-sociaux. En dépit de la lenteur à propos de la

---

[130] En particulier, les violations du droit international des droits de l'Homme et du droit international humanitaire, crimes internationaux.

[131] *In La justice transitionnelle, un concept discuté, op. cit.*

demande ayant été faite par le président de la République Félix Antoine Tshisekedi Tshilombo à son premier gouvernement majoritairement issu de la coalition FCC-CACH[132], un mécanisme de justice transitionnelle pour juger les crimes les plus graves a toutefois été envisagé. Ainsi deux projets de décrets ont-ils été envisagés.

> « Le manque de volonté politique et la *realpolitik* ont trop longtemps primé sur le besoin et la soif de justice et de vérité. C'est dans ce contexte que les massacres se poursuivent. Cette situation qui fait honte à notre humanité commune ne peut plus durer. »[133]

Pourtant, dès lors que les victimes n'ont personne vers qui se tourner ou d'opportunités de se faire entendre, l'impasse ne peut que s'agrandir. Par conséquent, la section IV du rapport Mapping, dans ses paragraphes 980-1143, a examiné différentes options pour combler les énormes défis quant aux institutions dysfonctionnelles de la République Démocratique du Congo. La finalité, c'est de permettre leur évolution en termes de vérité, justice, réparations et réforme au profit des millions de victimes de violations des droits de l'Homme. Toutefois, en raison de nombreux défis,

> « la mise en place d'une politique holistique de justice transitionnelle qui s'appuierait sur la création de mécanismes divers et complémentaires, judiciaires et non judiciaires, s'avère cruciale – le choix du mécanisme le

---

[132] Le Front commun pour le Congo (FCC) est une plateforme politique étroitement liée à Joseph Kabila Kabange, tandis que le Cap pour le changement (CACH) est acquis à Félix Antoine Tshisekedi Tshilombo.

[133] In *Denis Mukwege tonne contre le manque de justice pour les crimes en RDC*, article mis en ligne le 1er septembre 2020 sur le site Internet de *Jeune Afrique*, consulté le 25 janvier 2021 (https://www.rfi.fr/fr/afrique/20200901-denis-mukwege-tonne-manque-justice-crimes-rdc).

plus approprié [devant revenir] exclusivement au gouvernement qui doit prendre en compte les demandes de la société civile congolaise »[134].

Partant de l'affirmation selon laquelle les populations congolaises ont « droit à la vérité sur toutes les violations graves des droits de l'Homme commises sur [leur] sol »[135], il a été suggéré l'établissement d'une commission de Vérité et de Réconciliation. Il fallait donc un mécanisme non judiciaire pouvant aider à déterminer les responsabilités institutionnelles, politiques, militaires et autres, à préserver les éléments de preuve, à identifier les auteurs des exactions et à recommander des mesures de réparation et des réformes institutionnelles. Ce serait donc l'occasion d'offrir aux victimes une véritable tribune, mieux adaptée à leurs besoins qu'une procédure judiciaire, d'où elles pourraient s'exprimer. Encore faut-il que le gouvernement congolais puisse avoir l'audace de prendre une série d'engagements, dans l'optique de la mise en place, aussi rapidement que possible, d'« une structure indépendante, neutre, crédible, impartiale et professionnelle ». Celle-ci devrait favoriser le recrutement des animateurs et d'un personnel moralement intègres. Cela permettrait de doter la commission d'une loi claire et réaliste, des moyens matériels et budgétaires suffisants. L'objectif concernerait la mise en œuvre des recommandations du mécanisme de vérité et, éventuellement, la création des dispositifs spécifiques dont le mandat consisterait à articuler les recommandations de la commission de Vérité et de Réconciliation.

---

[134] In *Option de justice transitionnelle*, dans la fiche d'information 8 sur le rapport Mapping, document PDF consulté le 25 janvier 2020. Voir le lien ci-contre : https://www.ohchr.org/Documents/Countries/CD/Fiche8_Justice_transitionnelle_FINAL.pdf.

[135] *Ibidem.*

Seule la confiance des citoyens dans les institutions publiques, sur un nouveau fondement normatif à propos de la résolution des tensions entre les parties antagonistes et sur la réconciliation sociale, permettrait la construction qualitative d'une paix soutenable. À cet effet, s'imposerait l'analyse du rôle et des limites des différents mécanismes de justice transitionnelle comme la persécution des criminels, les commissions de Vérité et de Réconciliation, les divers programmes réparateurs, la réforme des institutions abusives et défaillantes… Cela nécessiterait, pour Daniela Ana-Maria Radu, une étude sérieuse sur la relation entre la justice transitionnelle et les processus de reconstruction structurale de la paix. Les réponses à une telle démarche découleraient des conséquences non intentionnées de la justice transitionnelle, de la prononciation de la vérité « du haut en bas » et de son impact sur la victimisation compétitive. On devrait aussi prendre en compte des tensions créées entre les programmes de réparation[136] préétablis et les normes culturelles autochtones, ainsi que l'impact de la culture de l'impunité sur les processus de reconstruction de la paix.

Selon l'essayiste et magistrat français Antoine Garapon, la justice transitionnelle propose de reprendre les normes et les valeurs d'une société pour les rendre plus inclusives. Certains crimes étant antérieurs à la mise en place de la CPI, elle reste la voie idoine. Elle peut donc permettre, en tant que justice « reconstructive », à la République Démocratique du Congo de sortir de ce cycle de violence. Il faut dire le droit comme cela se doit, en vue de la condamnation des auteurs d'actes criminels, de l'indemnisation des victimes et de l'accompagnement dudit mécanisme dans un cadre légal.

---

[136] Notamment les compensations pécuniaires.

M

Mercenariat

Si le mercenariat renvoie au fait de se vendre au plus offrant dans l'optique de réaliser une tâche, ou un travail, il consiste, dans le domaine militaire, à se mettre à disposition en tant que soldat pour un pays étranger. La définition linguistique considère de prime abord le mercenaire comme « toute personne recrutée pour combattre dans un conflit armé, bénéficiant d'avantages matériels supérieurs à ceux des combattants habituels et n'étant pas ressortissants d'une partie au conflit »[137]. Elle peut aussi se référer à « tout homme ou individu de quelque nationalité qui s'enrôle volontairement dans les forces armées combattantes d'un État ou d'une partie au conflit, d'un État dont il n'est pas ressortissant »[138]. Mais bon nombre de conventions ont défini le mercenaire, notamment l'article 47 du Protocole additionnel aux conventions de Genève de 1977, comme toute personne :
– spécialement recrutée dans le pays, ou à l'étranger, pour

---

[137] Voir le *Dictionnaire de la langue française*.
[138] Voir le dictionnaire du droit international des conflits armés.

combattre dans un conflit armé ;
– participant directement aux hostilités ;
– prenant part aux hostilités essentiellement en vue d'obtenir
un avantage personnel et à qui est effectivement promise,
par une partie au conflit ou en son nom, une rémunération
matérielle nettement supérieure à celle qui est promise ou
payée à des combattants ayant un rang et une fonction ana-
logues dans les forces armées de cette partie ;
– n'étant ni ressortissant d'une partie au conflit, ni résident
du territoire contrôlé par une partie au conflit ;
– n'étant pas du tout membre des forces armées d'une partie
au conflit ;
– n'ayant pas été envoyée pour un État autre qu'une partie au
conflit en mission officielle, en tant que membre des armées
dudit État.

Selon Rose Amen Kouame, dans une thèse de doctorat en histoire,

> « les mercenaires ont été de tous les temps et de tous les
> conflits armés à travers le monde et cela depuis des siè-
> cles ; tantôt appelés "soldats de fortune", tantôt "chiens
> de guerre". Aujourd'hui, les mercenaires sont présents
> dans la plupart des conflits armés qui se déroulent dans
> le monde, malgré les efforts déployés [durant] de nom-
> breuses années [par] la communauté internationale pour
> éradiquer ce phénomène. L'Afrique, avec ses guerres à
> répétition et de tous ordres, demeure un des terrains de
> prédilection du mercenariat. »[139]

---

[139] In *Le mercenariat en RD Congo (1960-1997) : Une approche explicative*, Rose Amen Kouame, *Thinking Africa*, le 1er décembre 2013, article consulté le 10 mars 2021 (https://www.thinkingafrica.org/V2/le-mercenariat-en-rd-congo-1960-1997-une-approche-explicative).

En effet, en la matière, les facteurs endogènes et exogènes caractérisent l'implantation *mercenariale* en République Démocratique du Congo. Ils qualifient *de facto* ce très vaste pays de « laboratoire », ou tout simplement de « champ d'expérimentation » en vue des manœuvres militaires. Ces éléments internes et externes cataloguent, en fin de compte, le mercenaire comme tout individu qui offre ses services en vue d'un salaire. Il peut être engagé ou recruté dans les forces armées d'une partie afin de commettre des actes de violence contre un État. Il arrive qu'il soit étranger du pays contre lequel ses activités sont dirigées, ou alors son ressortissant. Mais le qualificatif de mercenaire relève dans l'absolu du fait que l'on n'est pas un citoyen de l'État, ni un soldat réserviste. De plus, le mercenaire ne fait pas non plus partie des forces armées nationales et n'est pas officiellement concerné par une mission de défense.

> « Durant l'été 1967, la presse internationale [a suivi] les rebondissements des événements militaires en République Démocratique du Congo (RDC) : les combattants de Bob Denard[140] ou Jean Schramme se [sont soulevés] contre leur employeur, le général et président Mobutu. Ils [ont tenu] tête pendant plusieurs mois à l'Armée nationale congolaise (ANC) dans la région de Bukavu. Depuis son indépendance en 1960, l'ancien Congo belge [est resté] un laboratoire de nouvelles pratiques militaires avec la renaissance du phénomène du mercenariat. Dès 1960, la sécession du Katanga [a marqué] l'irruption sur la scène géopolitique des "Affreux". Engagés au Katanga au service des intérêts miniers belges, les mercenaires [se sont liés] au président de la province séparatiste, Moïse Tshombe. Après ce premier épisode, les "Affreux" [seraient] de retour en RDC en 1964. Cette

---

[140] Arrivé à Léopoldville le 22 février 1965, Bob Denard serait élevé au grade de major le 1er juillet, puis lieutenant-colonel le 1er mai 1966 au sein de l'ANC sous le commandement du général Louis Bobozo.

fois-ci, ils [se mettraient] au service du pouvoir central où Moïse Tshombe [occupait la fonction] de Premier ministre. L'année suivante, le général Mobutu [prendrait] le pouvoir par coup d'État et [conserverait] les étrangers pour encadrer l'ANC. Deux ans plus tard, ils se [retourneraient] contre lui. Ces "volontaires étrangers" [étaient] principalement issus de trois unités. La première [était] le 5ème commando (5ème codo) dirigé par Mike Hoare ; la [deuxième], le 6ème bataillon commando étranger (6ème BCE), [était] placée sous les ordres de Bob Denard ; la troisième [était] le 10ème Codo dont le Belge Jean Schramme [assurait] le commandement. Apparemment mineure, la révolte des "Affreux" en 1967 [était], en réalité, révélatrice de nombreuses mutations. »[141]

Les mercenaires, qui opéraient sur le sol congolais, venaient de plusieurs horizons. Ils étaient employés par des entreprises de sécurité et des compagnies aériennes immatriculées dans l'État du Nevada aux États-Unis d'Amérique, dans les îles Anglo-Normandes, en Afrique du Sud et au Zimbabwe, ou en Russie et en Ukraine. Ils ont effectivement œuvré en République Démocratique du Congo à la demande des compagnies pétrolières, minières et diamantifères, technologiques, soucieuses de mettre la main sur les ressources naturelles de grande valeur.

« Au moment où toutes les troupes présentes au Congo-Kinshasa [effectuaient] un premier retrait de 15 kilomètres sous l'égide des Nations Unies, un rapport de l'ONU présenté par Enrique Bernales Ballesteros [a dénoncé] "le mercenariat comme violation des droits de l'Homme",

---

[141] In *La révolte des mercenaires contre Mobutu en 1967*, Walter Bruyère-Ostells, dans *Guerres mondiales et conflits contemporains*, 2012/3, n° 247, pp. 91-104.
Voir aussi plus bas, les volets consacrés aux opérations Morthor et Léopard.

particulièrement en République Démocratique du Congo (RDC). Des mercenaires de nationalité ukrainienne disposant d'avions de chasse Mig-21 et d'hélicoptères de combat MI-2024 ont participé à des bombardements en RDC. Dotés aussi d'avions de transport Antonov An-26 et An-12, ces mercenaires se [se sont livrés] à des transports de troupes, d'armes et de diamants. Ils [étaient] particulièrement actifs dans la région de Mbuji-Mayi, la capitale des diamants de la province du Kasaï oriental. »[142]

Toujours dans le domaine du mercenariat, en juin 2016, l'avocat général de la République Démocratique du Congo, Victor Mumba, a annoncé la remise aux autorités américaines de Darryl Lewis. Cet ancien militaire américain a été arrêté le 24 avril 2016 à Lubumbashi et accusé par la suite de recrutement des mercenaires en faveur de l'ancien gouverneur du Katanga en la personne de Moïse Katumbi Chapwe.

Mais le mercenariat ne se limite pas à la seule sphère militaire. Elle se décline également sous diverses formes : commerciale, plus précisément économique, et technologique s'agissant notamment du piratage.

> « Sous le lac Albert coule du pétrole, affirme-t-on. La firme canadienne *Heritage Oil* a déjà commencé l'exploration, dans les eaux territoriales ougandaises. Elle [lorgnait] depuis du côté de la RDC, d'autant qu'il est prouvé que le versant congolais regorge d'une nappe pétrolière plus importante que du côté ougandais.
> » *Heritage Oil* était régulièrement accusé d'entretenir la guerre en Ituri dans le but de prendre le contrôle de son pétrole. La firme canadienne, appartenant à Tony Buckingham, ne s'est jamais gênée d'afficher son intérêt pour le pétrole congolais du lac Albert. Elle [a] même [été] accusée

---

[142] In *L'Afrique, terre de mercenaires*, Pierre Hazan, *Libération*, le 23 mars 2001, article consulté le 10 mars 2021 (https://www.liberation.fr/planete/2001/03/23/l-afrique-terre-de-mercenaires_358864).

d'user de tous les moyens pour atteindre son objectif.

» Les négociations avec *Heritage Oil* [ont souffert] d'une opacité liée principalement à la réputation de son manager Tony Buckingham, internationalement connu dans le monde du mercenariat. Des informations recueillies, il [est ressorti] que des accords [avaient] été conclus en défaveur de la RDC. *Tullow Oil* détiendrait 48,5 %, *Heritage Oil* 39,5 % alors que l'État congolais, propriétaire dudit pétrole, ne se retrouverait qu'avec 12 % des actions. Le contrat signé [a porté] sur une durée de cinq ans.

» Afin de ne point retomber dans les erreurs du passé et, contrairement aux gisements du littoral de Muanda, la RDC [devait] imposer la construction des raffineries à l'intérieur de ses frontières. Avec la possibilité d'en tirer d'importants bénéfices : à savoir les emplois, le paiement des impôts, droits et taxes non seulement des activités directement liées à la production mais aussi celles connexes.

» Jusque-là, tout [a laissé] penser que la raffinerie [serait] construite en Ouganda, sans que la RDC n'en tire de substantiels profits. Pourvu que des compensations claires soient proposées en faveur du Congo-Kinshasa, qui [serait] le premier pourvoyeur de cette matière première. »[143]

La faiblesse de l'État et la cupidité des acteurs politiques ont fait de la République Démocratique du Congo une sorte de *no man's land* commercial dominé par la concurrence déloyale, les réseaux mafieux, les pouvoirs monopolistiques, le terrorisme fiscal, les représailles commerciales, la criminalisation. En tant que zone de non droit, le pays s'est transformé en un espace de prédilection pour le mercenariat commercial – les intrigues et la loi du plus fort ayant sans

---

[143] In *Congo-Kinshasa : Le pétrole pour faire oublier le cuivre, le diamant, l'or, le coltan*, Bienvenu-Marie Bakumanya, *Le Potentiel*, février 2088. Article consulté le 10 mars 2021 sur le blog de *Coordination marée noire* (http://coordination-maree-noire.eu/spip.php?article6711&lang=da&login=oui).

conteste pris le dessus sur la loyauté, la légalité et le droit des affaires.

> « Le recours aux mercenaires ou à une force multinatio-
> nale a, depuis toujours, constitué une solution efficace
> pour venir à bout de l'ennemi. L'on se rappelle de la
> comédie qui entoura le débarquement du mercenaire
> [Christian] Tavernier avec ses "troupes" composées de
> quatre agents munis, pour seuls équipements, des sca-
> phandres et des équipements pour la recherche du dia-
> mant et de l'or. Troupes à la rescousse de Mobutu, ou
> chasseurs de trésors ? Les affaires supplantaient les pré-
> occupations d'une classe dirigeante imprégnée du haut
> commerce. Après s'être débarrassé des éléments les plus
> qualifiés de l'armée, le pays s'exposait ainsi à la ruse
> de ces mercenaires affairistes très doués à une culture
> managériale avancée. À ce jour, cette armée n'a pas
> perdu son caractère légendaire ; elle éblouit tous les
> malfaiteurs et criminels de la société congolaise. Elle se
> distingue tout au long de son histoire au travers de sa
> vocation. Exactions, viols, vols, crimes et extorsion lui
> sont des vertus. Elle a la notoriété internationale d'être
> plus pillarde que combattante. »[144]

Tous ces acteurs hors norme, toutes obédiences confon-
dues (militaire, économique, technologique ou diplomatique),
ont déferlé à partir de l'automne 1960 dans le territoire du
tout jeune État indépendant du Congo en proie à la violence.
Ils y auraient longtemps droit au chapitre. Cela ferait malheureusement du Congo une plaque tournante du mercenariat en
Afrique subsaharienne et, bien plus encore, un cas particulier
du phénomène en Afrique francophone.

---

[144] In *« La crise d'hommes au Congo : les larmes de la honte » : De la déchéance à la fin programmée du fameux « Brésil africain » mort-né*, Benjamin Beacaud Mambuana, 2008, p. 44. Document PDF consulté le 10 mars 2021 (http://congo-vision.com/nouvelles2/becaud-mambuana1.pdf).

Minembwe

Territoire situé dans la province du Sud-Kivu, Minembwe est une entité administrative instituée en 2013 par un arrêté ministériel du Premier ministre de l'époque, Augustin Matata Ponyo. Ce dernier lui a conféré le statut administratif de commune[145]. Cet acte gouvernemental n'a cessé de faire l'objet de polémique. D'aucuns ont dénoncé, à propos de cette entité, une création de toutes pièces dans le but d'annexer à son actif plusieurs villages : Madegu, Kabingo, Muzinda, Mishashu et Kiziba… En 1998, sous la houlette d'Azarias Ruberwa, les rebelles du Rassemblement congolais pour la démocratie avaient établi ce territoire comme un secteur administratif indépendant, en même temps que Bunyakiri dans le territoire de Kalehe[146]. La non-reconnaissance par les populations locales, même nationales, de ces deux entités territoriales ayant été pourtant source de tension entre les différentes composantes du gouvernement de transition au début de l'année 2006, Minembwe a toutefois obtenu le 28 septembre 2020 le statut de commune rurale dans le territoire de Fizi. Était-il question, par cet acte, d'offrir au Rwanda un couloir économique pouvant lui permettre de piller en toute impunité les minerais de la République Démocratique du Congo en vue de leur transformation ? Refusant la célébration sans aucun respect de la procédure et déterminées à ne pas cautionner une situation inacceptable, les populations congolaises se sont levées. Pour le député national Muhindo Nzangi Butondo,

---

[145] In *Minembwe : pourquoi des Congolais ont forcé Tshisekedi à suspendre l'érection d'une commune*, article de la *BBBC Afrique* mis en ligne le 13 octobre 2020, consulté le 10 mars 2021. Consulter le lien ci-dessous. (https://www.bbc.com/afrique/region-54515096).

[146] In *L'érection de Minembwe en « territoire » suscite des mécontentements*, Albert Tshiambi, *Le Potentiel*, n° 3656, le 20 février 2006.

« profitant de son autorité, le ministre d'État, ministre de la Décentralisation et Réformes institutionnelles, [a imposé] l'installation singulière de la commune rurale de Minembwe, tambour battant, y [ayant associé] une forte délégation politique, militaire et diplomatique, acte de haute portée politique et symbolique qui [risquait] d'envenimer les relations entre les Congolais dans la région d'une part, et raviver les suspicions d'un déclenchement du processus de balkanisation d'une partie du pays d'autre part. »[147]

Si rien n'avait été entrepris à propos de Minembwe, a déclaré le président à l'époque en exercice de la plateforme politique Lamuka, en la personne de Martin Fayulu, les Congolais n'auraient plus eu de pays. Par conséquent, ils seraient devenus « le premier peuple [africain] à [avoir été] colonisé par un autre peuple d'Afrique »[148]. La suspension de ce processus de création est finalement intervenue le 8 octobre 2020, à la suite d'une déclaration de Félix Antoine Tshisekedi Tshilombo lors d'une conférence de presse à Goma dans le Nord-Kivu. Cela s'est fait, dans l'optique de retracer toutes les limites du territoire de Fizi au Sud-Kivu, au profit de la mise sur pied d'une commission d'experts scientifiques non originaires de la région[149].

---

[147] In *Installation de Minembwe en commune rurale : Muhindo Nzangi interpelle Ruberwa « pour qu'il fournisse des explications à son acte qui frise un conflit d'intérêts »*, Merveil Molo, *7 sur 7*, le 3 mars 2020. Article consulté le 10 mars 2021 (https://www.7sur7.cd/2020/10/03/installation-de-minembwe-en-commune-rurale-muhinzo-nzangi-interpelle-ruberwa-pour-quil).

[148] In *Minembwe, la peur sur un haut plateau en RDC*, article mis en ligne par *Libération*, le 21 octobre 2020 et consulté le 10 mars 2021 (https://www.liberation.fr/planete/2020/10/21/minembwe-la-peur-sur-un-haut-plateau-en-rdc_1803061).

[149] In *Félix Tshisekedi annule le processus de création de la commune de Minembwe*, article mis en ligne par *Radio Okapi*, le 8 octobre 2020 et consulté le 10 mars 2021 (https://www.radiookapi.net/2020/10/08/actualite/politique/rdc-

Minorité ethnique

Les Pygmées Mbuti sont les premiers habitants du territoire constituant le plus immense espace de la République Démocratique du Congo. Ce vaste territoire a ensuite été touché par la grande migration des Bantous, venus du Nord du continent en ayant longé la côte occidentale et les cours d'eau intérieurs[150]. De 1908 à 1960, cette ancienne colonie était appelée Congo belge mais aussi Congo-Léopoldville jusqu'en 1966, date du changement d'appellation de la capitale en Kinshasa. Avec la zaïrianisation, sous la IIe République, le pays s'est appelé République du Zaïre de 1971 à 1997.

De nos jours, en République Démocratique du Congo, 80 % de la population sont principalement composés d'ethnies Luba, Mongo, Kongo, les autres groupes ethniques bantous étant Lunda, Tshokwe, Tetela, Bangala, Shi, Nande, Hunde, Nyanga, Lemfu, Tembo, Bembe… Par rapport à ces entités traditionnelles endogènes, il faudrait aussi prendre en compte les ethnies propres aux Hutus et aux Tutsis installés dans le territoire congolais, depuis le XIXe siècle selon quelques spécialistes, en provenance du Rwanda. Ils ont toujours été appelés les Banyarwanda.

> « Les conflits des Grands Lacs s'alimentent de plusieurs contentieux fossilisés, d'animosités anciennes, de haines sédimentées et de diverses compétitions autour des positions de rente. Autant d'ingrédients qui ont leur propre histoire et qui se nourrissent mutuellement. Pendant la période coloniale, de nombreux paysans rwandais furent installés sur les collines de Masisi, aménagées pour la circonstance : 25 000 ont été déplacés entre 1933 et 1945, 60 000 entre 1949 et 1955. Au demeurant, les migrations organisées à l'initiative des autorités belges ne constituaient qu'un peu-

felix-tshisekedi-annule-le-processus-de-creation-de-la-commune-de).
[150] Lire *La conscience bantoue, op. cit.*

plement supplétif par rapport aux migrations de population plus spontanées, qui se déversaient dans l'agriculture et l'élevage. Aussi l'administration coloniale estimait-elle déjà en 1955 à 170 000 le nombre de Rwandais installés au Congo. S'est ainsi [implantée] la communauté rwando-phone des Banyamulenge – littéralement, ceux qui viennent de Mulenge, un affluent de la Ruzizi.

» Après l'indépendance du Congo, en 1960, chaque crise politique dans les pays voisins, le Rwanda et le Burundi, s'est traduite par une nouvelle vague de réfugiés, concurrents d'autant plus indésirables que les espaces de culture étaient exigus et que les conflits politiques empruntaient le langage agressif de l'ethnicité. Jusqu'en 1973, le flux [était] d'une vingtaine de milliers par an, grossissant les rangs des rwandophones sédentarisés. L'adaptation se fit d'autant plus aisément que le Kivu ressemble aux pays d'origine de ces migrants : une succession de montagnes verdoyantes, une culture commune de la vache et du bananier, des langues proches, des traditions de pouvoir royal équilibré par des contre-pouvoirs.

» Le débat sur la nationalité date de l'époque du maréchal Mobutu Sese Seko, quand fut dénoncé le pseudo-projet de certains leaders tutsis de détachement du Kivu du Congo, en vue de créer la « République des Volcans » par la fusion avec l'Ouganda, le Rwanda et le Burundi. Face à la mise en cause de leur nationalité et, par voie de conséquence, de leurs acquis fonciers, les Banyamulenge ne pouvaient que s'organiser en résistance. À peu près partout dans la région du Kivu émergèrent des "mutuelles ethniques", structures d'entraide et d'autodéfense. Elles allaient exacerber les affrontements. Les incidents sanglants furent nombreux dans les deux sites économiques stratégiques de l'Est de ce qui était devenu le Zaïre : le Masisi (1991, 1993) et Walikale (1992). Du fait de la défaillance de l'État à établir la sécurité, des milices d'autodéfense s'organisèrent dans les villages, se donnant le nom de « maï-maï » (invulnérables). »[151]

---

[151] In *Le Rwanda et la République Démocratique du Congo : David et Goliath*

La situation géographique de la localité de Mulenge, dans le groupement de Kigoma dans le territoire d'Uvira sur les hauts plateaux dans le Sud-Kivu, ne laisse planer aucun doute sur la provenance originelle de ceux qui, de nos jours, s'y réclament.

Les membres des minorités ethniques sont en principe des personnes, autres que les autochtones, dont la langue maternelle n'est pas forcément bantouphone. Néanmoins, dans le cas des populations congolaises, il est important de rappeler que les minorités historiques ont été installées sur le territoire de l'État dès avant sa constitution tandis que les peuples autochtones – étymologiquement du grec « auto-khthôn », « celui qui est né de la terre même », concernent les premiers habitants de son territoire. Dans ce cas précis, une minorité ethnique est une entité sociétale de niveau sub-étatique vivant au sein d'un État.

Il existe deux catégories de minorités ethniques du point de vue sanguin :
– la minorité nationale en tant qu'une « collectivité vivant à l'intérieur des frontières d'un État, mais dont l'ethnie, la langue, les coutumes relèvent d'un autre État, en général voisin » ou des États frontaliers : c'est le cas, par exemple, des Hutus et Tutsis communément appelés Banyarwanda, ainsi que des Lendus ;
– l'ethnie sans État en tant qu'une « collectivité en forme d'isolat devant défendre une langue parlée nulle part ailleurs, sans statut d'État souverain et ne pouvant s'appuyer sur une nation-mère voisine » ; ce n'est pas du tout le cas en République Démocratique du Congo.

Se pose tout compte fait l'épineuse problématique des droits des minorités dans un État socialement cohérent, et politiquement démocratique.

> « Le droit de la protection des minorités ne peut se comprendre, dans ses lacunes, succès ou échecs, qu'à l'aune du contexte politique au sens large dans lequel il s'inscrit. Nous référant à la théorie du droit, nous dirions même que la question minoritaire a toujours fait l'objet d'un "jeu politique"[152] ou d'un "jeu de droit"[153] dont la réalité sociale s'inscrit dans une dialectique de la complexité. En effet, l'histoire juridique des minorités renseigne que ce problème a évolué systématiquement dans la "logique de l'entre-deux". Aux relations simples de l'exclusion ("ni ceci, ni cela"), de l'alternative ("ceci ou cela"), de l'opposition ("ceci contre cela") ou de l'identité ("ceci revient à cela"), le "entre" substitue une relation mouvante et plurielle, image de la complexité. Il est vrai que l'espace de l'entre-deux écarterait sans doute les pôles distingués de la problématique des minorités, mais les rapprocherait aussitôt, tantôt en inversant leurs positions, tantôt les faisant rétroagir, tantôt encore suggérant les voies de leur médiation[154]. »[155]

Pour le Chef de la Maison Civile du Chef de l'État congolais, Bruno Miteyo, qui a procédé du 29 au 31 mars 2021 à la

---

[152] In *Sous couleur de jouer : La métaphore ludique*, Jacques Henriot, Éditions José Corti, Paris, 1989, p. 32 et s.: *L'idée de jeu constitue l'un des modèles les plus efficaces, les plus directement opératoires pour l'analyse des situations sociales.*

[153] In *Le droit ou les paradoxes du jeu*, Michel van de Kerchove et François Ost, coll. *Les voies du droit*, PUF, Paris, 1992, p. 24.

Lire aussi *Le jeu des lois renouvelé des Grecs*, Jean Carbonnier, in *Essais sur les lois*, Paris, Répertoire du notariat Defrénois, 1979, p. 183 et s.

[154] In *Le droit ou les paradoxes du jeu, op. cit.*, p. 12.

[155] In *Le droit des minorités dans la vacuité de sa positivité : l'articulation congolaise à la fluctuation internationale*, Jean-Paul Segihobe Bigira, dans *Droits de l'Homme et Dialogue Interculturel*, document PDF consulté le 11 mars 2021 (http://www.dhdi.free.fr/recherches/etudesdiverses/articles/segihobeminorites.pdf).

médiation d'un conflit opposant les communautés de Fizi, Mwenga/Itombwe et Uvira lors d'un dialogue tenu à Kinshasa en vue de la cohésion sociale et le développement du peuple congolais :

> « [...] malgré les efforts du gouvernement sous l'impulsion du Chef de l'État, malgré tous les efforts appuyés par les partenaires, les tensions continuent malheureusement à augmenter dans la partie Est de la RDC et spécialement dans la partie Sud de la province de Sud-Kivu". »

Le droit positif congolais ne pourrait que difficilement résoudre une problématique épineuse qui relève encore de l'expérimental, en s'appuyant sans cesse sur la fluctuation internationale. Ainsi devra-t-il avoir la clairvoyance de trancher définitivement, de faire jurisprudence en la matière et de trouver la solution idoine entre des ombres et des éclaircis de droit. Il faudrait donc innover ou rester conservateur, plutôt que de continuer à louvoyer dangereusement à travers le *statu quo ante*. Le singe est tellement agile qu'il finit par s'accrocher à une branche morte, dit un vieux proverbe bantou.

Misère et pauvreté

En République Démocratique du Congo, notamment dans l'Ituri et dans la région du Kivu, plusieurs années après, des violences ont contraint des centaines de milliers de personnes à fuir leurs foyers. La pénurie de fonds et l'insécurité croissante les ont fragilisées et exposées, malgré eux, à l'aide humanitaire. Des villages se sont davantage vidés de leurs habitants, à la suite d'incendies et d'abandon des habitations.

Dans un article intitulé *La peur et la misère règnent dans la province de l'Ituri*, ayant été mis en ligne le 16 août 2019 sur le site Internet de l'*UNHCR*, il a été confirmé que :

> « durant les trois dernières semaines de juin, plus de 145 000 personnes nouvellement déplacées ont cherché refuge et assistance dans des sites de déplacés à travers l'Ituri, alors que 215 000 autres auraient fui dans des régions voisines. Le chiffre réel est difficile à vérifier à cause des difficultés d'accès dans certaines localités et de la vaste superficie des zones que les habitants ont fuies. En juillet et en août [2019], des milliers de personnes ont continué à fuir, à un rythme toutefois plus lent. »

D'après l'Office des Nations Unies pour la coordination des affaires humanitaires (OCHA) en République Démocratique du Congo, en avril 2021, près de 44 000 personnes vivant dans la province du Tanganyika, ont été déplacées dans onze sites à Kalemie.

Cette situation n'a pas non plus épargné la capitale congolaise. Alors que la commune de la Gombe s'est transformée en une insolente enclave de riches, la misère s'est de plus en plus accrue à Kinshasa. Le politique, l'économique et tant d'autres choses se passent dans ces 30 km² coincés entre le fleuve Congo, caractérisant un pan du destin de la République Démocratique du Congo qui côtoie cyniquement la cité digne d'un concentré de mondialisation sauvage selon l'expression du journaliste et reporter Joan Tilouine. Si rien n'est entrepris de sitôt, les Kinois finiraient par se regarder en chiens de faïence. Force est donc de constater que la ville proprement dite, jadis réservée aux colons belges et aux Européens, abriterait désormais les seules personnes riches, tandis que la cité, ancien fief des indigènes à l'époque coloniale, reviendrait aux pauvres. Dangereuse fracture sociale que l'on doit coûte que coûter éviter.

Phénomène inquiétant, la misère continue à prendre de l'ampleur partout en République Démocratique du Congo. On la palpe dans un coin de rue, dans un marché ou même dans un établissement hospitalier. On la sent à travers la famine qui rejaillit avec brutalité sur certains corps humains errant vers nulle part ailleurs. La plus grande majorité des familles ayant du mal à joindre les deux bouts, à la maternité, des mères sont parfois retenues des semaines et des mois après la naissance de leur enfant puisqu'elles ne peuvent pas payer les frais de l'accouchement. Pourquoi tant de misère ?

Selon *Echo Daily* du 3 mars 2021, près d'un tiers de la population congolaise, soit 27,3 millions de personnes, est confronté à des niveaux élevés d'insécurité alimentaire aiguë. C'est, d'après les données présentées par la Classification intégrée des phases de sécurité alimentaire (IPC), le chiffre le plus haut jamais enregistré par cet outil dans le monde. Situation inadmissible dans un pays où tout pousse sans le moindre effort.

Pour OCHA RDC,

> « à la suite de la plus récente analyse de la classification de phase intégrée [2021], 19,6 millions de personnes sont en situation d'insécurité alimentaire aigrie dans le pays, ce qui en fait la plus grande crise alimentaire au monde. »

D'ailleurs, dans une enquête réalisée en avril 2021 par le Programme alimentaire mondial (PAM) et l'Agence des Nations Unies pour l'Alimentation et l'Agriculture (FAO) auprès de 60 millions d'habitants de la République Démocratique du Congo, y compris en zone urbaine, plus de 27 millions de personnes, soit près d'un Congolais sur trois, sont aux stades 3 et 4 de l'insécurité alimentaire aiguë : à savoir les stades précédant la famine. Pour Nourou Macki Tall, représentant adjoint de la FAO au Congo-Kinshasa, c'est trois fois plus qu'il y a trois ans :

« Ils adoptent notamment des stratégies de survie, c'est-à-dire sauter au moins un repas par jour et, au sein de la famille, c'est avoir des priorités, c'est-à-dire qui doit manger. Ce sont des déplacés internes et des réfugiés qui sont les plus frappés, en plus des populations autres qui sont déjà dans une situation précaire, avec l'impact notamment [de la] Covid-19. Les populations ne peuvent pas diversifier leurs sources de revenus pour pouvoir accéder aux marchés si dans ces mêmes marchés il y a l'insécurité, comme notamment dans les provinces les plus affectées, le Nord-Kivu et Sud-Kivu ».

Loin d'être un mythe, la pauvreté se manifeste sans vergogne par l'incapacité des Congolais à subvenir à leurs besoins quotidiens (alimentaires et loisirs), à accéder aux soins et à la scolarisation, à se loger décemment… La crise sociale est tellement profonde que le fossé n'a cessé de se creuser entre les personnes nanties et les individus démunis. Aucune classe moyenne n'existe, désormais, entre ces deux univers sociaux qui, certes, cohabitent dans l'indifférence totale. Mais pour combien de temps encore ?

N

Nations Unies

En tant que membre des Nations Unies depuis 1960, la République Démocratique du Congo devrait en principe influencer, lors des discussions sur le rôle et les missions onusiennes, la façon dont sont définies les priorités et mis en œuvre des programmes sur les problématiques congolaises et africaines. Quelques jours seulement après l'indépendance de l'ancienne colonie belge, des mutineries contre les officiers blancs et les populations européennes dans le territoire national ont conduit à une intervention militaire de la Belgique. En conséquence, le 12 juillet 1960, le gouvernement de Patrice Lumumba, soutenu par le président Joseph Kasa Vubu, a demandé l'aide des Nations Unies pour protéger le pays des agressions extérieures. Deux jours plus tard, le Conseil de sécurité a prié l'ancienne puissance colonisatrice de retirer ses troupes et autorisé une provision en vue d'une assistance militaire au Congo-Léopoldville, jusqu'à ce que son gouvernement juge sa mission accomplie. Très vite, un contingent onusien, composé de forces de maintien de la paix en provenance en grande partie des pays d'Asie et d'Afrique, est acheminé à l'ex-colonie belge. Accompagnés d'experts civils dans le but d'une assistance aux services publics, les Casques bleus s'engageraient dans des combats contre la gendarmerie katangaise lorsqu'ils recevraient l'ordre de mettre un terme à l'État sécessionniste du Katanga.

À ce jour, sur le papier, la Mission de l'Organisation des Nations Unies pour la stabilisation en République Démocratique du Congo (Monusco) est censée agir pour le maintien de la paix. À cet effet, elle est dotée de 22 programmes, ainsi que de fonds et agences spécialisés. Elle doit œuvrer, aux côtés du gouvernement congolais, dans le cadre de la stabilisation et du développement national tout en assurant une assistance humanitaire aux plus démunis. Les interventions de la Monusco sont dérivées à la fois des résolutions du Conseil de sécurité, qui a fixé son mandat, et du plan-cadre des Nations Unies pour l'assistance au développement (UNDAF) au cours de la période 2013-2017. Le futur étant toujours lié au présent et au passé, en matière de paix et d'intervention armée, on a l'impression que la crédibilité de l'Organisation onusienne dépend, encore une fois après les opérations Morthor et Rumpunch, des événements relatifs à la République Démocratique du Congo.

1 – Opération des Nations Unies au Congo

L'Opération des Nations Unies au Congo (Onuc après 1963) était une mission onusienne en activité du 14 juillet 1960 au 30 juin 1964, durant la crise congolaise. Sa finalité a consisté à aider le gouvernement national à rétablir et à maintenir la souveraineté étatique, ainsi que l'intégrité territoriale, l'ordre et la loi. Il fallait également mettre en place un large programme d'assistance technique.

S'agissant des objectifs de l'Onuc, de la première à la cinquième résolution, il fallait s'employer surtout au retrait du personnel belge en arme (des futurs mercenaires) et à l'assistance militaire pour assurer la stabilité intérieure du Congo-Léopoldville. Les résolutions successives du Conseil de sécurité ont complété et développé le mandat d'origine, sans changer fondamentalement les cibles initiales de l'opération. De plus, dans la mesure où l'invasion planifiée par la Belgique violait la norme d'indépendance, il fallait éviter la transformation de l'ancienne colonie en un État victime de la Guerre froide[156].

Dès que l'Armée nationale congolaise (ANC) a fait semblant d'attaquer le Katanga, l'Onuc, laquelle avait pourtant refusé d'intervenir dans un combat aux apparences d'une guerre civile, est passée à l'offensive.

> « Le 28 août 1961, l'Onuc [a déclenché] au Katanga l'opération Rumpunch[157]. Celle-ci [a permis] de neutraliser un grand nombre de mercenaires à la solde de Moïse Tshombe. Mais, face à la violente réaction du gouvernement sécessionniste, sans l'accord du Secrétaire général de l'Organisation des Nations Unies, l'Onuc [a lancé] le 13 septembre 1961 l'opération Morthor[158] afin de venir à bout de l'armée katangaise. Cette ultime initiative

---

[156] Plus tard, la crise régionale et inter-étatique de Kolwezi en mai 1978 s'inscrirait dans le contexte de la Guerre froide, et la plupart des pays d'Afrique se rapprocheraient de l'un ou de l'autre des deux blocs. Les opposants au régime du général Mobutu Sese Seko, à savoir les héritiers des « Gendarmes katangais » partisans de la sécession du Shaba (le Katanga), seraient soutenus par l'Angola, pays ayant appartenu à l'époque à la mouvance soviétique où ils s'étaient exilés depuis 1963. *A contrario*, le régime mobutiste et pro-occidental assisterait militairement l'opposition angolaise à la fois du Font national de libération de l'Angola (FNLA) de Holden Roberto et de l'Union nationale pour la libération totale de l'Angola (UNITA) de Jonas Malheiro Savimbi.

[157] Voir plus loin, le volet consacré à l'opération Rumpunch.

[158] Voir plus loin, le volet consacré à l'opération Morthor.

> [s'est faite] au grand désespoir des États occidentaux qui
> soutenaient majoritairement le maintien d'une forte auto-
> nomie du Katanga. Ces pays, qui étaient très mécontents,
> [ont reproché] surtout à Dag Hammarskjöld de ne pas
> les avoir prévenus, avant le lancement de ladite opé-
> ration. [C'était] dans ce contexte très tendu que le
> Secrétaire général [a entamé] un ultime voyage au
> Congo-Léopoldville, convaincu que de la réussite de sa
> mission dépendait son maintien à la tête de l'institution
> internationale. Il était donc question de la survie de l'Or-
> ganisation des Nations Unies et de la suite des opérations
> en vue du maintien de la paix dans le monde. »[159]

À son apogée, l'Onuc comptait près de 20 000 militaires
et civils. Cette opération s'est caractérisée par plusieurs batail-
les, ainsi que de nombreuses interventions civiles et militaires.
Celles-ci ont occasionné le décès des 126 soldats des Nations
Unies durant les combats et 109 morts par suite d'accidents
–notamment le Secrétaire général Dag Hammarskjöld[160],
juriste et économiste politique de formation, tué dans un
accident d'avion (rien n'ayant été certain) le 18 septembre
1961 à une dizaine de kilomètres de Ndola en Rhodésie du
Nord (l'actuelle Zambie). Cette force onusienne, laquelle était
restée en République Démocratique du Congo entre 1960 et
1964, a subi une transition d'une présence de maintien de la
paix à une force militaire.

Le mandant de l'Onuc a été défini sur la base des trois
résolutions du Conseil de sécurité des Nations Unies : 143 du
14 juillet 1960, 161 du 21 février 1961 et 169 du 24 novembre
1961. L'élimination complète du mouvement sécessionniste
s'est achevée entre décembre 1962 et janvier 1963. L'attaque

---

[159] In *Mais quelle crédibilité pour les Nations Unies au Kivu?*, *op. cit.*,
pp. 78-79.
[160] Le Prix Nobel de la paix lui serait décerné à titre posthume, l'année de
son décès.

éclair lancée par les éléments de l'Onuc a contraint Moïse Tshombe à prendre la fuite et, finalement, à se rendre après avoir renoncé à la sécession et démobilisé ses troupes.

2 – La Monuc

La Mission de l'Organisation des Nations Unies en République Démocratique du Congo, Monuc en sigle, a été créée le 30 novembre 1999 par la résolution 1279 du Conseil de sécurité. Il a fallu élaborer des plans en vue de l'observation du cessez-le-feu de Lusaka obtenu en juillet 1999 par la République Démocratique du Congo et cinq États de la région –Angola, Namibie, Ouganda, Rwanda et Zimbabwe –, ainsi que du désengagement des forces étrangères, et du maintien de la liaison avec toutes les parties à l'accord[161]. Par une série de résolutions ultérieures, le Conseil étendrait le mandat de la Monuc au contrôle de l'application de l'accord de cessez-le-feu et lui adjoindrait plusieurs tâches connexes.

> « Un an après l'installation de l'AFDL, en 1998, un soulèvement contre le gouvernement de [Laurent-Désiré] Kabila a éclaté dans les deux provinces du Kivu. Quelques semaines plus tard, les rebelles [ont occupé] une importante partie du pays. L'Angola, la Namibie, le Tchad et le Zimbabwe ont proposé un soutien militaire au président Kabila, mais les rebelles conservèrent leur emprise sur les provinces orientales. Le Rwanda et l'Ouganda soutenaient le mouvement rebelle, le Rassemblement congolais pour la démocratie (RCD).
> » À la demande du gouvernement de la République Démocratique du Congo (RDC), toujours dirigé par [Laurent-Désiré] Kabila, le Conseil de sécurité des Nations Unies a envoyé une mission de maintien de la paix, la Monuc, essentiellement composée de militaires

---

[161] Voir plus haut, le volet consacré à l'accord de Lusaka.

(environ 500 observateurs militaires). Par sa résolution 1279 du 30 novembre 1999 autorisant [sa] création et [son] déploiement, le Conseil a demandé un cessez-le-feu général et exigé le retrait des forces étrangères du sol congolais, et exhorté les États impliqués dans le conflit à ne plus intervenir dans les affaires intérieures de la République Démocratique du Congo. »[162]

Doté d'un budget annuel d'environ 1,5 milliard USD, la Monuc a été préparée par les trois résolutions du Conseil de sécurité relatives à l'Onuc (143, 161 et 169) en vue de la situation en République Démocratique du Congo. Cette mission onusienne, laquelle donnerait lieu à une cinquantaine de résolutions de 1999 à 2008, a été dirigée pendant les deux premières années par l'ambassadeur tunisien Kamel Morjane. Ce dernier serait ensuite remplacé par le Camerounais Amos Namanga Ngongi.

Au cours de l'année 1999, le Conseil de sécurité des Nations Unies a articulé le mandat de la Monuc autour de cinq points. Il a donc fallu :
- établir des contacts avec les signataires de l'accord de cessez-le-feu au niveau des quartiers généraux et dans les capitales des États signataires de l'accord de Lusaka ;
- établir une liaison avec la commission militaire mixte et lui fournir une assistance technique dans l'exercice de ses fonctions découlant de l'accord de cessez-le-feu, y compris les enquêtes sur les violations du cessez-le-feu ;
- fournir des informations sur les conditions de sécurité dans tous ses secteurs d'opérations, notamment sur les conditions locales affectant les décisions futures à propos de l'introduction du personnel des Nations Unies ;
- élaborer des plans en vue de l'observation du cessez-le-feu

---

[162] Source : *Site de la Monusco*, rubrique consacrée à l'historique consultée le 3 mars 2021 (https://monusco.unmissions.org/historique).

et du dégagement des forces ;
– maintenir la liaison avec toutes les parties à l'accord de cessez-le-feu afin de faciliter l'acheminement de l'aide humanitaire aux personnes déplacées, aux enfants et autres personnes touchées et d'aider à la défense des droits de l'Homme, y compris les droits de l'enfant.

Durant l'année 2000, le Conseil de sécurité a adopté cinq autres résolutions portant sur le conflit armé dans le territoire congolais : 1291, 1304, 1316, 1323 et 1332. La résolution 1291, reprenant le mandat confié à la Monuc par la résolution 1279, a ajouté des missions nouvelles afin de faciliter l'acheminement de l'aide humanitaire et veiller au respect des droits de l'Homme, coopérer étroitement avec le facilitateur du dialogue national et lui prêter main-forte, déployer des experts de l'action anti-mines et coordonner leur action.

En 2001, le Conseil de sécurité a adopté trois nouvelles résolutions relatives au conflit armé. Il s'est agi des résolutions 1341, 1355 et 1376. La résolution 1341 a relayé le mandat onusien contenu dans les résolutions 1279, 1291 et 1304.

> « Il ressort de la lecture combinée de paragraphes 32 et 36 de la résolution 1355 que la Monuc [a été] autorisée à prêter son assistance, sur demande et dans les limites de ses moyens au désarmement, à la démobilisation, au rapatriement et à la réintégration des groupes armés et de surveiller le processus de paix. Elle [devait] contribuer au respect et à l'observation des droits de l'Homme. La Monuc [devait] également créer des stations de radio des Nations Unies afin de faire mieux comprendre le processus de paix et le rôle de son mandat à la population locale et aux parties. »[163]

___
[163] Source : *Site de la Monusco, op. cit.*

En 2002, trois résolutions ont été adoptées par le Conseil de sécurité à propos du conflit armé dans le territoire congolais : 1399, 1417 et 1445. Aux termes de la résolution 1417, en plus des rôles qui lui étaient précédemment reconnus[164], la Monuc devait :

– assurer la protection des personnels, dispositif, installations et matériels des Nations Unies et de la commission militaire mixte se trouvant dans les mêmes localités ;

– veiller à la sécurité et à la liberté de mouvement de ses personnes ;

– assurer la protection des civils sous la menace imminente de violences physiques, les résolutions 1399 et 1445 ayant constitué la caisse de résonance des résolutions évoquées dans les années antérieures.

> « Le Secrétaire général des Nations Unies, Kofi Annan, désigna Moustapha Niasse, du Sénégal, comme Envoyé spécial pour le Dialogue inter-congolais qui a abouti à la signature de l'accord global et inclusif.
>
> » En effet, de février 2002 à avril 2002 s'est tenu un dialogue inter-congolais à Sun City en Afrique du Sud[165]. Et en décembre 2002 fut signé l'accord global et inclusif à Pretoria[166] par le gouvernement congolais, l'opposition politique, le Mouvement de libération du Congo (MLC), le Rassemblement congolais pour la démocratie Mouvement de libération (RCD//ML), les Forces Vives, le Rassemblement des Congolais pour la libération Nationale (RCD/N), et les Maï-Maï. »[167]

---

[164] Notamment « le mandat de prendre les mesures nécessaires dans les zones de déploiement de ses unités armées et pour autant qu'elle l'estime dans les limites de ses capacités ».

[165] Voir plus haut, le volet consacré à l'accord de Sun City.

[166] Voir plus haut, le volet consacré à l'accord de Pretoria.

[167] Source : *Site de la Monusco, op. cit.*

Dans le cadre de ses attributions, la Monuc devait prioritairement aider à :
– la réunification, la pacification, la reconstruction du pays, la restauration de l'intégrité territoriale et l'instauration de l'autorité de l'État à travers le pays ;
– la réconciliation nationale ;
– la mise en place d'une armée nationale intégrée (DDR/RR) ;
– l'organisation d'élections libres et transparentes à tous les niveaux qui devaient conduire à la création d'un État démocratique ;
– la mise en place d'un nouvel ordre politique.

Mise sur pied en 2002 en collaboration avec la *Fondation Hirondelle*, *Radio Okapi* deviendrait le média le plus écouté en République Démocratique du Congo.

En 2003, le Conseil de sécurité des Nations Unies a adopté six résolutions afférentes au conflit en République Démocratique du Congo : 1457, 1468, 1484, 1489, 1493 et 1501. Aux termes de la résolution 1493, en coordination avec les autres organismes onusiens dont les donateurs et les organisations non gouvernementales, la Monuc devait assister, pendant la période de transition, le gouvernement congolais à la réforme des forces de sécurité, au rétablissement de l'État de droit, ainsi qu'à la préparation et à la tenue des élections sur l'ensemble du territoire national.

Au cours de l'année 2004, cinq résolutions ont été adoptées par le Conseil de sécurité : 1522, 1533, 1552, 1555 et 1565. L'article 4 de la résolution 1522 a surtout mis l'accent, conformément à la résolution 1493 (2003), sur l'aide de la communauté internationale pour l'intégration et la réforme des FARDC.

« La résolution 1533, créant un mécanisme pour renforcer l'embargo sur les armes aux groupes armés opérant dans l'Est de la RDC, quant à elle, [a prié] la Monuc de continuer à utiliser tous les moyens dans la limite de ses capacités, pour s'acquitter des tâches indiquées à l'article 19 de la résolution 1493 et en particulier pour inspecter autant qu'elle [l'estimerait] nécessaire sans préavis les cargaisons des aéronefs et de tout véhicule de transport utilisant les ports, aéroports, terrains d'aviation, bases militaires et postes frontière au Nord et au Sud Kivu et en Ituri. »[168]

Cette résolution 1533 a également autorisé la mission onusienne à saisir ou recueillir, comme il conviendrait, les armes et tout matériel connexe dont la présence dans le territoire congolais interviendrait en violation des mesures imposées par l'article 20 de la résolution 1493. En conséquence, la Monuc devait disposer de ces armes et matériels d'une manière appropriée. S'étant appuyé sur le chapitre VII de la Charte des Nations Unies, le Conseil de sécurité, par le truchement de sa résolution 1565, lui a confié un mandat constant à travers les articles 4, 5, 6 et 7 de ladite résolution.

« Aux termes de ces articles, la Monuc [avait] pour mandat de promouvoir le rétablissement de la confiance, et se déployer et maintenir une présence dans les principales zones susceptibles d'instabilité pour y dissuader la violence, notamment en empêchant que le recours à la force ne menace le processus politique, et pour permettre au personnel des Nations Unies d'y opérer librement, en particulier dans l'Est de la République Démocratique du Congo ; assurer la protection des civiles, y compris le personnel humanitaire, sous la menace imminente de violences physiques ; assurer la protection des personnels, dispositifs, installations et matériels [de l'Orga-

____
[168] *Ibidem.*

nisation internationale onusienne]. »[169]

En 2005, s'étant penché sur le problème de paix et de sécurité en République Démocratique du Congo, le Conseil de sécurité des Nations Unies a adopté six résolutions – 1596, 1612, 1616, 1621, 1635 et 1649 – afin de résoudre les conflits armés congolais. Conformément à toutes ces résolutions, le mandat onusien est resté celui qui a été prévu par la résolution 1565 (2004).

Au cours de l'année 2006, le Conseil de sécurité a adopté neuf résolutions – 1654, 1669, 1671, 1674, 1692, 1693, 1698, 1711 et 1736 – ayant toutes gardé en vue le mandat reconnu à la Monuc définie dans la résolution 1565 (2004).

Le Conseil de sécurité a adopté, durant l'année 2007, six autres résolutions sur la situation en République Démocratique du Congo : 1742, 1751, 1756, 1768, 1771 et 1794. À l'étude de toutes ces résolutions, on peut déduire que :

> « la Monuc [avait] pour mandat, dans la limite de ses capacités et dans ses zones de déploiement, d'aider le gouvernement de la République Démocratique du Congo à instaurer dans le pays un environnement stable en matière de sécurité et, à cette fin, elle [devait] assurer la protection des civils, du personnel humanitaire [ainsi que] des installations des Nations Unies. La Monuc [devait] également assurer la réforme du secteur de la sécurité. La Monuc [devait] attacher la plus haute priorité au règlement de la crise dans les Kivu sous tous ses aspects, en particulier par la protection des civils. Ce faisant, elle [devait] utiliser tous les moyens nécessaires pour protéger les civils sous la menace imminente de violences physiques, en particulier dans les Kivu. »[170]

---

[169] *Ibid.*

[170] *Ibid.*

Le mandat de la Monuc a aussi consisté à aider à la promotion et à la défense des droits de l'Homme, ainsi qu'à enquêter sur leur violation afin de mettre fin à l'impunité.

En 2008, la résolution 1856 a confié à la Monuc la protection des civils, du personnel humanitaire et du personnel devant assurer la défense des droits de l'Homme, ainsi que des installations onusiennes. La mission onusienne s'est vue aussi attribuer les compétences relatives au désarmement et à la démobilisation des groupes armés étrangers et congolais, ainsi qu'à la surveillance des moyens dont ils disposaient:

> « formation et accompagnement des FARDC à l'appui de la réforme du secteur de la sécurité; la sécurité du territoire de la République Démocratique du Congo; la consolidation des institutions démocratiques et de l'État de droit.
> » Eu égard à la protection des civils, une priorité, la Monuc [disposait] de tous les moyens nécessaires, dans la limite de ses capacités et dans les zones de déploiement de ses unités. Le paragraphe 8 de la résolution 1856 [a stipulé] "qu'il [importait] que la Monuc s'acquitte intégralement du mandat énoncé dans la présente résolution". »[171]

Durant l'année 2009, la résolution 1906 (2009) a repris le mandat assigné à la Monuc par la résolution 1856 (2008). Néanmoins, quatre principales priorités ont émergé de la nouvelle résolution:

– assurer la protection des civils et le respect de leurs droits et statut, conformément aux textes de lois internationaux sur le droit humanitaire, les droits de l'Homme et les droits des réfugiés;

– éliminer la menace que représentaient les groupes armés congolais et étrangers, particulièrement les FDLR et la LRA[172], à travers le renforcement des programmes DDR

---

[171] *Ibid.*

[172] Armée de résistance du Seigneur (*Lord's Résistance Army*).

(Désarmement, Démobilisation et Réinsertion des groupes armées congolais) et DDRRR (Désarmement, Démobilisation, Rapatriement, Réinstallation et Réinsertion des groupes armés étrangers) et par des opérations militaires, la stabilisation des zones libérées du contrôle de ces groupes armés et en menant à bon port les processus de paix initiés à Nairobi et à Goma[173] ;
– marquer des progrès dans la réforme du secteur de sécurité, notamment la réforme des FARDC, de la police nationale congolaise (PNC), des systèmes judiciaire et correctionnel ;
– planifier l'éventuelle baisse des effectifs et le retrait de la Monuc qui ne comportaient aucun risque de retour de l'instabilité.

3 – La Monusco

Au 1er juillet 2010, la Monusco a remplacé la Mission de l'Organisation des Nations Unies en République Démocratique du Congo (Monuc), en application de la résolution 1925 du Conseil de sécurité datée du 28 mai 2010. Ce changement a reflété une autre phase dans laquelle le pays était entré. La nouvelle mission était autorisée à utiliser tous les moyens nécessaires dans l'espoir de s'acquitter de son mandat, consistant notamment à assurer la protection des civils, du personnel humanitaire et du personnel chargé de défendre les droits de l'Homme exposés à la menace imminente de violences physiques. Elle devait aussi appuyer le gouvernement congolais dans ses efforts de stabilisation et de consolidation de la paix.

« Bien que des progrès importants aient été réalisés en République Démocratique du Congo depuis qu'une opé-

____
[173] Voir plus haut, le volet consacré à l'accord de paix de Goma.

ration de maintien de la paix des Nations Unies y a été établie et que la situation s'est globalement stabilisée dans plusieurs régions […], l'Est du pays est toujours en proie à des vagues de conflit récurrentes, à des crises humanitaires chroniques et à des violations graves des droits de l'Homme, en particulier des violences sexuelles et sexistes. Le cycle de violence est entretenu par la présence persistante de groupes armés congolais et étrangers.

» […] Afin de s'atteler aux causes profondes du conflit et de garantir le maintien d'une paix durable dans le pays et dans l'ensemble de la région, l'accord-cadre pour la paix, la sécurité et la coopération pour la République Démocratique du Congo et dans la région [a été] signé le 24 février 2013 à Addis-Abeba[174], en Éthiopie, par les représentants de 11 pays de la région, les Présidents de l'Union africaine, la Conférence internationale sur la région des Grands Lacs, la Communauté de développement de l'Afrique australe et le Secrétaire général de l'Organisation des Nations Unies. »[175]

En soutien à l'accord-cadre pour la paix, la sécurité et la coopération pour la République Démocratique du Congo et dans la région, ainsi qu'en réponse à l'appel des gouvernements de la région des Grands Lacs africains, le Conseil de sécurité a adopté le 28 mars 2013 la résolution 2098. Par les recommandations de ce texte, il a prorogé jusqu'au 31 mars 2014 le mandat de la Monusco et, afin de renforcer les opérations de maintien de la paix, créé une « brigade d'intervention ». Celle-ci serait basée à Goma pour une durée initiale d'une année.

« D'aucuns se rappellent, dans la même optique, l'adoption à l'unanimité le 28 mars 2013 par le Conseil de sécurité des Nations Unies, sous la présidence russe, de

---

[174] Voir plus haut, le volet consacré à l'accord-cadre d'Addis-Abeba.

[175] Source : *Site de la Monusco, op. cit.*

la résolution 2098 requalifiant *de facto* le mandat des forces onusiennes et autorisant le déploiement de la brigade d'intervention dans l'Est de la République Démocratique du Congo. Pourquoi, plus de cinquante ans après les indépendances, l'Afrique [est toujours restée] un champ d'entraînement, grandeur nature, pour les forces armées extracontinentales ? Les réponses à ces questions sont sans conteste d'ordre à la fois local, régional et continental. »[176]

Bien évidemment, Anatoly Klimenko, l'ambassadeur russe en République Démocratique du Congo, a affirmé lors d'un point de presse organisé le 2 avril 2013 à Kinshasa que :

« le gouvernement du Congo, de concert avec ses partenaires, [devrait] fructifier ce temps [de la présence de la brigade] pour bien renforcer ses forces de sécurité, son armée, afin d'être capable de résoudre ses problèmes, tout seul, sans l'assistance […] de la communauté internationale »[177].

D'autant plus que, a poursuivi l'ambassadeur de Russie, cette brigade pourrait stabiliser la situation sur le terrain et permettre la présence étatique sur toute l'étendue du territoire national. Pour rappel, la Russie a occupé la présidence tournante en mars 2013. La succession de son représentant auprès des Nations Unies, Vitaly Tchourkine, a été assurée

---

[176] In *L'Afrique, de la dépendance à l'indépendance*, Gaspard-Hubert Lonsi Koko, *Agoravox*, le 24 avril 2013. Article consulté le 4 mars 2021 (https://www.agoravox.fr/actualites/international/article/l-afrique-de-la-dependance-a-l-134734).

[177] In *RD Congo, la carotte et le bâton*, Gaspard-Hubert Lonsi Koko, *La Revue internationale*, le 3 avril 2013. Article consulté le 4 mars 2021. Voir le lien ci-contre : https://www.revue-internationale.com/2013/04/rd-congo-la-carotte-et-le-baton/#_ftn1.

par le Rwandais Eugène-Richard Gasana, dont le pays était accusé par les institutions internationales de soutenir les rebelles dans la partie orientale de la République Démocratique du Congo.

Le 30 mars 2016, le Conseil de sécurité des Nations Unies a adopté la résolution 2277, prorogeant ainsi jusqu'au 31 mars 2017 le mandat de la Monusco et insistant sur la tenue des élections prévues à la fin de l'année 2017.

En 2017, le Conseil de sécurité a constaté que la situation en République Démocratique du Congo représentait toujours une menace pour la paix et la sécurité internationales dans la région des Grands Lacs africains. Par conséquent, la résolution 2348, prorogeant jusqu'au 31 mars 2018 le mandat de la Monusco et réduisant ses effectifs militaires de 3 600 Casques bleus, a été adoptée. Aux termes de cette résolution, les priorités stratégiques de la mission onusienne ont consisté à assurer la protection des civils, appuyer la mise en œuvre de l'accord du 31 décembre 2016 et du processus électoral en vue de la stabilisation du territoire congolais.

Le 27 mars 2018, le Conseil de sécurité a adopté la résolution 2409 prorogeant pour une année, jusqu'au 31 mars 2019, le mandat de la Monusco, y compris sa brigade d'intervention. Le Conseil a aussi plafonné à 16 215 le nombre de militaires de ses troupes, à 660 observateurs militaires et officiers d'état-major, à 391 policiers et 1 050 membres d'unités de police constituées. Par conséquent, les priorités stratégiques devaient principalement contribuer à la protection des civils, ainsi qu'à l'appui à la mise en œuvre de l'accord du 31 décembre 2016[178] et du processus électoral en vue de l'orga-

---

[178] À l'initiative de la Conférence épiscopale nationale du Congo (Cenco), l'accord du 31 décembre 2016, dit accord de la Saint Sylvestre, a scellé une entente entre acteurs politiques ; il a aussi obtenu l'aval de la population pour qui les dirigeants politiques et les acteurs politiques, ainsi que ceux de la Société civile, ont accepté de franchir le cap de décembre 2016 sans renouveler le mandat et la

nisation des élections du 31 décembre 2018, à une alternance pacifique du pouvoir.

> « Dans cette résolution et pour la première fois, le Conseil de sécurité priait le Secrétaire général d'élaborer une stratégie de retrait échelonnée, progressive et exhaustive en collaboration avec le gouvernement de la République Démocratique du Congo, l'équipe de pays des Nations Unies et les autres parties prenantes concernées, de manière à favoriser la prise en main par le pays et à transférer progressivement les tâches aux fins d'un retrait ordonné de la Monusco. »[179]

Le 29 mars 2019, le Conseil de sécurité a adopté la résolution 2463, décidant ainsi de proroger jusqu'au 20 décembre 2019 le mandat de la mission onusienne en République Démocratique du Congo et reconduisant *de facto* les mêmes priorités stratégiques grâce à la résolution 2502 adoptée le 19 décembre 2019. La Monusco devait assurer la protection des civils comme décrit au paragraphe 29 i) de ladite résolution, appuyer la stabilisation et le renforcement des institutions de l'État congolais, ainsi que les principales réformes de la gouvernance et de la sécurité.

Le 18 décembre 2020, le Conseil de sécurité a adopté la résolution 2556. Il a décidé la prolongation, dans la foulée, du mandat de la Monusco jusqu'au 20 décembre 2021 et, à titre exceptionnel et sans créer de précédent ni remettre en cause les principes convenus régissant les opérations de maintien de la paix, la mise en place de sa brigade d'intervention. Ainsi la mission onusienne devait-elle assurer la protection des civils, comme décrit à l'alinéa i) du paragraphe 29 de

---

confiance aux animateurs des institutions étatiques à terme de mandat électoral tout en espérant obtenir les élections ratées au plus tard en décembre 2017. Un contrat social a été renouvelé.

[179] Source : *Site de la Monusco, op. cit.*

ladite résolution, et appuyer la stabilisation et le renforcement des institutions congolaises, ainsi que les principales réformes de la gouvernance et de la sécurité.

> « Même si la Mission de l'Organisation des Nations Unies pour la stabilisation en République démocratique du Congo (Monusco) n'a pas brillé dans la tâche qui lui avait été assignée, cette force onusienne composée de plus ou moins 25 000 hommes – pour un pays dont la superficie est de 2 345 000 km² – n'a représenté qu'une partie de la solution et non la totalité du problème. De plus, son mandat, lequel a consisté à aider les Forces armées de la République Démocratique du Congo (FARDC), n'a jamais été clairement défini. Outre le fait que le chapitre VII de la Charte des Nations Unies a toujours permis aux Casques bleus de recourir à la force, dans des conditions précises, comment ce contingent pourrait-il empêcher l'agression du Congo-Kinshasa tant que ses éléments armés resteraient positionnés très loin de la frontière, c'est-à-dire entre les forces armées congolaises et les groupes rebelles, ainsi que les milices armées ? Or, ceux-ci ont toujours bénéficié de l'appui des pays limitrophes étant eux-mêmes soutenus par des puissances étrangères. Pourquoi, depuis au moins une vingtaine d'années, la région du Kivu n'a cessé d'être exposée à une éventuelle explosion ? Pourquoi est-elle restée longtemps sous la menace d'une mise sous tutelle de la communauté internationale ? Pourtant, tous les éléments auraient été forcément réunis pour éviter une telle finalité. »[180]

En novembre 2019, les populations congolaises de la région de Beni ont violemment manifesté contre l'impuissance des Casques bleus de la Monusco à la suite des massacres commis par l'ADF[181].

---

[180] In *Mais quelle crédibilité pour les Nations Unies au Kivu ?*, *op. cit.*
[181] *Allied Democratic Forces* (ADF ou ADF-Nalu).

« La société civile congolaise [était], elle aussi, vent debout contre l'impuissance de l'ONU. Pour le mouvement citoyen *Lucha*, "n'avoir pas été invitée ou participé à la planification des opérations militaires en cours à Beni ne [pouvait] dédouaner en aucune manière la Monusco de son inaction, en particulier face aux attaques à répétition contre les civils hors des zones de combats". Si la *Lucha* [a condamné] les attaques et les pillages contre la Monusco, elle [a demandé] à la Mission "d'agir ou de partir". Un sentiment partagé par Gaspard-Hubert Lonsi Koko, qui [venait] de publier *Mais quelle crédibilité pour les Nations unies au Kivu ?*, un ouvrage très critique sur les missions des Casques bleus au Congo.

» L'essayiste [a tempêté] contre l'enlisement de la Monusco : "À quoi sert cette mission qui, depuis 20 ans, n'arrive pas à stabiliser la région et à protéger les civils ? Il est inadmissible que des civils se fassent tuer devant les bases des Nations Unies. Le fait que la Monusco parte ne [résoudrait] peut-être pas tout, mais le fait qu'elle reste ne résout rien !". Gaspard-Hubert Lonsi Koko [a dénoncé] surtout le *statu quo* d'une situation sécuritaire que la présence de la Monusco a figée, sans ramener la paix dans l'Est du Congo.

L'essayiste [a défendu] une théorie partagée par de nombreux Congolais sur une "complicité" plus ou moins volontaire entre la Monusco, les pays de la région, Rwanda et Ouganda en tête, et les autorités congolaises "pour continuer de piller les minerais du Congo". Selon lui, "il n'y a que les populations congolaises qui peuvent mettre un terme à cette situation. [Joseph] Kabila n'avait pas d'armée digne de ce nom et [Félix] Tshisekedi n'a pas intérêt au départ trop rapide de la Monusco pour ne pas être à la merci des pays frontaliers". »[182]

---

[182] In *RDC : la Monusco, bouc émissaire de la colère des Congolais*, Christophe Rigaud, *Afrikarabia*, le 25 novembre 2019. Article consulté le 3 mars 2021 (http://afrikarabia.com/wordpress/rdc-la-monusco-bouc-emissaire-de-la-colere-des-congolais).

En avril 2021, des manifestations organisées par la société civile, dont le mouvement citoyen *Lucha*, ont eu lieu en vue du départ des Casques bleus déployés dans la région sans venir à bout des groupes armés tels que l'ADF. Ainsi a-t-elle dénoncé les faibles résultats de la mission onusienne. Lors d'une conférence de presse à Kinshasa, le porte-parole de la Monusco, Mathias Gillman, s'est exprimé sur la position de la Monusco :

> « La Monusco est déployée ici, à la demande du Conseil de sécurité et avec l'accord du pays. Lorsque nous rencontrons les autorités gouvernementales, lorsque nous rencontrons le président, les gouverneurs sur place, ils nous disent tous qu'ils ont besoin de notre soutien. Lorsque vous allez dans l'Ituri, lorsque vous allez dans les Hauts Plateaux, nous avons des dizaines de milliers de Congolais qui vivent sous notre protection. Demander à la Monusco d'être plus efficace, de travailler encore plus auprès des FARDC, c'est tout à fait légitime. C'est un travail que nous continuons à faire. Demander son départ, cela ne semble pas aller dans le sens d'une stabilisation pour la région. Ces menaces, dirigées contre les humanitaires, sont absolument inacceptables. Et encore une fois, les populations qui bénéficient de l'aide humanitaire ne partagent pas certains messages de haine qui sont en ce moment en circulation. »

Un plaidoyer *pro domo*, lequel ne change en rien le bilan globalement négatif de l'organisation onusienne.

D'ailleurs, pour ramener la paix dans l'Est, la CENCO a recommandé la régularisation de la paie des militaires, le déplacement des officiers issus des groupes armés et l'engagement d'une opération de grande envergure et de type Artémis – approuvant avec subtilité l'échec de la Monusco – et la mise en place d'un cadre de concertation permanent. Fiasco confirmé, le 22 avril 2021, par l'annonce de l'arrivée prochaine des troupes kenyanes faite par le président Félix Antoine Tshisekedi Tshilombo en marge d'une visite de son homologue kenyan Uhuru Kenyatta.

Créée par la résolution 1925 du Conseil de sécurité en date du 28 mai 2010, la Monusco est dirigée depuis février 2021 par la Guinéenne Bintou Keïta. Cette dernière a succédé à la diplomate algérienne Leila Zerrougui qui en a assuré la direction de janvier 2018 à janvier 2021. Le secrétaire général des Nations Unies, Antonio Guterres, a nommé en avril 2021 le général brésilien Marcos de Sá Affonso da Costa au poste de commandant de la force de la Monusco. Ce dernier a succédé à son compatriote le général Ricardo Augusto Ferreira Costa Neves, en fin de mission depuis le 31 mars.

Nationalité

« La nationalité congolaise est soit d'origine, soit d'acquisition individuelle », dispose l'alinéa 2 de l'article 10 de la Constitution de la République Démocratique du Congo du 18 février 2006. Elle s'obtient par l'effet de la naturalisation, de l'option, de l'adoption, du mariage ou de la naissance et de la résidence dans le territoire national.

La nationalité congolaise d'origine, ou de souche, est reconnue dès la naissance à l'enfant en considération de deux éléments de rattachement de l'individu à la République Démocratique du Congo, c'est-à-dire sa filiation à l'égard d'un ou de deux parents congolais (*jus sanguinis*), son appartenance aux groupes ethniques et nationalités dont les personnes et le territoire constituaient ce qui est devenu la République Démocratique du Congo à l'indépendance (*jus sanguinis* et *jus soli*) ; ou sa naissance sur le sol congolais, s'agissant d'une part du « nouveau-né trouvé en République Démocratique du Congo »; et, d'autre part, de

« l'enfant né en République Démocratique du Congo de parents ayant le statut d'apatrides ou des parents étrangers dont la nationalité ne se transmet pas à l'enfant du fait de la législation de l'État d'origine qui ne reconnaît que le *jus soli* ou ne reconnaît pas d'effet sur la nationalité à la filiation naturelle ». Dans ce dernier cas précis, l'enfant est congolais par présomption (de la loi).

Par conséquent, quel que soit le mode d'acquisition, il faut remplir les conditions ci-après pour acquérir la nationalité congolaise :
– être majeur ;
– demander expressément une déclaration individuelle ;
– introduire une déclaration d'engagement, par écrit, de renonciation à toute autre nationalité ;
– savoir parler une des langues congolaises ;
– être de bonne vie et mœurs ;
– avoir à la date de la demande une résidence permanente en République Démocratique du Congo depuis 7 ans ;
– ne s'être jamais livré au profit d'un État étranger, à des actes incompatibles avec la qualité de Congolais ou préjudiciables aux intérêts de la République Démocratique du Congo ;
– n'avoir pas fait l'objet d'une condamnation définitive par les juridictions nationales ou étrangères pour l'une des infractions ci-après :
    a. haute trahison ;
    b. crimes de guerre, crimes de génocide, crimes contre l'Humanité, crimes d'agression ;
    c. crime de terrorisme, assassinat, meurtre, viol, viol des mineurs, pédophilie ;
    d. crimes économiques, blanchissement, corruption, contrefaction.

Le 1er alinéa de l'article 10 de la Constitution de la République Démocratique du Congo stipule que « la nationalité congolaise est une et exclusive[183] ». En conséquence, précise le même alinéa, « elle ne peut être détenue concurremment avec une autre nationalité »[184] et, consolidant l'article 26 de la loi n° 004/020 du 12 novembre 2004 relative à la nationalité congolaise, confirme la perte de ladite nationalité par toute personne qui acquiert une nationalité étrangère.

> « Il en découle que l'acquisition de la nationalité étrangère par un Congolais et l'acquisition de la nationalité congolaise par un étranger entraînent la perte de la première nationalité, respectivement la nationalité congolaise et la nationalité étrangère. »[185]

La nationalité, c'est l'appartenance juridique et politique d'une personne à la population d'un État. Si en droit international chaque pays délivre sa propre nationalité mais ne peut contester la nationalité octroyée par un autre pays, on peut donc détenir plusieurs nationalités et moult passeports.

---

[183] Le deuxième paragraphe de l'Exposé des motifs de la loi sur la nationalité n° 004/020 du 12 novembre 2004 rappelle les principes de l'unité et de l'exclusivité de la nationalité congolaise, cette loi ayant été adoptée en exécution de la résolution n° DCI/CPR/03 du Dialogue inter-congolais, de l'accord global et inclusif et de la Constitution de la transition. Ainsi les délégués au Dialogue inter-congolais ont-ils décidé de mettre un terme à la fracture sociale due à la question de nationalité, dans le but de consolider la coexistence pacifique de toutes les couches sociales sur le sol congolais.

[184] Voir l'article 1er de la loi n° 004/020 du 12 novembre 2004 relative à la nationalité congolaise.

[185] In « *De l'unité et l'exclusivité de la nationalité congolaise à la reconnaissance de la double nationalité* », Constantin Yatala Nsomwe Ntambwe, document pdf consulté 25 mars 2021. Voir le lien ci-contre : https://www.droitcongolais.info/files/YATALA-NATIONALT--RDC.pdf.

« La règle de la nationalité une et exclusive est, à son origine, destinée à pacifier les relations entre les habitants surtout de l'Est de la RDC qui comprennent les Burundais et les Rwandais. En effet, depuis l'accession de la RDC à l'indépendance, la question de la nationalité s'y pose avec acuité. Les populations étrangères qui ont immigré au Congo-Belge, lors de la colonisation, ne sont pas toujours considérées comme nationales par les populations autochtones.

» C'est pourquoi, la Constitution de Luluabourg a précisé que la nationalité congolaise "est attribuée, à la date du 30 juin 1960, à toute personne dont un des ascendants est ou a été membre d'une tribu ou d'une partie de tribu établie sur le territoire du Congo avant le 18 octobre 1908" (art. 6 al. 1er). Cette condition d'établissement sur le territoire congolais avant le 18 octobre 1908 avait pour but d'assurer la cohésion et le vivre-ensemble des populations se trouvant sur un même territoire.

» La loi n° 1972-002 du 5 janvier 1972 relative à la nationalité zaïroise [a poursuivi] le même but. [D'après] son article 15, "les personnes originaires du Ruanda-Urundi qui étaient établies dans la province du Kivu avant le 1er janvier 1950 et qui ont continué à résider depuis lors dans la République du Zaïre jusqu'à l'entrée en vigueur de la présente loi ont acquis la nationalité zaïroise à la date du 30 juin 1960". »[186]

Il est évidemment question de l'importance du caractère inaliénable de la nationalité congolaise d'origine, sans mise en cause de sa reconnaissance par d'autres moyens. Celle-ci subit un dommage dû aux dispositions contradictoires. *Primo*, l'alinéa 1er de l'article 10 de la Constitution congolaise du 18 février 2006 préconise l'unité et l'exclusivité de la nationalité congolaise. *Secundo*, son alinéa 3 définit clairement le Congolais d'origine [187]. *Tertio*, une loi organique détermine,

---

[186] *Ibidem*.

[187] « Est Congolais d'origine, toute personne appartenant aux groupes ethniques

entre autres, les conditions de perte et de recouvrement de la nationalité congolaise.

D'aucuns savent que la Constitution de la République Démocratique du Congo rappelle, dans son préambule, l'attachement aux Droits humains et aux libertés fondamentales tels que proclamés explicitement par les instruments juridiques internationaux auxquels le pays a adhéré. C'est ainsi que l'alinéa 5 de l'article 45 de la loi fondamentale reconnaît aux « pouvoirs publics le devoir d'assurer la diffusion et l'enseignement de la Constitution, de la Déclaration universelle des droits de l'Homme, de la Charte africaine des droits de l'Homme et des peuples, ainsi que de toutes les conventions régionales et internationales relatives aux droits de l'Homme et au droit international humanitaire dûment ratifiées ». Or, le droit à la nationalité est inscrit dans la Déclaration universelle des droits de l'Homme (art. 15)[188], ainsi que dans la Déclaration universelle des droits de l'enfant (art. 3)[189].

Si l'alinéa 4 de l'article 10 de la Constitution du 18 février 2006 précise qu'« une loi organique détermine les conditions de reconnaissance, d'acquisition, de perte et de recouvrement de la nationalité congolaise », nul n'ignore le caractère non rétroactif d'une mesure.

> « *Primo*, il est injuste que les Congolais de l'étranger concernés à la fois par le *jus sanguinis* et le *jus soli* puissent perdre [leur] nationalité du fait de [la détention d'une] citoyenneté étrangère. *Secundo*, en République

dont les personnes et le territoire constituaient ce qui est devenu le Congo (présentement la République Démocratique du Congo) à l'indépendance. »

[188] « Tout individu a droit à une nationalité. Nul ne peut être arbitrairement privé de sa nationalité, ni du droit de changer de nationalité ».

[189] « Dans toutes les décisions qui concernent les enfants, qu'elles soient le fait des institutions publiques ou privées de protection sociale, des tribunaux, des autorités administratives ou des organes législatifs, l'intérêt supérieur de l'enfant doit être une considération primordiale. »

Démocratique du Congo, la terre appartient [tradition-
nellement] aux familles. Or, personne ne reniera [ses
parents] parce qu'ils ont une [autre] citoyenneté. Ainsi
risque-t-on de s'exposer à un conflit foncier, au cas où
on leur contesterait la nationalité congolaise [d'origine].
Tertio, il est inhumain d'imposer aux enfants nés des
parents congolais et non congolais de choisir une nationalité au détriment d'une autre. *Quatro*, dès lors que des
Congolais d'origine détenant des citoyennetés étrangères
siègent aux Parlements – national et provinciaux – et
occupent des postes dans la haute administration nationale et dans les institutions étatiques, il est inadmissible
que des Congolais d'origine se trouvant dans la même
situation, mais résidant hors des frontières nationales,
soient pénalisés. »[190]

Selon un principe juridique qu'aucun législateur ne
devrait ignorer, les faits précèdent très souvent la loi.

Au vu des arguments et des textes évoqués *supra*, on peut
aisément soutenir la conclusion selon laquelle l'unité et l'exclusivité de la nationalité congolaise confèrent le droit à la
République Démocratique du Congo de ne pas reconnaître,
conformément à l'article 10 al. 1er, la citoyenneté étrangère
détenue par ses nationaux. En revanche, au regard du droit
international, ce dispositif constitutionnel ne peut en aucun
cas priver un individu de sa nationalité congolaise d'origine,
ni l'obliger à renier sa citoyenneté étrangère. De ce fait, la
nationalité congolaise d'origine devant absolument primer
sur toute citoyenneté étrangère, la révision du premier alinéa
de l'article 10 de la Constitution du 18 février 2006 s'impose
afin de permettre la multiple nationalité aux Congolais
de souche.

---

[190] In *Les lois inconstitutionnelles en RDC contre la diaspora*, Gaspard-Hubert
Lonsi Koko, *La Revue Internationale*, le 29 avril 2013. Article consulté le
25 mars 2021 (https://www.revue-internationale.com/2013/04/les-lois-inconsti-
tutionnelles-en-rdc-contre-la-diaspora/).

O

Occupation

Dans le passé, quant à l'occupation de la République Démocratique du Congo par des forces « négatives », d'aucuns ne prenaient guère pour véridiques les dénonciations des citoyens congolais de la diaspora – parmi lesquels ceux vivant en Belgique, en France et au Royaume-Uni. On les a notamment qualifiés de farfelus lorsqu'ils mettaient en garde contre la néfaste introduction, voire implication, dans les affaires intérieures de leur pays des éléments armés et non militaires à la solde des intérêts fonciers régionaux et affairistes internationaux. Pourtant, dans une ordonnance rendue publique le 23 septembre 2005, la Cour internationale de justice (CIJ) a acté la responsabilité de Kampala dans les meurtres, tortures, destructions et pillages ayant été planifiés et commis de 1997 à 2003 dans le Nord-Est du territoire congolais.

> « Cette Cour de l'ONU chargée de régler les différends entre États [a] déclaré l'Ouganda coupable de violations

du droit international et ordonné le versement de compensations. Les juges [ont acté] la responsabilité de l'armée ougandaise et de ses supplétifs dans les meurtres, les tortures, les destructions, le pillage et l'exploitation illégale des ressources naturelles de la richissime Ituri, région minière située dans le Nord-Est de la RDC. En 1997, l'Ouganda avait soutenu militairement la rébellion de Laurent-Désiré Kabila. Mais à la chute du régime de Mobutu, les soldats ougandais n'avaient pas été rappelés dans leurs casernes. L'Ouganda souhaitait protéger ses frontières tout en profitant des ressources congolaises avant de se retirer, en 2003, à la faveur d'un accord de paix[191]. »[192]

Ayant été reconnu coupable en 2005 et condamné à réparer le préjudice occasionné, lequel a été estimé alors par Kinshasa entre 6 et 10 milliards USD (de 5,1 à 8,6 milliards d'euros), l'Ouganda a contesté cette évaluation, prétextant l'incapacité de régler une telle somme. D'ailleurs, le 23 juin 1999, la République Démocratique du Congo avait déjà introduit une requête au Greffe de la Cour des requêtes introductives d'instance contre le Burundi, l'Ouganda et le Rwanda « en raison d'actes d'agression armée perpétrés en violation flagrante de la Charte des Nations Unies et de la Charte de l'Organisation de l'Unité africaine »[193]. En effet,

« outre la cessation des actes allégués, le Congo [avait] demandé l'obtention d'une réparation pour les actes de

---

[191] Voir plus haut, les volets consacrés aux accords de Luanda et de Lusaka.

[192] In *La Cour internationale de justice fait expertiser les dommages de l'occupation ougandaise en RDC*, Stéphanie Maupas, *Le Monde Afrique*, le 25 septembre 2020. Article consulté le 19 mars 2006 (https://www.lemonde.fr/afrique/article/2020/09/25/la-cour-internationale-de-justice-fait-expertiser-les-dommages-de-l-occupation-ougandaise-en-rdc_6053588_3212.html).

[193] In *Activités armées sur le territoire du Congo (République Démocratique du Congo c. Ouganda)*. Document de la Cour internationale de justice consulté le 19 mars 2021 (https://www.icj-cij.org/fr/affaire/116).

destruction intentionnelle et de pillage, ainsi que la restitution des biens et ressources nationales dérobés au profit
des États défendeurs respectifs. »[194]

Il convient de rappeler que la Deuxième Guerre du Congo
a mis en scène divers groupes militaires. Leurs troupes peu
entraînées et peu disciplinées ont été à l'origine de fréquents
crimes de guerre. Elles ont surtout focalisé l'essentiel du
conflit sur le contrôle des ressources naturelles du Congo. En
tant que forces d'occupation, les États des Grands Lacs et de
l'Afrique australe ont assaini leurs dépenses militaires par
l'exploitation des minerais et bois rares du Congo oriental.
Ils se sont également servis sur des importantes taxes au détriment du Trésor public et de l'économie locale, et ont réquisitionné des stocks de vivres aux dépens des populations.

> « Parmi les preuves avancées de l'existence d'opérations
> militaires rwandaises en RDC en 2020, il y a une photo,
> que le groupe d'experts dit avoir consulté. Sur ce cliché,
> on voit un militaire congolais, identifié comme le colonel
> Claude Rusimbi, et 13 militaires rwandais. La photo
> aurait été prise vers le mois de mai, alors que le colonel
> Rusimbi servait, selon les experts, d'officier de liaison
> entre les FARDC (Forces armées de la République
> démocratique du Congo) et une unité rwandaise en opé
> ration dans le Nord-Kivu.
> » D'autres éléments viennent prouver cette implication
> rwandaise dans des opérations contre les rebelles hutus
> rwandais : documents, images aériennes, et une vingtaine
> d'entretiens avec des militaires congolais de la Monusco,
> des chercheurs ou des membres de la société civile. »[195]

---

[194] *Ibidem*.

[195] In *L'ONU confirme l'existence d'opérations militaires rwandaises en RDC en 2020*, article mis en ligne le 4 janvier 2021 par *RFI*, consulté le 26 mars 2021 (https://www.rfi.fr/fr/afrique/20210104-l-onu-confirme-l-existence-d-op%C3%A9rations-militaires-rwandaises-en-rdc-en-2020).

Dans son dernier rapport publié le 23 décembre 2020, le Conseil de sécurité a notamment révélé l'affirmation du groupe d'experts des Nations Unies sur les opérations de l'armée rwandaise dans l'Est de la République Démocratique du Congo. Cela s'est fait en violation de l'embargo, puisque Kinshasa et Kigali n'ont pas notifié le comité onusien des sanctions.

Dans une déclaration sur la situation dans l'Est du pays qu'il a faite au micro du correspondant de *Radio France Internationale* à Kinshasa, en la personne de Kamanda wa Kamanda Muzembe, Adolphe Muzito, ancien Premier ministre et tout récent coordonnateur de la plateforme Lamuka, a davantage explicité la situation. D'après ses propos, les Congolais étaient bel et bien :

> « [...] occupés, dominés, exploités par les forces extérieures qui [pillaient leurs] richesses et [leurs] dus. Alors, pour faire oublier ça, on [a instrumentalisé] les populations en opposant les ethnies les unes contre les autres. Face au massacre [des] populations dans l'Est du pays, [aux] pilla-ges [des] ressources, [au] dépeuplement [...] et [à leur] remplacements par des pays voisins, la communauté inter-nationale ne [pouvait] pas [...] dire [...] 20 ans après qu'elle ne [connaissait] pas, qu'elle ne [savait] pas qui [tuaient] dans l'Est du pays, qui [pillaient], qui [étaient] derrière, qui [orientaient], qui [instrumentalisaient] et qui [bénéficiaient] de ces pillages, de ces tueries. »

Ainsi Adolphe Muzito, le successeur de Martin Fayulu à la direction de Lamuka, a-t-il expliqué les raisons pour lesquelles la solution devrait venir d'une juridiction interna-tionale – la communauté internationale et les Nations Unies devant s'impliquer davantage. Les sanctions devraient être prises, et les responsables punis à travers forcément une sorte de Tribunal international pour la République Démocratique du Congo – épousant ainsi l'une des revendications des Congolais de l'étranger.

Opération Amani leo

Les principaux objectifs de l'opération militaire Amani leo[196], annoncée le 1er janvier 2010 par les FARDC, a consisté à protéger les populations civiles, à libérer les zones stratégiques des forces « négatives », à conserver les territoires ayant été repris aux rebelles des FDLR et à y permettre la restauration de l'autorité étatique. Cette opération armée devait aussi comporter des interventions préventives afin d'empêcher les rebelles rwandais de se regrouper, d'attaquer les populations civiles et de reprendre le contrôle des zones minières importantes. Un accord conclu en 2009 entre les gouvernements congolais et rwandais avait déjà renforcé les opérations militaires pour parvenir au désarmement et au rapatriement de ces éléments perturbateurs vers leur pays d'origine. Ainsi l'opération Amani leo a-t-elle pris le relais de l'opération Kimia II contre les FDLR, laquelle s'est achevée le 31 décembre 2009 dans les Kivu, du Nord et du Sud.

Devant la séance du Conseil de sécurité du 16 décembre 2009, Alan Doss, représentant spécial du Secrétaire général des Nations Unies en République Démocratique du Congo, a expliqué que la participation de la Monuc à l'opération Amani leo avait pour but de renforcer la protection, de consolider les acquis et de bâtir sur les progrès réalisés dans la lutte contre les éléments récalcitrants des FDLR. À cet effet, une directive a été conjointement signée par le chef d'état-major des FARDC, le général Didier Etumba, et le commandant de la force de la Monuc, le lieutenant-général Babacar Gaye.

---

[196] La paix aujourd'hui, en swahili.

Pour Alan Doss, soucieux de trouver la meilleure solution en vue de la pacification de la région,

> « toute action efficace contre les FDLR en République Démocratique du Congo [nécessitait] également l'engagement des États membres à partir des territoires desquels les leaders expatriés de ce groupe [fournissaient] un soutien financier, stratégique et moral au noyau dur [de leur] commandement sur le terrain. Tous les États [avaient] le devoir de s'acquitter de leur engagement en prenant des mesures juridiques et politiques appropriées pour couper le leadership [des] FDLR expatrié de sa base, empêcher le trafic d'armes et le commerce illicite des ressources naturelles, ainsi que les mouvements des fonds qui [aidaient] les groupes armés en RDC, en particulier les FDLR. »[197]

Cette initiative a défini les objectifs, ainsi que les rôles et les responsabilités respectifs de l'armée nationale congolaise et de la Monuc, concernant l'appui à ladite opération. De plus, la protection des civils devait occuper le point central de la planification.

> « La Monuc [a fourni] des rations de combat aux troupes qui [menaient] des opérations conjointement planifiées, avec des cibles précises, pendant toute la durée de l'opération. [C'était] un changement majeur introduit par rapport à l'opération antérieure Kimia II, qui s'est terminée en décembre [2009], au cours de laquelle la Monuc a fourni des rations militaires à 16 000 éléments des FARDC dans la province du Sud Kivu. Aux termes de l'opération Amani leo, la Monuc [n'a plus apporté] son appui qu'aux bataillons de réserve qui [participaient] aux opérations.

---

[197] In *Opération Amani leo : La Monuc présente les grandes lignes de la coopération avec les FARDC*, article mis en ligne le 7 janvier 2010 sur le site Internet de la Monuc et consulté le 14 février 2021 (https://monuc.unmissions.org/op%C3%A9ration-amani-leo-la-monuc-pr%C3%A9sente-les-grandes-lignes-de-la-coop%C3%A9ration-avec-les-fardc).

» La Monuc [a fourni] également du carburant, du transport (personnel, équipement et munitions), de l'eau potable et des comprimés de purification d'eau pendant toute la durée des opérations et [a évacué] les blessés [des] FARDC. Elle [s'est également prêtée] à fournir un appui-feu, mais selon des procédures de contrôle très rigoureuses. »[198]

La directive opérationnelle d'Amani leo prévoyait aussi la séparation des enfants soldats de tous les groupes armés, y compris ceux qui seraient intégrés au sein de l'armée nationale congolaise, ainsi que l'identification des bataillons des FARDC. Ces unités militaires bénéficieraient d'un nouveau programme de formation.

À l'issue de cette opération, estimés à 5 800 combattants avant le communiqué de Nairobi en 2007, les effectifs des FDLR seraient tombés à 3 500 au maximum en 2010. Mais, seule une poignée d'officiers de rang intermédiaire et d'officiers supérieurs des FDLR et du RUD[199] ayant été neutralisée lors de l'opération Amani leo, leur structure de commandement et de contrôle est restée dans une large mesure opérationnelle au point de perpétrer encore des meurtres, viols, pillages, etc. Mécontentes des conditions auxquelles la Monusco a subordonné son appui à cette opération commune, les FARDC ont de plus en plus agi unilatéralement au cours de ladite intervention, ayant limité davantage l'influence de la force onusienne quant à leurs agissements.

---

[198] In *10 questions pour comprendre Amani leo*, document Word mis en ligne sur le site Internet *congoforum.be* consulté le 14 février 2021. Voir le lien ci-dessous.
https://www.google.fr/search?q=%22op%C3%A9ration+amani+leo%22&hl=fr&ei=h-woYN2tFc6alwT48a_QBw&start=10&sa=N&ved=2ahUKEwidjZGZhnuAhVOzYUKHfj4C3oQ8tMDegQICBBB&biw=1692&bih=869.
[199] Rassemblement pour l'unité de la démocratie (RUD-Urunana).

L'opération Amani leo, prévue pour trois mois, a été poursuivie par les FARDC jusqu'en août 2010, toujours avec l'appui des Nations Unies.

Opération Artémis

L'opération militaire Artémis a été menée du 6 juin 2003 au 6 septembre de la même année en Ituri, dans le Nord-Est de la République Démocratique du Congo, par l'Union européenne au titre de la Politique européenne de sécurité et de défense (PESD). Elle s'est déroulée sous l'autorité du Conseil de sécurité des Nations Unies, selon sa résolution 1484 du 30 mai 2003. L'opération Artémis est considérée comme la première action militaire dirigée par l'Union européenne[200]. Opération autonome sans précédent de l'Union européenne[201] mise en œuvre hors d'Europe ayant agi « en vertu du chapitre VII de la Charte des Nations Unies », elle a été qualifiée de mission de réaction rapide appliquant le principe de la nation-cadre. Elle a servi de premier exemple d'opération « relais », conduite en coopération entre l'Union européenne et les Nations Unies[202]. Dans l'absolu,

---

[200] Sans le recours aux accords dits de « Berlin Plus », adoptés lors du sommet de Washington en 1999, qui permettent aux Européens de bénéficier de moyens de l'Organisation du traité de l'Atlantique Nord (OTAN).

[201] L'opération Concordia en Macédoine a représenté la première mise en œuvre sur le terrain du partenariat stratégique entre l'OTAN et l'Union européenne, ayant été introduit par les accords dits de « Berlin Plus », opérationnels depuis le sommet de Copenhague de décembre 2002. Ces accords prévoient que les interventions de l'Union européenne menées dans le cadre de la PESD peuvent être articulées en recourant aux moyens logistiques et militaires de l'Alliance atlantique.

[202] In *Le maintien de la paix en Afrique subsaharienne : une approche concrète*, Rapport présenté au nom de la Commission politique par M. Charles Goerens, Assemblé de l'Union de l'Europe occidentale (UEO), Document A/1913, 6 décembre 2005, p. 15.

« le gouvernement de transition en République Démocratique du Congo [devait] enquêter sur les chefs de milices coupables de massacres et d'autres graves crimes de guerre dans le district d'Ituri, au Nord-Est du pays, et les traduire en justice. Il ne [devait] pas les récompenser en les nommant à des postes de haute responsabilité dans la nouvelle armée nationale intégrée. »[203]

Le Conseil de sécurité a en effet autorisé le déploiement, jusqu'au 1er septembre 2003, d'une force multinationale intérimaire d'urgence à Bunia, en coordination étroite avec la Monuc, en particulier son contingent déployé dans la ville. Il fallait contribuer à y stabiliser les conditions de sécurité et à y améliorer la situation humanitaire, assurer la protection de l'aéroport et des personnes déplacées se trouvant dans les camps de Bunia et, si la situation l'exigeait, sécuriser la population civile et le personnel des Nations Unies, ainsi que les organisations humanitaires dans la ville[204].

Il fallait mettre fin à la guerre d'Ituri[205] et faire cesser les exactions à l'encontre des populations civiles. Cette opération devait permettre aux Nations Unies de bénéficier du temps nécessaire à la mise en place d'une nouvelle « brigade Ituri » des Casques bleus. Les objectifs de cette opération et les cir-

---

[203] In *R.D.C. : l'armée ne doit pas nommer des criminels de guerre*, communiqué de presse mis en ligne le 13 janvier 2005 sur le site de l'ONG *Human Rights Watch*, consulté le 3 mars 2021 (https://www.hrw.org/fr/news/2005/01/13/rdc-larmee-ne-doit-pas-nommer-des-criminels-de-guerre).

[204] Voir l'article 1er de la résolution 1484 du Conseil de sécurité des Nations Unies, sur la situation en République Démocratique du Congo, Nations Unies, le 30 mai 2003.

[205] La guerre d'Ituri, ou conflit d'Ituri, fait suite à la Deuxième Guerre du Congo (1998-2002). Elle a essentiellement opposé des milices lendu, de la Force de résistance patriotique de l'Ituri, et hema dans le district de l'Ituri situé dans la Province orientale au Nord-Est de la République Démocratique du Congo. Elle avait un lien avec des intérêts criminels et la géopolitique des Grands Lacs africains.

constances de son insertion par rapport à la problématique de la Monuc présentaient des similitudes avec l'opération Turquoise ayant été menée par la France en 1994, alors que la Mission des Nations Unies pour l'assistance au Rwanda (Minuar) y était chargée du « maintien de la paix ».

Dans ce contexte précis, la France a su assumer la fonction de « nation-cadre » et fourni le plus gros contingent. Même si dix-huit nations ont pris part à cette opération, environ 80 % des effectifs engagés ont appartenu aux forces armées françaises[206].

> « Enfin, des éléments des forces spéciales suédoises ont également participé aux opérations sur le terrain. L'ensemble de ces unités engagées étaient réparties entre la Base de soutien à vocation interarmées (BSVIA), installée à l'aéroport d'Entebbe[207], et le Groupement tactique interarmes multinational (GTIAM), déployé à Bunia et comprenant des unités d'infanterie, des blindés légers, des moyens d'appui et du génie, ainsi que le soutien nécessaire (ministère [français] de la Défense 2003). Les autres États, européens (notamment l'Allemagne) ou non (Canada, Brésil, Afrique du Sud), ont par ailleurs apporté un soutien logistique et aérien à la force. »[208]

À peu près 2 200 personnes ont été mobilisées pour cette intervention militaire.

---

[206] In *Les moyens de l'autonomie stratégique française*, Jean-Paul Thonier, *Fondation pour la recherche stratégique*, Paris, 14 janvier 2004.

[207] Cette BSVIA comprenait environ 400 militaires des armées de l'air et de terre. Elle abritait également le Groupe de transport opérationnel (GTO), dont la mission consistait à assurer le soutien par voie aérienne des éléments déployés à Bunia, grâce à des appareils de transport de type Transall et Hercule affrétés par plusieurs pays.

[208] In *L'opération Artémis, un tournant pour la politique européenne de sécurité et de défense?*, Niagalé Bagayoko-Penone, Afrique contemporaine 2004/1, n° 209, pp. 101-116.

« 2 060 [soldats] étaient effectivement présents sur le continent africain, tandis que les autres éléments étaient affectés au quartier général de niveau stratégique, installé à Paris et armé par l'état-major interarmées de force et d'entraînement (EMIA-FE) de Creil, chargé de la conduite de l'opération. 1 035 soldats étaient effectivement présents à Bunia au moment où la force a atteint sa plénitude opérationnelle. Le reste du contingent se répartissait entre la *Base de Soutien à Vocation Inter Armées* (BSVIA) de la mission – établie à Entebbe – et des aérodromes gabonais et tchadiens qui accueillaient les avions de combat destinés à protéger et appuyer la composante terrestre »[209].

L'opération Artémis a prouvé la possibilité pour la totalité des États membres de l'Union européenne de mener collectivement, jusqu'au bout, une opération de gestion de crise souhaitée et initiée par un seul d'entre eux.

Pour les spécialistes de la stratégie militaire et les connaisseurs de l'Afrique centrale, ainsi qu'australe, l'opération Artémis est tout d'abord apparue comme une mission beaucoup plus ambitieuse et dangereuse que l'opération Concordia. Celle-ci n'a mobilisé que 350 hommes et s'est limitée à des missions de proximité et de basse intensité.

« L'opération Artémis a, à l'inverse, été menée dans un environnement à risque : combats violents entre l'Union des patriotes congolais (UPC, groupe armé à dominante hema) et le Front de résistance patriotique de l'Ituri (FRPI, son rival lendu), massacres de civils (femmes et enfants amputés, corps découpés), importante densité des armements (armes lourdes et armes légères et de petit calibre) dans la région. Les troupes ont été régulièrement soumises à des attaques (tirs à l'arme automatique). Les conditions d'action de la force, et particulièrement le fait qu'elle [ait pu] agir sous chapitre VII, ont indéniablement constitué

---

[209] In *Les moyens de l'autonomie stratégique française, op. cit.*

une garantie d'efficacité, [ayant permis] à la mission de se dérouler finalement sans heurts majeurs. Les hommes déployés sur le terrain (pour des missions terrestres comme aériennes) ont en effet été autorisés à ouvrir le feu en cas de légitime défense, ainsi que pour assurer la protection des populations civiles à Bunia et dans la zone de l'aéroport[210]. En outre, la mission présentait également d'importantes difficultés sur le plan logistique. Il s'est ainsi avéré nécessaire de transporter, dans les délais les plus brefs, et à plus de 6 000 kilomètres de distance, près de 2 000 hommes ainsi qu'un important dispositif matériel (engins blindés mécanisés) sur la piste d'atterrissage de l'aéroport de Bunia, particulièrement délabrée. Ces difficultés ont pu être surmontées avec succès. »[211]

Ensuite, au cours de l'opération Artémis, les commandements militaires ont bénéficié d'une plus grande marge de manœuvre. Bien évidemment,

> « une fois la mission lancée et le cadre défini, le commandement [a semblé] avoir disposé d'une grande latitude d'action sur le théâtre d'opération. Le pouvoir de décider de la modification des objectifs et du terme de l'opération [était] en effet entre les mains du Conseil, assisté par le SG/HR. La règle de l'unanimité [ayant été] nécessaire pour procéder à de telles modifications, il [est apparu] plus aisé de laisser une certaine souplesse dans la conduite des opérations sur le terrain. [...] Le bon fonctionnement des procédures de contrôle décrites ci-dessus [a paru] à même de prévenir les éventuels abus dans l'usage de cette latitude nouvelle[212]. »[213]

---

[210] Une des innovations est que la force a été protégée à partir de l'espace aérien par l'intervention d'avions de combat, dont certains provenaient du dispositif français prépositionné au Tchad.

[211] In *L'opération Artémis, un tournant pour la politique européenne de sécurité et de défense ?*, *op. cit.*

[212] Cf. « l'affaire Joseph », Joseph étant le prénom d'un jeune Congolais qui, selon le rapport établi en 2007 par Stefan Ryding-Berg, chef juriste du ministère

Au-delà du bilan globalement positif de l'opération Artémis d'un point de vue opérationnel, il a pourtant été difficile d'attribuer les mérites de cette réussite à la seule Union européenne dès lors que l'expérience française de la gestion des crises africaines a été un élément déterminant. Il faudrait aussi signaler les lacunes à propos de la capacité à assurer la sécurité des lignes de communication au cours de ladite opération[214].

Opération Kimia II

À la suite de l'opération Kimia I, ou Umoja wetu[215], l'opération Kimia II a débuté en mai 2009 dans les provinces du Nord-Kivu et du Sud-Kivu dans le but de « détruire tous les sanctuaires » des FDLR présents dans la partie orientale de la République Démocratique du Congo depuis 1994. Il fallait neutraliser les responsables d'exactions contre les populations autochtones, et mettre un terme à l'exploitation illégale des ressources naturelles de la région.

> « L'armée congolaise et les Casques bleus de la Mission des Nations Unies en République Démocratique du Congo (Monuc) ont mis fin [...] à l'opération militaire controversée "Kimia II" contre les rebelles hutus rwandais réfugiés dans l'Est de la RDC, mais en ont lancé une autre dans la foulée visant à "éradiquer" les Forces démocratiques de libération du Rwanda (FDLR), a

---

suédois de la Défense, aurait été torturé par des militaires français, au vu et au su des officiers français et suédois de l'opération.

[213] In *L'opération Artémis, un tournant pour la politique européenne de sécurité et de défense ?, op. cit.*

[214] In *Une force franco-britannique pour l'Afrique*, Jacques Isnard, *Le Monde*, 29 novembre 2003.

[215] Voir plus loin, le volet consacré à l'opération Umoja wetu.

rapporté [...] la radio onusienne *Okapi*. »[216]

Pourtant, selon le porte-parole dudit commandement militaire, le major Sylvain Ekenge, cette opération a atteint ses objectifs dès lors que 5 000 combattants FDLR ont été maîtrisés par les FARDC avec le soutien logistique de la Monuc, soit 75 % des effectifs présumés de ces rebelles hutus rwandais clandestinement installés dans les deux Kivu. D'après la déclaration de l'officier congolais, ces rebelles ont été soit tués au combat, soit neutralisés, soit rapatriés au Rwanda avec l'aide de la mission des Nations Unies. Tous les sanctuaires des FDLR auraient donc été démantelés, leurs commandements et leurs moyens de communication désarticulés, leurs dirigeants chassés de toutes les zones qui étaient sous leur contrôle et d'où ils tiraient l'essentiel de leurs revenus.

> « En visite en RDC, le Secrétaire général adjoint des Nations Unies chargé des opérations de maintien de paix, Alain Le Roy, avait annoncé début novembre 2009 la suspension de l'appui logistique de la Monuc à la 213ème brigade des FARDC basée à Lukweti au Nord-Kivu. Ces troupes ont été accusées d'avoir massacré 62 personnes civiles dans la cité de Lukweti entre mai et septembre 2009, dans le territoire de Masisi. Des accusations que le ministre de la Communication et Médias et porte-parole du gouvernement, Lambert Mende, avait rejetées. »[217]

---

[216] In *Lancement de l'opération « Amani leo » au Congo*, article mis en ligne le 1er janvier 2010 sur le site Internet de la publication belge *7 sur 7*, consulté le 14 février 2021 (https://www.7sur7.be/monde/lancement-de-l-operation-amani-leo-au-congo~ac8682d0/?referrer=https%3A%2F%2Fwww.google.fr%2F).

[217] In *Amani leo : les opérations « chaudes » commencent bientôt, selon le porte-parole militaire de la Monuc*, article mis en ligne par *Radio Okapi* le 27 janvier 2010, modifié le 7 août 2015 et consulté le 14 février 2021 (https://www.radiookapi.net/sans-categorie/2010/01/27/amani-leo-les-operations-%25c2%25ab-chaudes-%25c2%25bb-commencent-bientot-selon-le-porte-parole-militaire-de-

En tout cas, l'opération Kimia II a été très critiquée par des organisations non gouvernementales et des experts indépendants pour avoir causé la mort de centaines de civils, sans parvenir à démanteler les FDLR. À l'appui de cette hypothèse, un rapporteur spécial des Nations Unies, Philip Alston, a accusé l'armée congolaise de s'être livrée aux pires exactions sur la population civile dans les zones de combat, tout comme les rebelles hutus qu'elle pourchassait.

Opération Léopard

Pour ce qui est de l'opération Léopard, il s'agit d'une intervention, soi-disant humanitaire, qui s'est déroulée du 17 mai 1978 au 16 juin de la même année à Kolwezi en République du Zaïre (de nos jours République Démocratique du Congo). En effet, dans le cadre des accords de défense, de coopération ou d'assistance[218] ayant été signés avec des pays étrangers, la

---

la-monuc).

[218] De tous temps, la France a signé des accords de défense avec des pays étrangers par lesquels elle s'est engagée à participer, sous différentes formes, à leur défense. Même si ces accords contiennent souvent des clauses très proches, chacun d'entre eux est spécifique au pays concerné.

Au XIXe siècle et dans la première moitié du XXe siècle, les accords de défense signés par la France l'ont été essentiellement avec des pays européens. Après la vague de décolonisation du début des années 1960, ces accords de défense ont été en grande majorité signés avec des pays africains appartenant principalement à la communauté francophone, comme la République centrafricaine et le Tchad (1960), le Zaïre (1974) ou la République de Djibouti (1977). Ces accords concernent des coopérations avec les armées de ces pays, dans les domaines de la formation des cadres, de l'organisation des forces, de la fourniture de matériel, mais aussi de la présence de détachements de forces militaires françaises sur le territoire des pays signataires.

Depuis la fin de la Guerre froide, les accords de défense ratifiés par la France, lesquels sont moins nombreux, sont supplantés par des accords de coopération militaire ou des accords de garantie de sécurité au profit des pays de l'Est

France s'est engagée à intervenir hors de ses frontières. Par conséquent, en 1978, elle a ainsi disposé d'une force d'intervention de 20 000 hommes composée de la 11ème division parachutiste (11ème DP), de la 9ème division d'infanterie de marine (9ème DIMa) et de forces navales et aériennes. Les régiments professionnels de la 11ème DP ont été alternativement mis en alerte, sous le nom de code « Guépard », dans l'attente d'être projetés sans préavis, du jour au lendemain, en fonction des besoins du président zaïrois Mobutu Sese Seko. De plus, avec la République du Zaïre, la France avait signé en 1975 un protocole de coopération militaire qui prévoyait assistance et formation.

> « Le 13 mai 1978, 4 000 rebelles katangais, membres du Front de libération nationale du Congo (FLNC), [ont profité] de l'appui de conseillers cubains et d'agents soviétiques et [se sont emparé] de la ville de Kolwezi, dans la région minière du Sud du Zaïre. Ils se [sont livrés] au pillage et à des massacres, alors que les 2 500 Européens et les 100 000 Zaïrois se [terraient] chez eux. Le président Mobutu Sese Seko [a répliqué] le 16 mai. »[219]

En effet, lors de la prise de Kolwezi le 13 mai 1978, les rebelles en provenance de Zambie et d'Angola se sont adonnés aux pillages et aux massacres. Dès le lendemain, le président Mobutu a sollicité l'aide de la communauté internationale. Mais les États-Unis ont refusé d'intervenir militai-

---

de l'Europe.

La signature de tels accords par la France dépend de l'analyse de ses intérêts stratégiques, des conditions de la sécurité internationale propres à la région dans laquelle se trouve le pays avec lequel l'État français envisage de signer un accord et du poids des obligations que prévoit cet accord.

[219] In *Déclenchement de l'opération Léopard au Zaïre*, article de l'équipe de *Perspective monde*, consulté en ligne le 17 février 2021. Voir le lien ci-contre : https://perspective.usherbrooke.ca/bilan/servlet/BMEve/1041.

rement en République du Zaïre. Quant à l'ancienne puissance coloniale, la Belgique, elle a hésité à s'y engager nonobstant l'inquiétude de la communauté belge de la province du Shaba (le Katanga actuel).

Après avoir été informée des événements par l'ambassadeur de France, André Ross, et le chef de la mission française d'assistance militaire, le colonel Yves Gras, Paris a poussé, dans un premier temps, le président Mobutu Sese Seko à intervenir. Par conséquent, des éléments du 311ème bataillon parachutiste, formés par des instructeurs français, sont entrés en action pour tenir le pont de Lualaba, point de passage obligé entre le Shaba et le reste du pays. À la suite de la tentative, mais sans succès, de reprise de la ville de Kolwezi avec les éléments restants du 311ème bataillon parachutiste largués sur zone, l'aéroport situé à cinq kilomètres de Kolwezi est néanmoins passé sous le contrôle des Forces armées zaïroises (FAZ). Le président Giscard d'Estaing a finalement pris la décision de recourir à une unité parachutiste grâce à une opération choc sur la base de la surprise que produirait l'arrivée de plusieurs centaines de parachutistes dans la ville occupée par les gendarmes katangais. Ainsi le 2ème REP, commandé par le colonel Philippe Erulin et ayant appartenu au dispositif « Guépard », devait prendre part à l'opération fixée au 20 mai 1978.

> « Mis en alerte, le 17 mai [2013], le 2ème REP [a embarqué] à Solenzara sur un DC 8 français et des avions grosporteurs américains dans la nuit du 17 au 18 et [est arrivé] à Kinshasa [...] quelques heures plus tard, avec mission de sauter sur Kolwezi pour sauver les Européens.
>
> » Le 18 [mai], tandis que les Belges [hésitaient] toujours sur la nécessité d'une action, les forces zaïroises [ont intercepté] un message des rebelles indiquant qu'ils se [préparaient] à quitter Kolwezi en emmenant les Européens, après avoir détruit les installations industrielles. Il [fallait]

faire vite. Les colonels Gras et Erulin [ont immédiatement fixé] les détails de l'opération : dès le lendemain, équipés de parachutes américains et transportés par cinq avions, un Transall C160 français et quatre Hercule C130 zaïrois, les légionnaires [sauteraient] en deux vagues sur Kolwezi, en début d'après-midi et en fin de journée. »[220]

Au soir du 20 mai 1978, la sécurisation de la totalité de la ville de Kolwezi a permis le débarquement des parachutistes belges. En moins de trois jours, tous les Européens seraient évacués par les Belges essentiellement vers Kinshasa.

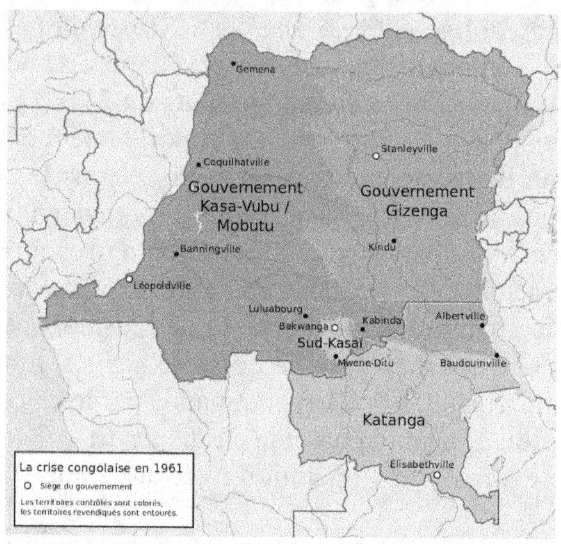

<hr>

[220] In « *Opération Léopard* » : *Une intervention humanitaire à Kolwezi*, 17 mai-16 juin 1978, collection *Mémoire et Citoyen*, n° 37, Direction de la mémoire, du patrimoine et des archives, secrétariat général pour l'administration, ministère français de la Défense. Document PDF consulté le 17 février 2021, p. 4. Consulter le lien ci-dessous.
https://issuu.com/aaleme/docs/operationleopard_287c201ed28b26.
Voir aussi *1978 – « Kolwezi » Une intervention humanitaire*, sur le site Interne de *La Légion étrangère*, lien ci-dessous.
(https://www.legion-etrangere.com/mdl/page.php?id=522).

« Le bilan de l'opération [a été] lourd : pour les militaires, 5 tués et 20 blessés au 2ème REP, 6 disparus à la mission militaire française, 1 tué pour les parachutistes belges, 14 tués et 8 blessés au 311ème bataillon parachutiste zaïrois, et enfin près de 250 Katangais tués et 160 prisonniers. Pour les civils, environ 120 Européens [ont été] tués et plus de 2 000 sauvés. Près de 500 Zaïrois, civils et militaires, ont été tués. De nombreuses armes lourdes et plusieurs centaines de fusils [ont été] récupérés. »[221]

Une force africaine composée du Maroc, du Gabon, de la Côte d'Ivoire, du Sénégal et du Togo, équipée par la France et transportée par les Américains jusqu'à Lubumbashi, a ensuite pris le relais des militaires français au Shaba au milieu du mois de juin 1978.

Devenue une référence pour sa rapidité et le savoir-faire démontré sur le terrain, l'opération Léopard a confirmé l'exemplarité caractéristique d'une intervention éclair et adaptée pour répondre à une crise très limitée par le temps.

Opération Morthor

Le siège de Jadotville (actuellement Likasi) s'étant déroulé du 13 au 17 septembre 1961 lors de la crise congolaise[222], les Nations Unies ont déclenché le 13 septembre 1961 dans le Katanga l'opération Morthor. Celle-ci a visé à mettre fin, par la force, à la sécession de cette province congolaise.

---

[221] *Ibidem*, p. 8.

[222] La compagnie A du *35th Infantry Battallion* irlandais, sous les ordres du commandant Patrick Quinlan, était basée à Jadotville depuis le 4 septembre 1961. À cette compagnie était attaché le sous-lieutenant suédois Lars Fröberg en qualité d'interprète. Les 155 Irlandais occupaient quelques maisons de part et d'autre de la route entre Jadotville et Élisabethville (actuellement Lubumbashi) à la sortie de la ville.

Pour créer une gendarmerie katangaise, les autorités de fraîche date du Katanga n'ont pas hésité à faire appel à des mercenaires belges surnommés « les Affreux ». Ces derniers, anciens membres de l'armée du Royaume de Belgique, se sont opposés aux Casques bleus des Nations Unies. Ils ont assiégé à Jadotville du 14 au 18 septembre 1961, à la tête de l'armée katangaise, le camp qui abritait le contingent irlandais. Depuis le 14 septembre, la compagnie irlandaise a évidemment fait l'objet de plusieurs assauts de la part des mercenaires katangais. Patrick Quinlan (dit Pat) et ses hommes (155 Irlandais et deux Suédois – un officier interprète, Lars Fröberg, et un pilote d'hélicoptère –, ainsi qu'un pilote d'hélicoptère norvégien nommé Bjorne Hovden) ont fini par se rendre. En fin de compte, ils ont été gardés comme prisonniers de guerre à l'*Hôtel de l'Europe* à Jadotville, à l'issue du siège qui a duré cinq jours. Enfin, le 25 octobre, les militaires onusiens seraient libérés à Élisabethville en échange de gendarmes katangais prisonniers des forces armées onusiennes.

> « Dans l'ensemble, la Mission de maintien de la paix au Congo n'a pas été un échec total : quand les soldats de l'Onuc [ont quitté] le Congo en 1964, celui-ci [était] effectivement réunifié avec un gouvernement central en mesure d'exercer [théoriquement] son autorité. Mais l'échec retentissant de la mission de Jadotville a mené la communauté internationale à condamner les Nations Unies pour sa mauvaise gestion de la crise congolaise. On a notamment pu critiquer le Secrétaire général des Nations Unies, Dag Hammarskjöld, d'une trop stricte lecture de la Charte et des décisions prises à l'Assemblée générale. Il n'aurait pas su adapter la mission à la situation critique sur le terrain. C'est surtout le cas pour le principe de non-intervention dans les affaires intérieures d'un État : au nom de ce principe, l'Onuc[223] s'est long-

---

[223] Opération des Nations Unies au Congo.

temps gardée de prendre parti et de fournir au Congo les moyens de rétablir son autorité. Pourtant, c'est bien à la demande du gouvernement congolais que l'ONU est intervenue dans la province du Katanga… »[224]

En tout cas, la mission des Nations Unies a été de manière unanime condamnée par la presse internationale comme un échec lamentable. Mais après des décennies de silence, en 2005, le gouvernement irlandais a enfin récompensé la compagnie de la *35th Infantry Battallion* d'une *Presidential Unit Citation*, la première de l'histoire de l'État irlandais.

Pour la journaliste Micheline Paunet, à propos des intérêts de l'Occident dans le continent africain,

> « si l'on considère que l'envoi des "Casques bleus" était avant tout destiné à préserver le pays en crise de toute ingérence étrangère et à réduire la sécession katangaise, l'hypothèse est évidemment à écarter. Quand les soldats de l'Onuc [ont quitté] le sol congolais en juin 1964, le pays était effectivement réunifié […]. Mais si l'on estime, avec [Paul-Henry] Gendebien, que toute l'affaire congolaise [a été] au premier chef le produit d'une crise politique interne, la réponse doit être plus nuancée. »[225]

Première mission musclée de maintien de la paix des Nations Unies, laquelle serait décrite au mieux comme une « victoire à la Pyrrhus », l'opération Morthor a surtout mis

---

[224] In *Le siège de Jadotville : l'échec de la première grande mission de maintien de la paix de l'ONU*, Alienor Chereau, article mis en ligne le 9 octobre 2017 sur le blog *La vie d'ISD*, consulté le 15 février 2021. Voir le lien ci-contre : http://www.isd.sorbonneonu.fr/blog/le-siege-de-jadotville-lechec-de-la-pre-miere-grande-mission-de-maintien-de-la-paix-de-lonu.

[225] In *L'intervention de l'O.N.U. au Congo a-t-elle surtout servi les intérêts de l'Occident?*, Micheline Paunet, *Le Monde diplomatique*, octobre 1967 ; article consulté le 15 février 2021 (https://www.monde-diplomatique.fr/1967/10/PAU-NET/28049).

en évidence les mauvaises communications entre le quartier général des Nations Unies et ses soldats sur le terrain. Ces derniers ont pris des décisions contradictoires qui ont sapé, sans aucun doute, la crédibilité et l'impartialité de l'action de l'Onuc. Force est donc de reconnaître que, comme ce serait le cas dans d'autres interventions onusiennes en République Démocratique du Congo, l'assistance des Casques bleus aux populations civiles n'a jamais été concluante notamment à court terme.

Opération Rudia II

Lancée contre l'Armée de résistance du Seigneur (LRA pour *Lord's Resistance Army*) dans la Province orientale, l'opération Rudia II s'est parallèlement poursuivie aux interventions militaires menées par les Forces de défense populaires de l'Ouganda (FDPO), les Forces armées centrafricaines (FACA) et l'Armée populaire de libération du Soudan (SPLA) en République centrafricaine, dans le Sud-Soudan et en République Démocratique du Congo. Pourtant en baisse, les attaques de la LRA contre des civils en territoire congolais ont eu lieu en février et en juillet 2010, ainsi que dans l'Est de la République centrafricaine, dans le Sud-Soudan et dans le Darfour-Sud.

Dans le but de renforcer la coopération internationale dans la lutte contre la LRA, les chefs d'état-major de la défense de la République Démocratique du Congo, de l'Ouganda et de la République centrafricaine ont décidé le 27 juillet 2010 de créer un centre commun de renseignement et d'opérations à Dungu. Il fallait faire face au problème de sécurité transfrontalier posé par la LRA. Les 13 et 14 octobre 2010, au cours de la réunion sur la LRA convoquée à Bangui en République centrafricaine par l'Union africaine, il a été recommandé de prendre un certain nombre de mesures, y compris la création d'une brigade commune de l'Union africaine.

> « Ce renforcement de la coopération régionale a été appuyé au niveau international, notamment par la signature en mai 2010, par le président des États-Unis, Barack Obama, du *Lord's Resistance Army Disarmament and Northern Uganda Recovery Act* (« *LRA Act* »), qui devrait se traduire par la fourniture d'un appui accru aux forces régionales alliées. En outre, les cinq opérations de paix des Nations Unies dans les quatre pays où [sévissait] la LRA ont organisé des réunions en vue d'intensifier la coopération régionale, et le nouveau mandat confié à la Monusco par la résolution 1925 (2010) du Conseil de sécurité [a autorisé] la Mission à appuyer des forces régionales telles que les FDPO si le gouvernement le [demandait]. »[226]

La LRA s'étant finalement repliée au Darfour-Sud, où les forces alliées et les organisations internationales n'étaient pas autorisées à opérer, la Monusco, dont les ressources disponibles sur le terrain étaient insuffisantes, s'est ravisée. Elle n'est pas parvenue à se déployer dans le district du Bas-Uélé où la LRA a aussi sévi. Nonobstant l'appui logistique de la force onusienne pourtant présente dans six bases, les FARDC ont manqué de moyens de transport et de communication, ainsi que de fournitures. En outre, la plus grande partie des troupes congolaises n'a pas été relevée depuis plus d'une année.

Opération Rumpunch

Action militaire ayant été entreprise par les forces de maintien de la paix des Nations Unies le 28 août 1961 contre les militaires de l'État du Katanga, un État sécessionniste de la

---

[226] In *Rapport du groupe d'experts de l'ONU sur la RDC*, Conseil de sécurité, S/2010/596, novembre 2010, p. 15.

République Démocratique du Congo en Afrique centrale à l'initiative de Moïse Tshombe, l'opération Rumpunch a permis l'arrestation des 79 mercenaires et officiers étrangers. Ces éléments armés opéraient sous le commandement des mercenaires européens, financés par le cartel minier anglo-belge *Union Minière*. Cette société internationale secrète était chargée de fournir au monde la plus grosse quantité du cuivre, du cobalt et de l'uranium.

Bien entendu, tout de suite après la déclaration de sécession, le nouveau gouvernement katangais a pensé à conforter sa dimension étatique. Il a donc constitué sa propre force militaire dont le noyau était composé d'officiers belges et la base consolidée par des recrues katangaises de la Force publique. Cette gendarmerie katangaise a été très vite renforcée par l'enrôlement de guerriers tribaux. À la date du 26 novembre 1960, en dépit d'un déficit de formation et de leadership qualifié, la force armée congolaise se composait d'à peu près 7 000 hommes. De plus, la Belgique a prêté, à leur usage, des officiers et doté l'institution nationale de plusieurs programmes de formation dans la métropole. En mars 1961, la gendarmerie katangaise comptait en son sein 600 soldats européens et 8 000 congolais.

Pour le Secrétariat général des Nations Unies, si Moïse Tshombe ne se conformait pas aux demandes du Conseil de sécurité, les officiers étrangers encadrant la gendarmerie katangaise devraient être arrêtés et expulsés *manu militari*. Par conséquent, à la base de Kamina contrôlée au Katanga par les Nations Unies depuis le 4 août 1961, les troupes irlandaises ont créé un centre de détention pour les prisonniers. D'après les responsables onusiens, une première démonstration de force convaincrait les instructeurs blancs de la gendarmerie de l'État sécessionniste de coopérer et d'éviter, en fin de compte, des affrontements violents. Finalement, les Katan-

gais n'ayant pas cédé aux pressions, la planification de l'opération Rumpunch a commencé le 19 août 1961 au siège des
Nations Unies à Léopoldville (actuellement Kinshasa). Pro-
mulgué le 24 août par le président Joseph Kasa Vubu, l'ordonnance n° 70 a spécifié que tous les militaires non
congolais, sous contrat avec le gouvernement central, étaient
des « étrangers illégaux ». Ainsi le président de la République
Démocratique du Congo a-t-il officiellement demandé l'aide
des Nations Unies sur la base du déclenchement d'une opération armée afin de les expulser. L'Onuc ayant été créée dans
le but d'aider le gouvernement central à « maintenir la loi et
l'ordre », cela a fourni aux Nations Unies une incontestable
justification pour passer sans tarder à l'offensive.

À la veille de l'opération Rumpunch, les Nations Unies
disposaient de 5 720 soldats au Katanga dont 1 600 Indiens,
500 Irlandais et 400 Suédois à Élisabethville, 1 200 Indiens
à Albertville (de nos jours Kalemie), 1 000 Indiens à la base
de Kamina, 500 Indiens à Kabalo, 400 Éthiopiens et
Indiens à Manono et 120 Irlandais à Jadotville (Likasi).
Dans le but d'éviter l'aggravation des tensions raciales,
seules les unités irlandaises et suédoises ont été déployées
pour des arrestations à Élisabethville. Le commandement
suédois de l'Onuc, sous la direction du major-général Carl
von Horn, a en revanche estimé l'effectif de la gendarmerie
katangaise à 13 000 – environ 3 000 à Élisabethville, 2 000
à Jadotville et le camp voisin de Shinkolobwe, 1 600 à Kolwezi ; un bataillon de presque 800 hommes chacun à
Manono, Kongolo, Kipushi, Baudouinville (actuellement
Moba), Mitwaba, Kaniama et Kaminaville, ainsi qu'un
demi-bataillon à Kabongo et Kapanga. 460 de leurs officiers européens avaient récemment élaboré un plan de
défense des frontières katangaises afin de dissuader toute
intervention des forces du gouvernement central.

Ayant marqué le début des affrontements directs entre les forces des Nations Unies et les éléments armés de l'État sécessionniste[227], l'opération Rumpunch a redynamisé la confiance du bloc afro-asiatique au sein de l'Onuc. Elle a conforté la situation du gouvernement central – notamment la reconnaissance formelle, ultérieurement, de la légitimité du gouvernement de Cyril Adula par l'Union soviétique – et permis l'expulsion de nombreux mercenaires du Katanga[228]. Selon l'historien Thomas R. Mockaitis,

> « malgré son manque de succès complet, Rumpunch ne pouvait pas être considéré comme un échec complet. »[229]

Quant à Conor Cruise O'Brien, il a qualifié cette opération de « succès partiel ». Pour l'avoir supervisée, en tant que représentant du Secrétaire général Dag Hammarskjöld, il recevrait un télégramme de félicitations du siège des Nations à New York, en ces termes :

> « *Congo Club*[230] lors du congrès réuni, un vote unanime de félicitations, de gratification et de respect sincère pour une opération extrêmement délicate menée avec compétence et courage. »

---

[227] In *Siège à Jadotville : la bataille oubliée de l'armée irlandaise*, Declan Power, Maverick Publishing Ltd ; Maverick House, 2011 (2010).

[228] In *Au Katanga et à l'arrière : Une histoire de cas de l'ONU*, Conor Cruise O'Brien, Hutchinson, Londres, 1962.

[229] In *Opérations de paix et conflits intra-étatiques : l'épée ou le rameau d'olivier ?*, Thomas R. Mockaitis, (édition illustrée), Groupe d'édition Greenwood, 1999.

[230] Le *Congo Club* était le terme informel pour un groupe *ad hoc* de conseillers au Secrétariat des Nations Unies qui a discuté des questions relatives à la République Démocratique du Congo.

Mais O'Brien estimerait que l'opération avait pris fin trop tôt[231]. Toutefois, le lendemain de cette épreuve de force, Sir Roy Welensky, le Premier ministre de la Fédération de Rhodésie et du Nyassaland ou Fédération d'Afrique centrale, condamnerait l'opération Rumpunch, déclarant qu'elle avait « dépassé le mandat de l'ONU ». Quant au quotidien *La Libre Belgique*, elle considérerait qu'elle avait ruiné « la belle amitié entre les Noirs et les Blancs » au Katanga.

> « À première vue, il [s'est agi] donc de tensions de décolonisation assez classiques, [ayant mis] face-à-face le couple colonisé-métropole. Malgré l'incontestable poids de l'ancienne puissance coloniale dans la sécession katangaise, une autre influence [s'est manifestée] pourtant, celle de la France gaullienne qui [a mis] en place son nouveau dispositif de *smart power* en Afrique. Jusqu'en 1967, mercenaires belges et français, en partenariat et en concurrence, [jouaient] un rôle essentiel dans les rapports de force militaires et politiques internes du Congo-Léopoldville. Dès 1960, le commandement suprême des forces katangaises [était] confié à un Français, Roger Trinquier puis Roger Faulques [auteur de *La Guerre moderne*, publié en 1961 Éditions de la Table Ronde]. Ainsi, bien que l'ancien colonisateur belge [eût été] omniprésent dans les mécanismes de recompositions du pays, il [a semblé] en partie éclipsé par son puissant voisin. Dans la décennie 1970, notamment sous Valéry Giscard d'Estaing, la France [ferait] d'ailleurs figure de principal partenaire du Congo.
>
> » Il convient donc de chercher à comprendre selon quelles modalités la France [a développé] sa politique d'influence au Katanga. Il [s'est agi] surtout d'interroger cette politique, apparemment de circonstance (l'opportunité d'une sécession locale), pour comprendre comment elle [s'est surtout inscrite] dans une nouvelle ligne politique globale de défense et d'extension de l'ancien "pré-carré". L'appari-

---

[231] In *Hammarskjöld : A Life, Roger Lipsey*, (édition illustrée), University Sof Michigan Press, 2013.

tion des "Affreux" [a incité] enfin à examiner comment
cette politique d'influence [a envisagé] le recours à des
mercenaires. Quel rôle leur [a-t-il été] dévolu ? Dans quelle
mesure [ont-ils disposé] d'une réelle autonomie de décision et de définition des objectifs que [sous-entendait] ordi-
nairement le terme de mercenaire ? Pour ce faire, [il aurait
fallu examiner] la création d'une force militaire katangaise,
sa capacité à défendre la province et le poids des Français
en son sein. Ainsi, [aurait-il fallu], dans un second temps,
voir comment la France [a construit] un système mercenaire au Katanga en tâchant de le définir, d'en comprendre
la philosophie et d'en évaluer les faiblesses. »[232]

D'autant plus que, la France ayant été mue par la volonté
de faire main basse sur les ressources naturelles du plus grand
pays francophone du monde,

« pour l'Élysée, le Katanga [ne représentait] pas seulement un champ de bataille périphérique offert à des soldats perdus des guerres de décolonisation. Il [s'est agi]
bien de s'immiscer dans des affaires de l'ancienne propriété personnelle du roi des Belges. L'intention politique française de soutenir le Katanga ne [relevait] pas
d'une politique de circonstance mais [s'inscrivait], en
fait, dans la stratégie française de balkanisation de l'Afrique. Définie par [Charles] de Gaulle selon la vision de
Félix Houphouët-Boigny, elle [sous-tendait] l'action de
Jacques Foccart au secrétariat aux Affaires africaines[233].
Jean-Pierre Bat et Pascal Geneste [ont vu] dans la sécession katangaise un "laboratoire d'une méthode JMB",
sigle désignant Jean Mauricheau-Beaupré[234]. Ce dernier

---

[232] In *L'influence française dans la sécession katangaise : naissance d'un système mercenaire*, Walter Bruyère-Ostells, *Relations internationales*, 2015/2
(n° 162), pp. 157 à 172.
[233] In *Jean Mauricheau-Beaupré : de Fontaine à Mathurin, JMB au service du
général*, Jean-Pierre Bat et Pascal Geneste, *Relations internationales*, 2010/2,
n° 142, p. 79.
[234] *Ibidem*, pp. 87-100.

[était] chargé en effet de rallier les partenaires africains de la France au soutien au Katanga. Pour cela, il [est parti] établir un "contact direct avec Foccart au titre de *missus dominicus*, [mettre] en réseau des chefs d'États du Rassemblement démocratique africain (RDA) pour harmoniser leurs positions francophiles sur l'intervention au Congo belge par le biais de mercenaires[235]. »[236]

L'objectif de la France a consisté à intégrer l'ancien Congo belge dans son pré carré à travers l'Organisation commune africaine et malgache (OCAM) dans le but d'élargir son champ d'action en Afrique subsaharienne.

En tout cas, le 31 août 1961, Conor Cruise O'Brien a demandé à Moïse Tshombe de se séparer de son ministre Godefroid Munongo puisqu'il était soupçonné d'encourager les troupes katangaises à attaquer le personnel de l'Onuc. Le ministre de l'Intérieur ayant nié le fait qui lui était reproché, Tshombe a refusé de le renvoyer. Plus tard, le 5 septembre, le ministre katangais des Affaires étrangères, Évariste Kimba, annoncerait à l'Assemblée katangaise que le gouvernement ne céderait pas aux nouvelles exigences des Nations Unies.

Opération Sokola 1

Mise en place en janvier 2014, l'opération Sokola 1 devait mener, sous le commandement du général de brigade Emmanuel Lombe, des actions armées contre les rebelles ougandais des *Allied Democratic Forces* (ADF ou ADF-Nalu) ayant été accusés d'avoir tué, selon le bilan officiel, au moins 200 civils

---

[235] *Ibid.*, p. 93.
[236] In *L'influence française dans la sécession katangaise : naissance d'un système mercenaire, op. cit.*

dans le territoire de Beni entre octobre et novembre 2013[237]. En réalité, cette opération consistait à faire des bouclages dans les localités et les quartiers, des ratissages et des fouilles, à sécuriser la population, localiser et identifier l'ennemi afin de mettre fin aux massacres et violences qui ont été commises contre les populations civiles.

Selon le porte-parole de l'armée congolaise au Nord-Kivu, le colonel Olivier Hamuli, la nomination du général Charles Muhindo Akilimali (alias Mundos) – ayant succédé au général Jean-Lucien Bahuma Ambamba dont le prédé-cesseur était son homologue Emmanuel Lombe – visait à « désengorger » le commandement militaire dans la région. Effectivement, pour le colonel Hamuli,

> « il a plu au commandant suprême de pouvoir désengorger le commandement [régional]. Et c'est le général Mundos [Muhindo Akilimali] qui était adjoint du général [Jean-Lucien] Bahuma [Ambamba], qui [dirigerait] l'opération Sokola. Et il [resterait] sous le contrôle opérationnel du commandant de la 8ème région militaire. »[238]

Outre la poursuite de la traque et la neutralisation des ADF encore réfractaires à leur désarmement, le général Charles Muhindo Akilimali devait surtout parvenir à la libération des otages que gardaient ces rebelles ougandais, accusés de plu-sieurs exactions sur les populations dans le territoire de Beni. Le général Muhindo Akilimali quitterait plus tard ses fonc-tions au profit du général Marcel Mbangu Mashita. Ce dernier serait remplacé en août 2019 par le général de brigade Jac-

---

[237] En lingala, « sokola » veut dire « nettoyer ».

[238] In *Beni : le général Muhindo Akili, un nouveau commandant de l'opération « Sokola »*, article mis en ligne le 19 septembre 2014 par *Radio Okapi* et modifié le 8 août 2015, consulté le 16 février 2021 (https://www.radiookapi.net/actua-lite/2014/09/13/beni-le-general-muhindo-akili-nouveau-commandant-de-lope-ration-sokola).

ques Nduru Ytshaligonza, secondé dans ses fonctions par le général de brigade Peter Chtimwami Nkuba.

Depuis le 30 octobre 2019, sous le commandement du général Jérôme Tshitambwe ayant remplacé le général de brigade Jacques Nduru Ytshaligonza, les FARDC ont lancé des offensives de grande envergure dans la région de Beni. Ils avaient pour mission d'anéantir les différents groupes armés, dont les ADF. Mais les rebelles n'ont cessé de mener des attaques meurtrières contre les civils et ont fini par migrer vers l'Ouest, où ils ont massacré des populations durant trois semaines. C'était dans ce contexte que le général Jérôme Chico Tshitambwe a cédé ses fonctions au général André Ehonza.

Opération Sokola 2

Chef d'état-major des FARDC, le général de brigade Didier Etumba a annoncé en janvier 2015 à Béni le lancement officiel de l'opération militaire Sokola 2. Celle-ci serait menée conjointement avec les forces armées onusiennes contre les rebelles rwandais des FDLR. Les actions de ladite opération consisteraient à désarmer les rebelles encore actifs dans les provinces du Nord-Kivu et du Sud-Kivu.

Vingt-quatre heures après l'annonce de l'imminence d'une intervention militaire, faite par le chef de la Monusco Martin Köbler, le général de brigade Didier Etumba a indiqué que l'armée congolaise était « déterminée » à désarmer par la force quelque 1 500 rebelles FDLR qui ont refusé de rendre les armes malgré l'expiration, le 2 janvier 2015, de l'ultimatum de la CIRGL et la SADC.

À cette occasion, tout en ayant rassuré que les civils dépendant des FDLR seraient épargnés de la traque, le général brésilien Alberto Dos Santos Cruz, commandant des Forces de la Monusco, a indiqué que la brigade des Nations Unies mettrait « tous les moyens à la disposition de l'armée congolaise en vue d'obtenir le désarmement total des combattants FDLR ». L'opération Sokola 2 serait successivement commandée par les généraux Bruno Mandevu et Dieudonné Muhima, les généraux de brigade Gaby Boswane Baloma et Joseph Banza Kabulo (par intérim), ainsi que par le général Philémon Yav…

Selon une information de l'*Agence France Presse* (AFP), reprise par *Africa n° 1* (de nos jours *Africa Radio*),

> « […] alors qu'un plan d'opérations conjoint avait été préparé par la Mission de l'ONU au Congo (Monusco) et les Forces armées de la RDC (FARDC), le président Joseph Kabila a refusé de valider ce projet et a donné l'ordre à l'armée d'attaquer elle-même selon son propre plan.
>
> » [Ayant fait] part de leur scepticisme sur l'opération, plusieurs observateurs militaires étrangers [ont noté] une absence de préparation de l'armée et, à l'état-major "Sokola 2", chargé de la traque contre les FDLR, une source [a reconnu] que les directives d'attaque [n'étaient] pas encore arrêtées. »[239]

Rappelons que Kinshasa suspectait son voisin rwandais de ne pas souhaiter la disparition de cette menace, prétexte idéal à des interventions dans la région du Kivu. Quant aux autorités congolaises, elles étaient soupçonnées, de l'autre côté de la frontière orientale, de rechigner à désarmer complètement des combattants ayant pu parfois prêter main-forte aux FARDC dans la lutte contre des rébellions que l'on disait être

---

[239] In *RDC : l'opération contre les rebelles rwandais démarre mal*, article mis en ligne le 4 février 2015 par *Africa Radio* et consulté le 16 février 2021 (https://www.africaradio.com/news/rdc-l-operation-contre-les-rebelles-rwandais-demarre-mal-86616).

soutenues par le Rwanda. C'était dans un tel contexte que sont intervenues les nominations des généraux de brigade Fall Sikabwe, à la tête de la région militaire du Nord-Kivu, et Bruno Mandevu comme chef de l'opération Sokola 2. Or, les deux hauts gradés figuraient sur une liste, déjà établie par la Monusco, d'officiers indésirables à cause de leur responsabilité ou leur complicité présumées dans de graves violations des droits de l'Homme. De plus, conformément aux règles de la mission onusienne, aucune collaboration à un niveau supérieur n'était possible avec ces deux officiers congolais.

L'opération Sokola 2 a néanmoins à son actif la reddition et la neutralisation de quelques chefs des rebelles rwandais tels que Faustin Muhawe et Kavubi Sibomana de la milice dénommée Force de défense des droits humains (FDDH/Nyatura), Saidi Dragila Ekanda, le chef de guerre Kakule Muhima (alias Shetani, à savoir Satan en swahili) de Force populaire pour la démocratie (FPD). Elle a également permis de court-circuiter quelques commandants des FDLR à l'instar de Sylvestre Mudacumura et Juvénal Musabimana… Elle a ensuite contribué – pour combien de temps ? – à la reprise des localités par l'armée : notamment Mikenge, Mikarati, Muramvya, Kinyonyi, Nyawaranga, Kajembwe, Bijombo-centre…

Opération Turquoise

L'opération militaire Turquoise a été organisée par la France et autorisée par la résolution 929 du 22 juin 1994, en plein génocide des Tutsis survenu au Rwanda, du Conseil de sécurité des Nations Unies. Elle avait pour mission de « mettre fin aux massacres partout où cela [aurait été] possible, éventuellement en utilisant la force ».

En annexe du rapport parlementaire français sur les tristes événements survenus au Rwanda, lequel était classé « confidentiel défense », on a appris que la mission avait également vocation à :

> « adopter une attitude de stricte neutralité vis-à-vis des différentes factions en conflit ; insister sur l'idée que l'armée française [était] venue pour arrêter les massacres mais non pour combattre le FPR[240], ni soutenir les FAR[241] afin que les actions entreprises ne soient pas interprétées comme une aide aux troupes gouvernementales ; manifester la détermination de la France, dans cette action, tout en cherchant à favoriser l'amorce d'un véritable dialogue entre les belligérants ; marquer, si nécessaire par l'usage de la force, la volonté française de faire cesser les massacres et de protéger les populations »[242].

Dirigée par le général français Jean-Claude Lafourcade, la résolution 929 du Conseil de sécurité des Nations Unies ayant donné « son accord à ce qu'une opération multinationale puisse être mise sur pied au Rwanda à des fins humanitaires jusqu'à ce que la Minuar soit dotée des effectifs nécessaires »[243], l'opération Turquoise a mobilisé un déploiement de plus de 2 500 hommes. Elle devait en plus être une action « temporaire, placée sous commandement et contrôle

---

[240] Front patriotique rwandais.

[241] Forces armées rwandaises.

[242] In *Rwanda 1994 : « Mettre fin aux massacres partout où cela sera possible »*, Jean-Dominique Merchet, *L'Opinion*, le 9 avril 2014, consulté le 3 mars 2021 (https://www.lopinion.fr/blog/secret-defense/rwanda-1994-mettre-fin-aux-massacres-partout-cela-sera-possible-11176).

[243] Contrairement à la Minuar, laquelle relevait du chapitre VI relatif au Règlement pacifique des différends, le statut de l'opération Turquoise lui a donné plus de moyens militaires. De plus, il se référait au chapitre VII de la Charte des Nations Unies relatif à l'Action en cas de menace contre la paix, de rupture de la paix et d'acte d'agression.

nationaux, visant à contribuer, de manière impartiale, à la sécurité et à la protection des personnes déplacées, des réfugiés et des civils en danger au Rwanda ». Pourtant défendue par les uns comme une intervention humanitaire[244], l'opération Turquoise a été vivement critiquée et n'a cessé de faire l'objet, en 2021, c'est-à-dire vingt-sept années après son articulation, de polémiques à propos du rôle de la France dans son soutien au gouvernement intérimaire rwandais[245].

Cette opération militaire a été *in fine* conduite depuis la région orientale de la République du Zaïre, l'ordre de mission ayant stipulé que l'armée française devait pénétrer au Rwanda à partir de Gisenyi, dans le Nord-Ouest, et par Cyangugu dans le Sud-Ouest. Par conséquent, l'aéroport

---

[244] Ayant à l'esprit la position des tenants d'une intervention militaire pour s'opposer au FPR, Édouard Balladur, alors Premier ministre de la France, a précisé par écrit le 21 avril 1994 au président François Mitterrand qu'une des conditions de réussite de l'intervention nécessitait de « limiter les opérations à des actions humanitaires et de ne pas [se] laisser aller à ce qui serait considéré comme une expédition coloniale au cœur même du territoire du Rwanda ».

Dans leurs auditions par la mission parlementaire française d'information sur le Rwanda, Alain Juppé, alors ministre des Affaires étrangères, a affirmé que le gouvernement français était unanimement de l'avis d'une intervention humanitaire alors que Bernard Debré, futur ministre de la Coopération six mois après le génocide, a annoncé que le président François Mitterrand était favorable à une opération sur l'ensemble du territoire et au rétablissement d'un pouvoir hutu.

[245] Le gouvernement intérimaire rwandais, ou gouvernement du Premier ministre Jean Kambanda, a été formé le 9 avril 1994, soit trois jours après l'attentat du 6 avril 1994 ayant coûté la vie aux présidents rwandais Juvénal Habyarimana et burundais Cyprien Ntaryamira, et abouti à l'assassinat le lendemain 7 avril, par la garde présidentielle, de la Première ministre Agathe Uwilingiyimana. Ce gouvernement civil dictatorial, constitué sous la houlette du chef de cabinet du ministre de la Défense, le colonel Théoneste Bagosora, et sous l'influence directe du mouvement *Hutu Power*, a permis le génocide des Tutsis rwandais. Celui-ci a pris fin officiellement le 19 juillet 1994, suite à la victoire militaire du Front patriotique rwandais et à la mise en place d'un gouvernement d'union nationale dirigé par Faustin Twagiramungu.

de Goma dans la région du Kivu a servi de base logistique tandis que le détachement aérien, véritable armada d'équipements militaires, était stationné à Kisangani dans le Nord-Est du territoire zaïrois. Ainsi fallait-il protéger, dans une « zone humanitaire sûre » (ZHS), les « populations menacées » à la fois par le génocide, ainsi que le conflit militaire entre le FPR et le gouvernement intérimaire rwandais. Cette neutralité a été critiquée par Jean-Hervé Bradol, responsable de programme à *Médecins sans frontières*. De plus, cette opération simplement humanitaire lui a paru très insuffisante pour stopper un génocide[246].

La force armée, qui comptait 2 550 militaires en provenance de France et 500 autres soldats français venus de sept pays d'Afrique – Sénégal, Guinée-Bissau, Tchad, Mauritanie, Égypte, Niger et Congo-Brazzaville – a bénéficié d'une couverture satellitaire des pays européens de l'espace Schengen. Cet apport considérable lui a facilité la localisation des camps de réfugiés et le repérage des colonnes en mouvement.

Tout contact militaire hostile entre éléments de l'opération Turquoise et ceux du FPR devant être évité, conformément au mandat des Nations Unies, plusieurs accrochages armés ont pourtant eu lieu les 3 et 20 juillet 1994[247]. Selon le lieutenant général canadien Romero Dallaire, commandant de la Minuar, une dizaine de soldats de l'opération Turquoise, faits prisonniers par les soldats du FPR de Paul Kagamé à la suite d'une embuscade dans la région de Butare, ont été libérés à l'issue des négociations. À l'occasion d'un autre incident survenu entre Kibuye et Gikongoro, deux militaires français ont

---

[246] In *Rapport de la mission parlementaire française d'information sur le Rwanda*, p. 312.

[247] In *Rapport de fin de mission du Colonel Jacques Rosier, 27 juillet 1994*, annexe 9.C.3 de la Mission parlementaire française de 1998, p. 396. Document consulté le 3 mars 2021. Voir le lien ci-contre : https://www.assemblee-nationale.fr/11/dossiers/rwanda/anex9abc.pdf.

survécu aux tirs du FPR grâce à leur gilet pare-balles[248].

La création d'une « zone humanitaire sûre » dans le Sud-Ouest du Rwanda a donc visé à empêcher les affrontements entre les éléments des FAR et ceux du FPR qui progressaient sur le terrain. Entre-temps, le repli des forces génocidaires dans le territoire zaïrois a eu lieu, après le refus de la France de permettre l'extension de la ZHS que lui demandait le gouvernement intérimaire rwandais afin de se mettre à l'abri de l'attaque des rebelles commandés par Paul Kagamé. Par ailleurs, à cause d'une grave épidémie de choléra, le départ des membres de la section France de *Médecins sans frontières* (MSF Hollande) des camps de réfugiés de l'autre côté du lac Kivu en République du Zaïre, était inévitable. Ces deux faits ont facilité la mainmise des génocidaires rwandais sur leurs compatriotes exilés.

Écoutons Guillaume Ancel, officier français de l'armée de terre :

> « Pendant cette période, nous avons confisqué des dizaines de milliers d'armes légères aux Hutus qui traversaient la frontière, essentiellement des pistolets, des fusils d'assaut et des grenades. Toutes ces armes étaient stockées dans des conteneurs maritimes sur la base de la Légion étrangère à l'aéroport de Cyangugu. Vers la mi-juillet, nous avons vu arriver une colonne de camions civils. Instruction a été donnée de charger les conteneurs d'armes sur ces [véhicules], qui les ont emmenées ensuite au Zaïre pour les remettre aux forces gouvernementales rwandaises. On m'a même suggéré d'occuper les journalistes pendant ce temps pour éviter qu'ils s'en rendent compte. Quand je lui ai fait part de ma désapprobation, le commandant de la Légion m'a répondu que l'état-major avait estimé qu'il fallait montrer à l'armée

---

[248] In *J'ai serré la main du diable*, Roméo Dallaire, *Libre Expression*, 2003, pp. 552-553.

rwandaise que nous n'étions pas devenus ses ennemis, afin qu'elle ne se retourne pas contre nous. La France a même payé leur solde aux soldats rwandais. »[249]

Le malheur des populations de l'Est de la République Démocratique du Congo résulte, en quelque sorte, de l'opération Turquoise[250]. Une véritable dette morale envers le peuple congolais, que devraient avoir à jamais ses concepteurs et exécuteurs. En effet, le génocide ayant tristement ébranlé le Rwanda en 1994 n'a cessé d'avoir des répercussions néfastes sur la stabilité du territoire congolais. De plus, plusieurs milliers de Hutus – 500 000 à 800 000 – venus du Rwanda, parmi lesquels figuraient des génocidaires, se sont carrément installés avec armes et bagages en République du Zaïre lors de cette opération, dans la province frontalière du Kivu. Un fleuve humain s'est donc déversé du Rwanda au Zaïre. En ayant livré des dizaines de milliers d'armes aux ex-FAR, les militaires français de l'opération Turquoise ont *de facto* transformé les camps de réfugiés du Zaïre en base militaire. De plus, aussitôt Paul Kagamé au pouvoir à Kigali, il ne tolérerait pas la présence armée de l'ancien régime de l'autre de la frontière rwandaise.

---

[249] In *L'histoire mythique de l'opération Turquoise ne correspond pas à la réalité*, texte mis en ligne le 7 avril 2014 par *Jeune Afrique*, modifié le 25 octobre 2018 et consulté le 3 mars 2021 (https://www.jeuneafrique.com/164511/politique/guillaume-ancel-l-histoire-mythique-de-l-op-ration-turquoise-ne-correspond-pas-la-r-alit).

[250] In *Pour une paix durable en RDC et dans la région des Grands Lacs*, Gaspard-Hubert Lonsi Koko, *La Revue internationale*, octobre 2012, article consulté le 3 mars 2021 (https://www.revue-internationale.com/2012/10/pour-une-paix-durable-en-rdc-et-dans-la-region-des-grands-lacs/#_ftnref3).
Lire aussi *Mais quelle crédibilité pour les Nations Unies au Kivu?*, *op. cit.*

Opération Umoja wetu

L'opération Umoja wetu[251], ou Kimia I, a été lancée le 29 janvier 2009, dans la ville de Goma. Cette initiative conjointe entre les FARDC et 1 500 soldats des Forces de défense rwandaises (RDF), aurait officiellement duré trente-cinq jours. Elle devait traquer les éléments des FDLR et neutraliser les derniers rebelles fidèles à Laurent Nkundabatware Mihigo. D'après le bilan final de cette opération, fourni par le général John Numbi Tambo Banza, alors Commandant des opérations conjointes FARDC-RDF, 153 personnes étaient tuées parmi les FDLR, 13 blessées, 37 capturées, 103 rendues, 5 000 rapatriées au Rwanda, dont 1 300 combattantes et leurs familles, ainsi que 8 mortes dans les rangs de la coalition. Selon l'officier français de l'armée de terre, Guillaume Ancel, dans une interview accordée au journaliste Mehdi Ba,

> « sur le plan politique, l'opération Umoja wetu a permis aux présidents rwandais et congolais, de tirer chacun son épingle du jeu. Le président congolais, Joseph Kabila, a pu obtenir la déchéance de Laurent [Nkundabatware] qui semait la terreur dans le Kivu et était devenu l'ennemi du pouvoir de Kinshasa. Umoja wetu a aussi permis à Joseph Kabila d'évincer Vital Kamerhe, ancien président de l'Assemblée nationale qui s'était vigoureusement opposé à cette opération conjointe. Kabila a ainsi écarté un possible prétendant au poste de chef de l'État et potentiel adversaire en 2011.
>
> » Le président rwandais, Paul Kagamé, a quant à lui renforcé sa crédibilité internationale précédemment entamée par les révélations de soutien de son pays au CNDP. Il a tenu son engagement quant à la date de retrait des troupes rwandaises du sol congolais, a isolé les FDLR, et a réussi à sécuriser pendant quelques semaines la partie du Nord-Kivu la plus proche de sa frontière et à pré-

---

[251] C'est-à-dire notre avenir, en swahili.

parer un espace favorable au retour d'une partie de 55 000 réfugiés tutsis congolais vivant au Rwanda. Notons aussi les sanctions individuelles imposées par la communauté internationale à cinq hauts responsables politiques et militaires du CNDP dont Callixte Mbarushimana et le général Sylvestre Mudacumura, moins de dix jours après la fin de l'opération conjointe[252]. »[253]

Mais quelques observateurs avertis ont estimé que, au-delà du triomphalisme affiché par Kinshasa et Kigali, l'opération Umoja wetu n'a pas atteint ses objectifs. De plus, contrairement aux déclarations du porte-parole du gouvernement congolais, les FDLR n'ont pas été longtemps affaiblies. En effet,

« plusieurs cas de pillages et attaques des FDLR contre les paysans [ont été] enregistrés depuis la semaine passée dans ce territoire. *Bon Samaritain*, une association locale de défense des droits de l'Homme [a signalé] que [...] le village de Kaheri, à environ 40 kilomètres au Sud-Ouest de Lubero sur l'axe Kasuho, [avait] été attaqué par ces combattants.

» Dans la nuit de dimanche [vers] 21 heures locales, l'unique poste de santé et plusieurs maisons des habitants de Kaheri [avaient] été pillées par ces combattants. Dans la foulée, ils [avaient] aussi attaqué la position des FARDC sur place, [a indiqué] les responsables de l'ONG *Bon Samaritain* basé à Lubero. Quatre FDLR et un FARDC [avaient] été tués dans ce combat. Trois civils, dont deux femmes de militaire, [avaient] été blessés,

---

[252] In *Congo : une stratégie globale pour désarmer les FDLR*, Rapport Afrique de l'*International Crisis Group* (ICG), n° 151, 9 juillet 2009, p. 10.

[253] In *Le principe de la responsabilité de protéger : une issue pour la protection des populations civiles. Cas de la République Démocratique du Congo*, Patience Katunda Agandgi, *Mémoire Online*, article consulté le 17 février 2021 (https://www.memoireonline.com/10/13/7653/m_Le-principe-de-la-responsabilite-de-proteger--une-issue-pour-la-protection-des-populations-civile50.html).

Lors de la signature le 3 mars 2003 ayant officialisé six jours plus tard la fin de l'opération Umoja wetu survenue le 26 février 2009, le général de brigade Jérôme Ngenda Imana, représentant l'état-major de l'armée rwandaise, a déclaré comme terminée la mission du Rwanda dans l'Est de la République Démocratique du Congo. Toutefois, a-t-il précisé, « il [appartenait] désormais aux chefs d'État rwandais et congolais d'en décider [d'autres] ». Or, pour Paul Kagamé,

> « la résilience d'une milice rebelle de plusieurs milliers d'hommes vivant à proximité de leur territoire [constituait] un enjeu sécuritaire pour le pays. Les FDLR feraient peser la menace d'actions terroristes pouvant mettre en danger les équilibres socio-communautaires encore fragiles suite au génocide de 1994.
> » Pour le président rwandais, dès lors que l'initiative militaire pourrait permettre à Kigali d'affaiblir davantage les FDLR, il faudrait recourir à des opérations militaires conjointes entre la République Démocratique du Congo et le Rwanda. »[255].

Faudrait-il supposer que l'objectif non avoué de l'opération Umoja wetu, « négociée secrètement par John Numbi Tambo Banza »[256], a consisté au maintien de l'armée rwan-

---

[254] In *Goma : l'opération « Umoja wetu » est officiellement terminée*, article mis en ligne le 3 mars 2009 par *Radio Okapi* et consulté le 17 février 2021 (https://www.radiookapi.net/sans-categorie/2009/03/03/goma-loperation-umoja-wetu-est-officiellement-terminee).

[255] In *RD Congo : Opération Umoja wetu II – le parfum d'un piège*, article mis en ligne le 29 juillet 2009 par *Relief Web* et consulté le 17 février 2021 (https://reliefweb.int/report/democratic-republic-congo/rd-congo-op%C3%A9ration-umoja-wetu-ii-le-parfum-dun-pi%C3%A8ge).

[256] In *John Numbi, le bras armé de Kabila*, Tshitenge Lubabu M. K., article mis en ligne le 9 mars 2009 par *Jeune Afrique* et consulté le 17 février 2021

daise sur le sol congolais afin de mieux asseoir la déstabilisation de la région du Kivu et de pérenniser le pillage des
minerais, ainsi que d'autres ressources naturelles ? Déjà
débaptisée Umoja wetu II, une nouvelle opération militaire
congolo-rwandaise avait été envisagée – Kinshasa et Kigali
ayant prévu cette possibilité en cas de besoin.

(https://www.jeuneafrique.com/204669/politique/john-numbi-le-bras-arm-
de-kabila).

P

Paix

En décembre 2020, à propos de la République Démocratique du Congo, le Conseil de sécurité des Nations Unies a prolongé d'une année la mission de la Monusco en ayant proposé avec prudence l'amorce d'un désengagement étalé sur plusieurs années. Effectivement, la Russie s'étant abstenue, une résolution rédigée par la France a été adoptée par 14 membres sur 15. Le Conseil a prévu d'étendre jusqu'au 20 décembre 2021 le mandat des Casques bleus, avec des effectifs maximums autorisés de presque 16 300 militaires et policiers. Dans cette optique,

> « le texte a demandé au Secrétariat de l'ONU "d'envisager de réduire encore le niveau de déploiement militaire et la zone d'opérations de la Monusco en fonction de l'évolution positive de la situation sur le terrain, notamment dans les régions où la menace posée par les groupes armés n'est plus significative".
> » À cet égard, le Conseil de sécurité ["a approuvé"] le plan conjoint ONU-RDC présenté en octobre sur un "retrait

progressif de la Monusco et les grands paramètres de la transition" visant à confier les responsabilités assurées par les Casques bleus aux forces congolaises […].

» Il [a avalisé] en conséquence les "retraits prévus du Kasaï (centre) en 2021 et progressivement du Tanganyika (Sud-Est) en 2022, ainsi que la consolidation progressive de l'empreinte de la Monusco dans les trois provinces où le conflit actif persiste" […].

» Le Conseil de sécurité [a demandé] par ailleurs au secrétaire général de l'ONU de présenter au plus tard en septembre 2021 un "plan de transition [...] définissant les modalités pratiques" d'un transfert de responsabilités, avec des "repères réalistes" et "des délais indicatifs" pour un "retrait progressif et échelonné de la Monusco".

» Dans sa résolution, le Conseil de sécurité [n'a défini] aucune échéance pour l'achèvement d'un retrait, [s'étant borné] à rappeler qu'une période de transition ne [pouvait] s'effectuer en moins de trois ans. »[257]

Mais, tout compte fait, quelle crédibilité pour les Nations Unies en République Démocratique du Congo ? En tout cas, depuis plus de vingt années de présence de la mission onusienne sur le sol congolais, l'insécurité n'a jamais été maîtrisée. La paix s'est toujours fait attendre, amplifiant la misère et la désolation. Horreur et désespoir. Violence et insécurité. Terreur et souffrance.

Pour l'activiste Marie Mwira, ancienne Secrétaire permanente du *Réseau Femme et Développement du Nord-Kivu* (REFED/N-K), tout le monde devrait avoir, d'une manière ou d'une autre,

---

[257] In *L'ONU renouvelle sa mission de paix en RDC, amorce un désengagement*. Une dépêche de l'*Agence France Presse* (AFP) reprise par l'hebdomadaire français *Le Point* et consulté le 11 mars 2021 (https://www.lepoint.fr/monde/l-onu-renouvelle-sa-mission-de-paix-en-rdc-amorce-un-desengagement-19-12-2020-2406483_24.php#).

« le devoir de faire de ce monde un endroit meilleur, agréable à la vie et de soigner [cet] environnement tant humain que physique afin de léguer à [ses] enfants ce que [l'on a] emprunté »[258].

Les causes des guerres et conflits armés qui n'ont cessé de déstabiliser la partie orientale de la République Démocratique du Congo et la région des Grands Lacs africains sont en grande partie endogènes des points de vue économique, socioculturel et politique. Leurs conséquences sont aussi exogènes à travers l'influence des puissances étrangères qui se donnent le droit de s'ingérer dans les affaires congolaises. Ainsi assiste-t-on, impuissants, à la dépendance du Congo-Kinshasa du fait de la docilité, voire de la soumission aux donneurs d'ordre, des potentats locaux, nationaux et régionaux. On est en proie à l'insécurité par le truchement des pillages et des massacres, à l'indignité humaine à travers les privations des droits fondamentaux de la personne, à la criminalisation de l'économie, ainsi qu'au cercle vicieux de violence induisant la perte de l'identité et des repères traditionnels. De toute façon,

« les différentes actions armées, très souvent diligentées par des forces extracontinentales mais exécutées par des autochtones, ont fini soit par partitionner un pays[259], soit par déstabiliser [...] un ensemble des pays comme c'est le cas dans la région des Grands Lacs où la stabilité du Rwanda, du Burundi et de l'Ouganda est menacée par l'instabilité de la partie orientale de la République Démocratique du Congo. Cela avait été longtemps le cas en Afrique australe, où l'Angola avait constamment servi de champ

---

[258] In *La Paix à l'Est de la République Démocratique du Congo*, Marie Mwira, dans *Irenées*, novembre 2007. Article consulté le 11 mars 2021. Voir le lien ci-contre : http://www.irenees.net/bdf_fiche-analyse-778_fr.html.
[259] C'est le cas du Soudan.

> de bataille entre les Occidentaux et les Soviétiques – le
> Zaïre de Mobutu et l'Afrique du Sud [ayant constitué des]
> bases arrière aux rebelles de Jonas [Malheiro] Savimbi.
> Les conflits régionaux n'ont pas épargné non plus la Corne
> de l'Afrique, où l'échec de l'Onusom[260] (1992-93) et le
> retrait des États-Unis ont fini par générer la guerre civile
> en Somalie. »[261]

Ainsi est-il une évidence, la sécurisation de la partie orientale de la République Démocratique du Congo passera, sans conteste, par l'amélioration des relations avec les pays limitrophes – notamment le Rwanda, le Burundi et l'Ouganda. Cela se fera grâce aux accords de non-agression et à une diplomatie régionale.

> « Les tergiversations de l'Union africaine dans la crise
> ayant frappé la Côte d'Ivoire, l'inertie de cette institution
> pendant que la Libye du colonel [Mouammar] Kadhafi
> était pilonnée par des forces extracontinentales et son inca-
> pacité à se doter d'une force interafricaine en mesure d'in-
> tervenir militairement dans les pays en proie à des conflits
> armés laissent la porte ouverte à toutes sortes d'ingérences
> dans les affaires continentales. Enfin, l'incapacité des pays
> africains à adopter une position commune dans les institu-
> tions internationales rend davantage moribonde la diplo-
> matie africaine. Tous les éléments évoqués *supra* rendent
> impossible la vision panafricaine. »[262]

Il est, bien entendu, un fait indéniable. En Afrique centrale et dans la région des Grands Lacs africains, la paix est plutôt une question de conscience et d'engagement. On doit agir consciencieusement pour que l'Union africaine puisse désormais assurer d'une seule voix, au sein des institutions

---

[260] L'Opération des Nations Unies en Somalie.
[261] In *L'Afrique, de la dépendance à l'indépendance, op. cit.*
[262] *Ibidem.*

internationales, la défense des intérêts continentaux. L'Afrique d'abord, la mondialisation ensuite ! Tout est question de priorité. De plus, on ne peut être efficace à l'extérieur que lorsqu'on est performant à l'intérieur. Le bois doit être aussi solide que l'écorce.

Pillages et prédations

Il fut un temps, quand on parlait des pillages, les Congolais avaient en tête les émeutes qui s'étaient déroulées en septembre 1991[263] et en janvier 1993[264] à Kinshasa, et, tout à fait par ricochet, dans les autres villes principales de l'ancienne République du Zaïre. Presque tous les domaines de la vie kinoise étaient gravement touchés – sur les plans politique, économique et social – par les pillages successifs. Dans ces deux cas de figure, il s'est agi d'actes internes. Néanmoins, dans l'ensemble,

[263] Après les pillages des magasins et des dépôts industriels les 23 et 24 septembre 1991 par des militaires impayés de la 31ème brigade parachutiste et des civils, une intervention militaire belge et française faite le 25 septembre par 1 700 paras a permis l'évacuation des étrangers. Par conséquent, le départ des instructeurs militaires européens a parachevé la désorganisation des Forces armées zaïroises (FAZ). Nommé en urgence chef d'état-major des FAZ, le général Mahele Lieko est finalement parvenu à rétablir l'ordre avec les soldats de la Division spéciale présidentielle (DSP), ainsi que du Service d'action et de renseignement militaire (SARM).

[264] À l'issue d'une crise politique et économique aiguë, des billets de 5 millions de zaïres ont été produits et distribués aux soldats en guise de paiement. Le refus de ces billets par les opérateurs économiques nationaux a déplu aux militaires. Furieux, ces éléments des FAZ ont pillé le 28 janvier 1993 la ville de Kinshasa, occasionnant la mort d'à peu près 2000 personnes – dont l'ambassadeur de France Philippe Bernard. Le général Mahele Lieko a à nouveau rétabli l'ordre, en réprimant les membres de la DSP auteurs des pillages. Plus de 1 300 étrangers ont été évacués.
(Lire également *La chasse au léopard*, Gaspard-Hubert Lonsi Koko, L'Atelier de l'Égrégore, Paris, 2015).

« que la diffusion d'information à l'extérieur des frontières nationales [ait été] l'instant fondateur de l'événe-
ment, le fait a été à nouveau manifeste lors du pillage du
28 janvier 1993. L'incident a provoqué la mort de certaines personnes, mais la seule lecture qui a prévalu [était]
celle qui s'est imposée du dehors. Dans la mesure où
l'attention de la presse étrangère n'a été focalisée que
sur la mort de l'ambassadeur de France, l'opinion étrangère n'a pas été sensible à cette hécatombe généralisée.
Il n'y eut donc pas un scandale de plus, ni à l'extérieur
ni forcément à l'intérieur. »[265]

Parfois, malheureusement ou heureusement, l'histoire est
un éternel recommencement. C'est le cas de la mort à Goma
le 22 février 2021 de l'ambassadeur d'Italie Luca Attanasio
dans le Nord-Kivu. Ce diplomate européen tombé dans une
embuscade tendue par un groupe non identifié près des localités de Kibumba et Kanyamahoro alors qu'il accompagnait
un convoi humanitaire, celui du Programme alimentaire mondial des Nations Unies (PAM). Cet acte criminel a en effet
illustré ce sempiternel phénomène cyclique. Cet incident
mortel a encore une fois produit les mêmes effets que ceux
qui avaient été constatés en 1993 à Kinshasa, à la suite de
l'assassinat de l'ambassadeur de France Philippe Bernard.

Pour le géographe Roland Pourtier, la guerre en République Démocratique du Congo peut *grosso modo* s'inter-
préter comme le point d'une vaste entreprise de pillage au
regard du lointain rapport avec les objectifs stratégiques
initiaux[266]. De plus, les opérations militaires ayant pratique-
ment cessé ou s'étant limitées à des actions ponctuelles,
elles ont en revanche cédé la place à des activités de préda-

---

[265] In *Du Congo des rébellions au Zaïre des pillages*, Isidore Ndaywell è Nziem,
Cahiers d'Études africaines, 1998, p. 429.
[266] In *Le Congo (RDC) entre guerre et pillage*, Roland Pourtier, dans *Bulletin de
l'Association de Géographes Français*, 2002, p. 252.

tion au profit d'acteurs civils et militaires étrangers ou nationaux. Ainsi la guerre est-elle devenue un alibi en vue de la légitimation de l'exploitation économique et de l'enrichissement d'une classe politico-militaire davantage affairiste. Effectivement,

> « les zones occupées par le Rwanda et l'Ouganda [ont été] systématiquement dépouillées de leurs ressources. Les stocks de minerais, mais aussi de café, de bois, le bétail et les fonds qui se trouvaient dans les territoires conquis [ont été] transférés vers les deux pays provisoirement alliés ou exportés sur les marchés internationaux. La convoitise était si pressante que les occupants en [sont venus], en août 1999, à se battre férocement à Kisangani, dans une débauche de tirs de mortiers et de combats au corps à corps qui n'avaient d'autres motifs que le contrôle des diamants de la région. Pour les nouveaux petits despotes, spéculateurs et mercenaires, la persistance de l'insécurité était devenue le moyen le plus rapide d'enrichissement. »[267]

Au-delà de la complexité des économies conflictuelles et des mécanismes de prédation instaurés au cours des guerres successives, sans omettre les aspects purement fonciers, les nombreuses ressources, dont regorgent scandaleusement le sol et le sous-sol congolais, constituent la principale cause de l'insécurité dans la région du Kivu et en Ituri. Elles sont sans conteste l'un des facteurs déterminant de différentes tentatives de déstabilisation de la République Démocratique du Congo.

Tout réside donc, sur le plan interne, dans le profit individuel au détriment de l'intérêt étatique. Selon l'analyse faite par le *Groupe d'Étude sur le Congo* (GEC), Joseph Kabila Kabange et sa famille posséderaient – soit partielle-

---

[267] In *Le Rwanda et la République Démocratique du Congo: David et Goliath dans les Grands Lacs, op. cit.*

ment, soit entièrement – 80 sociétés et entreprises en République Démocratique du Congo et à l'étranger. Ainsi, paraît-il, détiendraient-ils des licences d'exploitation des mines de diamants en vigueur sur un territoire qui s'étend sur plus de 720 kilomètres (soit 71 000 hectares des terres agricoles) le long de la frontière avec l'Angola. Ils seraient aussi propriétaires des sociétés, qui ont gagné des millions de dollars américains, opérant dans des projets miniers parmi les plus larges au monde, et des entreprises qui ont reçu des paiements de la Banque mondiale, du gouvernement congolais et des Nations Unies[268]. Combien d'entreprises d'État n'ont-elles pas été spoliées, bradées par telle autorité provinciale ou nationale, à en croire les révélations faites par *WikiLeaks* sur les *Panama Papers* ?

Mais quels acteurs nationaux, régionaux et internationaux, dans l'ombre des milices rebelles et d'autres groupes armés se sont-ils enrichis, ou profitent-ils réellement de la désastreuse et inhumaine situation en cours en République Démocratique du Congo ? Seuls les liens de subordination existants et leurs conséquences pourraient éclairer les zones d'ombre occultant les rapports géoéconomiques de domination entre l'État congolais, ses voisins rwandais et ougandais, ainsi que les firmes occidentales et/ou asiatiques.

> « C'est bien l'accès aux minerais précieux essentiels à la fabrication de multiples appareils électroniques modernes, caractéristiques de notre mode de consommation (ordinateurs, téléphones portables…), qui régit la géopolitique conflictuelle des Grands Lacs. Reprenant ici la définition de zone grise proposée par [Stéphane] Rosière, [la vraie] hypothèse est la suivante: le Kivu serait un exemple-type

---

[268] In *Les richesses du président : l'entreprise familiale des Kabila*, dossier du *Groupe d'études sur le Congo*, article mis en ligne le 19 juillet 2017 et consulté le 5 mars 2021 (http://congoresearchgroup.org/richesses-du-president/?lang=fr).

de "l'un des grands paradoxes [que peut engendrer] la mondialisation"[269]. Région pleinement insérée dans les échanges internationaux via les flux de minerais, ce processus y génère en retour "insécurité et perte de contrôle" (notamment en raison de l'illicéité des flux), faisant finalement de cet espace une marge du "village global". »[270]

Les espoirs de paix de la population congolaise semblent donc se confronter à l'abondance des richesses naturelles du pays, dès lors qu'un lien négatif existe entre la proportion des exportations de matières premières dans le PIB et le taux de croissance.

« En contrôlant les gisements, l'Ouganda et surtout le Rwanda profitent de ressources qui auraient pu conférer à la RDC un immense potentiel pour s'insérer dans la mondialisation et ses échanges économiques internationaux. Ils trouvent donc leur intérêt à ce que règne l'instabilité en [République Démocratique du Congo] depuis plus de vingt ans. Le maintien d'un État congolais faible est aussi dans l'intérêt d'acteurs plus puissants, à savoir les firmes multinationales ainsi que, finalement, des pays d'Europe et d'Amérique du Nord et leurs consommateurs : c'est pour cela notamment que la guerre, qui permet d'entretenir l'économie de prédation, est toujours d'actualité. »[271]

Du point de vue de la géopolitique régionale, au-delà des conflits identitaires ou ethniques, le foncier reste effective-

[269] In *Dictionnaire de l'espace politique : géographie politique et géopolitique*, Stéphane Rosière, Armand Colin, Paris, 2008.
[270] In *Minerais de sang et néocolonialisme en République Démocratique du Congo (RDC) : Le conflit au Kivu, zone grise en proie à de cruciales rivalités géoéconomiques*, Melvil Bosse, le 4 octobre 2020, *Diploweb*. Article consulté le 5 mars 2021 (https://www.diploweb.com/Afrique-Minerais-de-sang-et-neocolonialisme-en-Republique-Democratique-du-Congo-RDC.html).
[271] *Ibidem.*

ment l'élément moteur de l'ingérence du Rwanda et de l'Ouganda, même du Burundi, dans le territoire congolais. L'or, le diamant et l'étain alimentent doublement le conflit. Ces minerais ont un lien direct avec son enlisement, dans la mesure où l'exploitation illégale des mines artisanales contribue au financement des groupes armés.

Prévention des violations des droits

La justice transitionnelle doit manifestement s'articuler à l'aide de la réforme des institutions, à travers la procédure d'assainissement (« vetting »). Ce mécanisme doit permettre d'écarter des services institutionnels et étatiques « les fonctionnaires de l'État qui sont personnellement responsables de violations flagrantes des droits de l'Homme, en particulier ceux de l'armée, des services de sécurité, de la police et de la gendarmerie, ainsi que des services de renseignements et du corps judiciaire »[272]. Effectivement,

> « l'assainissement est une mesure particulièrement importante dans les cas où de nombreux responsables de violations graves des droits de l'Homme se retrouvent dans des institutions étatiques grâce aux accords de paix. Elle constitue une mesure de prévention des violations des droits de l'Homme tout en permettant un certain degré de satisfaction pour les victimes dans la mesure où les auteurs présumés qui ne sont pas poursuivis sont au moins exclus de positions de pouvoir »[273].

Bien évidemment, une telle procédure non judiciaire visera à l'identification et à la révocation des institutions publiques, en particulier des forces de sécurité, des person-

---

[272] In *Option de justice transitionnelle, op. cit.*
Voir aussi plus haut, le volet consacré à la justice transitionnelle.
[273] *Ibidem.*

nes responsables de violations des droits fondamentaux de
la personne.

R

Rapport Mapping

Selon l'Organisation des Nations Unies, même si le rapport Mapping n'a recensé que 617 incidents violents en l'espace de dix années, « des dizaines de milliers de personnes ont été tuées, de nombreuses autres ont été violées et mutilées par des groupes armés congolais et des forces militaires étrangères[274] ». Ce rapport a répertorié l'ensemble des violations des droits fondamentaux de la personne ayant eu lieu en République Démocratique du Congo entre 1993 et 2003, qu'il s'agisse de meurtres ou de viols.

En tout cas, le Secrétaire général des Nations Unies, Ban Ki-moon, a séjourné au Rwanda le 8 septembre 2010 afin de rassurer Kigali. Mais, profitant de cette occasion, le président Paul Kagamé a évoqué un retrait de ses troupes qui étaient engagées au sein de la mission conjointe Union africaine et Nations Unies (MINUAD). De toute évidence,

---

[274] Des éléments de l'AFDL de Laurent-Désiré Kabila et de l'APR de Paul Kagamé.

> « Kagamé [a mis] la pression sur les Nations Unies. Mais
> on [pouvait] penser qu'il [s'est agi] d'un chantage. Car le
> chef d'État rwandais [avait] beaucoup à perdre. Depuis que
> ses troupes ont quitté la [République Démocratique du
> Congo], il [avait] un sévère problème avec ses officiers.
> Un grand nombre d'entre eux ont été envoyés en mission
> ou en campagne. [C'était] d'ailleurs pour cela qu'ils étaient
> au Burundi. L'ONU ne [savait] pas qu'elle lui [a rendu]
> service. Car si ces militaires [étaient rentrés] à Kigali, ils
> [n'auraient] pas de travail, tandis que dans l'armée il y
> [aurait] toujours de la place. »[275]

Selon Didier Mwati, l'un des défenseurs des droits de l'Homme qui militaient depuis des années pour que justice soit rendue aux victimes de ces crimes imprescriptibles commis au Kivu et en Ituri, le président congolais Laurent-Désiré Kabila était coincé par l'évolution du contexte régional. Cet ancien responsable du *Collectif d'actions pour le développement des Droits de l'Homme au Congo* (CADDHOM) a en effet confirmé que le Mze avait publiquement affirmé que ses alliés rwandais étaient des criminels qui se retourneraient, tôt ou tard, contre les Congolais :

> « [Laurent-Désiré Kabila tenait] à établir une relation de
> bon voisinage avec le Rwanda. Toute la difficulté [était]
> là. Même s'il [souhaitait] un tribunal international, il [était]
> coincé. Car lui-même aurait du souci à se faire. »

Dans les conclusions dudit rapport Mapping, il est clairement spécifié que :

[275] In *Au Congo, le génocide est incontestable,* Thomas Guien, article mis en ligne le 1er octobre 2021 sur le site Interne de l'hebdomadaire français *L'Express,* consulté le 11 janvier 2021. Voir le lien ci-contre : https://www.lexpress.fr/actualite/monde/afrique/au-congo-le-genocide-est-incontestable-affirme-l-onu_923984.html.

« la majorité des crimes documentés peuvent être qualifiés de crimes contre l'Humanité et de crimes de guerre »[276].

Les auteurs de ce document onusien ont également suggéré de soulever la question de savoir si certains crimes commis contre des réfugiés hutus récemment en provenance du Rwanda et des Hutus déjà installés sur le sol congolais pourraient être qualifiés de crimes de génocide. Pour le docteur Jean-Hervé Bradol, ancien président de *Médecins sans frontières*, la crédibilité du rapport Mapping est incontestable au regard de la qualité des gens qui ont travaillé sur sa rédaction.

> « Globalement oui, ce qu'ils [ont rapporté reflétait l'expérience du *MSF*], notamment ce qui [s'était] passé au moment de la fermeture des camps de réfugiés rwandais en RDC par une offensive des rebelles congolais de l'époque, encadrés par l'Armée patriotique rwandaise (APR) de Paul Kagamé. [Les membres de *MSF* avaient] suivi l'exode de ces réfugiés qui [avaient] pour certains d'entre eux marché jusqu'au Congo-Brazzaville, soit 2 000 km, l'équivalent de la distance Paris-Varsovie. Cette marche [avait] été émaillée de massacres, et cela [avait posé] un problème [aux humanitaires] car les équipes et véhicules (*MSF* ou *Croix-Rouge*) qui suivaient les réfugiés étaient repérés par l'armée rwandaise. Laquelle envoyait des tueurs pour liquider les réfugiés. »[277]

Crime de masse ou génocide, voire *congocide,* ou *bantoucide*? Certaines persécutions pourraient-elles être quali-

---

[276] In *Y a-t-il actuellement un génocide en RDC ayant déjà provoqué plusieurs millions de morts?*, *op. cit.*

[277] In *En République Démocratique du Congo:* « *Washington a fait la "com" des massacreurs* », Marc de Miramon, article mis en ligne le 6 octobre 2020 sur le site Internet du quotidien français *L'Humanité*, consulté le 20 janvier 2021 (https://www.humanite.fr/en-republique-democratique-du-congo-washington-fait-la-com-des-massacreurs-694527).

fiées de génocide, de la manière la plus restrictive possible, en référence à celles ayant été commises à l'encontre des Héréros et des Namas en Namibie au tout début du XXe siècle; ou celles des Arméniens en 1915, des juifs d'Europe pendant la Seconde Guerre mondiale et des Tutsis en 1994 au Rwanda? En plus,

> « l'armée rwandaise et les troupes de Laurent-Désiré Kabila ne [s'étaient] pas contentées d'attaquer des forces génocidaires en exil, mais s'en [étaient] prises à l'ensemble de la population des camps, lesquels abritaient essentiellement des femmes, des enfants, des vieillards. Démographiquement, ils représentaient à peu près 75 % de la population. Et ils [avaient] été massacrés sans le moindre discernement.
> » [...] Les soldats de l'APR [étaient] très disciplinés et très commandés, et tout acte de désobéissance [pouvait] se payer très cher. Il s'agissait d'ordres appliqués de manière méthodique et en aucun cas des dérapages isolés. »[278]

De toute façon, l'inexistence de la communauté internationale ayant été comblée par les puissances régionales en fonction de leurs intérêts immédiats, l'enquête qui avait été diligentée a abouti à un rapport. Celui-ci n'a été couronné d'aucun suivi, sur la base du mécanisme judiciaire.

> « Les Européens [avaient] laissé faire, et les États-Unis [avaient] parfois activement couvert ces crimes. L'ambassadeur américain à Kigali au moment de l'attaque des camps de réfugiés [hutus avaient déclaré] publiquement que les réfugiés n'existaient pas, qu'ils étaient tous rentrés au Rwanda. D'une certaine manière, Washington [s'était

---

[278] *Ibidem.*

alors occupé] de la communication des massacreurs. »[279]

D'aucuns savent que depuis janvier 1997, les éléments de l'AFDL ont tour à tour conquis Kisangani, la troisième ville de la République du Zaïre, puis Mbuji-Mayi, la principale ville productrice de diamants, et enfin Lubumbashi, la deuxième ville du pays. Le 17 mai, après que le président Mobutu Sese Seko avait déjà abandonné le pouvoir et quitté précipitamment le pays, les rebelles ont pris le contrôle de la capitale. Entre-temps, depuis la ville de Lubumbashi, l'insaisissable Laurent-Désiré Kabila s'autoproclama chef d'un État zaïrois rebaptisé « République Démocratique du Congo ». En juin, déstabilisé par l'afflux de réfugiés rwandais et ex-zaïrois, le Congo-Brazzaville entra en guerre civile. Les partisans du professeur Pascal Lissouba, président sortant, et du militaire Denis Sassou Nguesso, ancien chef de l'État, s'affrontaient dans les rues de la capitale. Le 9 juillet, le vice-président et ministre de la Défense du Rwanda, en la personne de Paul Kagamé, confirma la planification et la mise en œuvre par son armée de l'action militaire ayant permis le renversement du régime du maréchal Mobutu dans l'ex-Zaïre. Le 11 juillet, les Nations Unies dénoncèrent les meurtres de réfugiés hutus par les troupes de l'AFDL dans la partie orientale de la République Démocratique du Congo, massacres qualifiés de « crimes contre l'Humanité ». Le 28 août, le gouvernement Kabila, accusé du massacre de réfugiés hutus rwandais lors de la traversée de l'ex-Zaïre, posa de nouvelles conditions au travail des enquêteurs onusiens. Le même jour, un rapport du Pentagone adressé au Congrès américain précisa que des instructeurs américains avaient participé à l'entraînement des soldats tutsis rwandais. Par conséquent, le 3 octobre, le gouvernement Kabila expulsa les organisations humanitaires de

---

[279] *Ibid.*

la région de Goma, et en chassa les réfugiés hutus. Le même jour, la mission des Nations Unies chargée d'enquêter sur les massacres présumés dus à l'intervention des éléments des forces armées à la disposition de Laurent-Désiré Kabila au moment de leur progression vers Kinshasa se retrouva non opérationnelle. Elle plia bagage devant les obstacles occasionnés par le tout nouveau régime. Le 23 octobre, Denis Sassou Nguesso, grand vainqueur à Brazzaville, promit un gouvernement d'union nationale. Il s'autoproclamerait, à l'instar de son énigmatique voisin Laurent-Désiré Kabila, chef de l'État quarante-huit heures plus tard. Le même jour sur l'autre rive du fleuve, c'est-à-dire le 25 octobre, l'homme fort de la République Démocratique du Congo accepta le déroulement de l'enquête des experts des Nations Unies. En échange, les États-Unis s'engagèrent à solliciter une aide internationale en faveur de son pays.

> « Le déchaînement de violence qui emporta le Rwanda pendant les trois mois de 1994 [resterait] longtemps présent dans la mémoire universelle comme une lourde culpabilité collective. Mais pourquoi [a-t-on oublié] les suites de ce génocide atroce dans le pays voisin ? Deux poids, deux mesures ? Le Zaïre, qui devint ensuite la RDC, n'est pas parvenu, vingt ans après, à traiter ce que la journaliste belge Colette Braeckman [a nommé] "les métastases du génocide rwandais". Pourtant, les faits [s'imposaient] et les récits [convergeaient] sur l'extrême barbarie qui [régnait] – et qui continue de régner – au Congo depuis le drame rwandais. Et la juste compassion exprimée envers les victimes du génocide au Rwanda n'exclut pas de dénoncer les atrocités commises par la suite sous les ordres de certains de ses dirigeants. »[280]

---

[280] In *Le Rwanda et la République Démocratique du Congo : David et Goliath dans les Grands Lacs, op. cit.*

Pourquoi les nombreuses atrocités dont a fait l'objet la République Démocratique du Congo, et qui ne cessent de persister, n'ont-elles suscité aucun jugement, alors qu'elles s'apparenteraient à des crimes contre l'Humanité ? Pourquoi une telle inaction ? Pourquoi cette indifférence ? Serait-ce du mépris envers certaines populations ? À moins que ce soit une attitude préméditée, ou alors, semble-t-il, par simple congophobie ou bantouphobie ?

Rebelles et milices

En République Démocratique du Congo, notamment dans sa partie orientale, des forces « négatives » et milices armées n'ont cessé de prendre systématiquement pour cibles les populations civiles. Ils ont provoqué des mouvements de panique susceptibles de favoriser la propagation du virus Ebola, du VIH/SIDA, de la Covid-19 et d'autres pandémies réelles ou imaginaires. Bref, un véritable risque sanitaire.

Selon les déclarations du journaliste d'investigation Nicaise Kibel'bel Oka,

> « les rebelles [pensaient] que les civils qui [habitaient] cette zone les [trahissaient] en donnant des renseignements à l'armée congolaise. Du coup, ils [ont quitté] la forêt en y laissant l'armée pour aller s'attaquer aux habitants en ville. Il [s'est agi] d'une forme de diversion qui [a obligé] l'armée à abandonner les positions conquises pour se porter au secours de la population.
>
> » Il ne faut pas avoir honte de le dire. Les services de renseignement ont failli. Et puis les rebelles semblent mieux maîtriser la géographie de la zone de conflit, mieux que les forces armées congolaises et celles de la Monusco. Et comme nous sommes dans une guerre asymétrique, c'est la mobilité et le renseignement qui compte. Les rebelles ont une longueur d'avance sur l'armée.

» L'armée congolaise est venue en 2014 avec pour mission de combattre des rebelles venus d'Ouganda. Depuis, ces rebelles se sont transformés en mouvement islamiste qui a des ramifications jusqu'au Mozambique, en Tanzanie et en Somalie. La guerre a donc été mal planifiée. L'ennemi utilise des pratiques djihadistes. Il faut tout revoir. Parce que les recrues des rebelles viennent de Tanzanie, du Kenya, d'Ouganda, de Somalie et du Soudan du Sud »[281].

Combien de civils congolais ont-ils été tués par le groupe armé des Forces démocratiques alliées (ADF) dans l'Est de la République Démocratique du Congo ? Combien de pillages de vivres et de médicaments n'ont-ils pas été l'œuvre des rebelles et miliciens armés ? Combien de personnes ont-elles été déplacées, à cause des violences des forces armées ? Combien de soldats des FARDC et de la Monusco ont-ils trouvé la mort, en ayant combattu les rebelles et miliciens ? Combien de membres d'organisations non gouvernementales, autochtones ou non, et de congrégations religieuses, ont-ils été arrêtés, ou carrément assassinés, du fait d'avoir essayé de secourir des vies humaines ? Que de nombreuses questions sans réponses assumées, aucune solution définitive !

Alors, il est plus que jamais temps de neutraliser toutes les forces « négatives » qui excellent dans le *congocide*, voire le *bantoucide*. Il faut enfin mettre un terme à la criminalisation de l'économie congolaise. Le sang des Congolais ne doit plus être versé au profit d'un conglomérat de criminels. S'il doit l'être, ce sera pour la défense de la patrie. Non, le prix du sang congolais ne doit en aucun cas être bradé.

---

[281] In *RDC : pourquoi l'armée reste impuissante face aux rebelles qui massacrent la population de Beni*, Martin Mateso, *France TV Info*, le 25 décembre 2019, consulté le 11 mars 2021. Voir le lien ci-dessous.
https://www.francetvinfo.fr/monde/afrique/societe-africaine/rdc-pourquoi-larmee-reste-impuissante-face-aux-rebelles-qui-massacrent-la-population-de-beni_3717189.html.

Réconciliation nationale

De toute évidence, des années de guerre n'ont pas généré la joie, ni consolidé la cohésion nationale. Elle n'a pas non plus glorifié la noblesse patriotique, ni la confiance citoyenne, ni d'ailleurs le bien-être et d'autres vertus dans l'existence des populations congolaises. La vie commune dans la sécurité et dans l'espoir d'une paix durable aurait été un rêve irréalisable. Plus grave encore, des divisions fratricides ont fait le beau jeu des pays voisins. Ceux-ci n'ont cessé d'œuvrer en vue de la déstabilisation de la partie orientale de la République Démocratique du Congo, voire de son démembrement pour l'émergence d'autres entités étatiques ou d'une nouvelle configuration régionale devant confirmer sûrement l'hégémonie rwandaise ou ougandaise.

> « De l'accession [du] pays à l'indépendance, en 1960, jusqu'à la promulgation de la présente loi [Vérité et Réconciliation], l'histoire de la République Démocratique du Congo [a été] marquée par des guerres et des violations massives des droits humains et atrocités de tous genres, dont les victimes se [comptaient] par milliers, sans que les causes n'en soient élucidées ni déterminées. Si les rébellions et les sécessions ont [provoqué] 500 000 morts, la dernière guerre de cinq ans a totalisé un nombre estimé à plus de trois millions de morts, sans parler du pillage systématique [des] ressources naturelles. Le peuple congolais a ainsi pris la mesure de l'inanité, vanité et nocuité d'hostilités [pouvant] opposer les citoyens d'une même nation. »[282]

Les critiques sont unanimes sur les résultats décevants des diagnostics, concernant les différentes tentatives de réconciliation nationale en République Démocratique du Congo.

---

[282] Exposé des motifs de la Loi n° 04/018 du 30 juillet 2004 portant organisation, attributions et fonctionnement de la commission « Vérité et Réconciliation ».

Cela concerne notamment la politique suivie depuis l'accession du pays, le 30 juin 1960, à la supposée indépendance. Bien entendu, celle-ci a été couronnée d'une rébellion de 1960 à 1965, d'une politique génératrice des crises multiformes dont les guerres de la fin des années 1990 et les débuts des années 2000 ont été l'un des facteurs.

> « Les réactions [qu'a provoquées en mars 2013] l'organisation d'un dialogue inter-congolais en République Démocratique du Congo [ont suscité] des interrogations essentielles, quant à sa faisabilité et à sa finalité.
> » D'une part, l'opposition, dans sa plus grande majorité, [a affirmé] l'échec de tous les gouvernements depuis 2006 et l'illégitimité des institutions issues du scrutin du 28 novembre 2011. D'autre part, les partisans de la majorité présidentielle [ont estimé] au contraire que le pouvoir en place [avait agi] dans le sens de l'intérêt général.
> » Ces deux visions diamétralement opposées [ont mis] en évidence un constat implacable, quant à la légitimité des institutions étatiques et à l'urgence des solutions en mesure de mettre un terme à la crise politique qui [hypothéquait] l'avenir du pays. »[283]

Il est donc important de s'interroger sérieusement sur les véritables raisons de l'échec des multiples tentatives de concorde amorcées à l'issue de moult crises et différents conflits antérieurs. Il faudrait tout d'abord s'épancher sur la manière de procéder à un dialogue inter-congolais, à défaut d'un contenu commun selon les voies et moyens d'aboutir à la paix, afin de parvenir enfin à l'entente ou à la non-violence, à la prospérité, au bien-être des populations congolaises. Bref, il faudrait avoir à l'esprit le

---

[283] In *Cahier des charges et esquisse des propositions de la composante Diaspora congolaise favorable au dialogue (DFCD) en prévision du Dialogue national*, le 18 mars 2013, Paris, p. 2.

contenu à conférer à la réconciliation nationale, repérer les acteurs pouvant les mener à bien et privilégier les aspects autour desquels elle devrait se réaliser?

> « Le choix des participants est également un élément fondamental. En effet, il n'est nullement question d'amuser la galerie mais de faire des propositions concrètes sur les plans social, culturel, économique, politique et sécuritaire. De plus, ces secteurs représentent les facteurs majeurs de la cohésion nationale, sans lesquels l'unité et la paix ne seront que des arlésiennes.
> » [...] on doit éviter de sombrer dans le clientélisme: d'où la nécessité de solliciter des personnes compétentes. Une fois les participants choisis, il va falloir penser à l'aspect sécuritaire en leur donnant des garanties politiques et en les mettant dans les conditions matérielles idoines pour ce qui est de l'accueil et du séjour.
> » Enfin, les enjeux étant complètement inclusifs, les assises doivent être présidées par des Congolais, la communauté internationale devant se contenter du rôle d'observatrice. »[284]

L'objectif d'un dialogue inclusif ne doit guère consister à un partage systématique des portefeuilles ministériels et d'autres fonctions dans les institutions de la République. Il ne doit surtout pas non plus avoir comme finalité l'arbitrage entre des factions rivales en vue d'une éventuelle légitimité. La tâche doit plutôt consister à faire des propositions d'avant-garde pour maîtriser les causes ayant contribué à l'affaiblissement étatique, à la fracture sociale, à l'incohésion nationale et au risque de balkanisation.

La réconciliation nationale en République Démocratique du Congo doit désormais être abordée, du point de vue politique, comme un moyen par excellence de la reconstitution de

---

[284] *Ibidem*, pp. 2-3.

la souveraineté de l'État. Ce processus doit être appréhendé comme une piste de résolution des crises et une étape décisive d'un avenir différent. De plus, en tant que solution matricielle de la concorde nationale, les populations congolaises doivent à tout prix tisser les liens entre le présent et l'avenir, après avoir jeté un regard sur le passé, en vue de l'édification de nouvelles bases de la société qu'elles légueront aux générations futures. Leur vision humaniste doit surtout prendre en compte la nécessité de la cohésion nationale, face aux enjeux internes et externes, ainsi que la volonté de sauvegarder l'intégrité territoriale. Ainsi, dans la finalité d'une démarche inclusive et républicaine, réussiront-elles le *Congo d'avenir* sur la base d'un consensus qui permettra selon toute probabilité, au-delà des divergences ou mésententes, des désaccords ou adversités, une réelle réconciliation nationale.

Il y a donc nécessité de soigner les cicatrices du passé, en appréhendant la réconciliation comme la finalité d'un processus salvateur. Pour Goran Fejić, ancien chef du Programme sur l'édification de la démocratie et la gestion des conflits au sein de l'unité stratégique et politique de l'*Institut international pour la démocratie et l'assistance électorale* (International IDEA), cela passera toutefois par des réponses à quelques questions.

> « Pourquoi faudrait-il remuer le couteau dans la plaie ? Pourquoi se souvenir, pourquoi faut-il rappeler à la mémoire certains des moments les plus difficiles et les plus troublants de nos vies, de l'histoire récente [du] pays ? Parfois, [on préférerait] tout oublier et ne plus songer qu'à l'avenir afin de commencer à construire un système démocratique nouveau, des institutions, etc.
> » La première chose qu'il faut savoir est que les institutions, aussi excellentes soient-elles, le système le plus démocratique seraient voués à l'échec si la population reste profondément déchirée, si les relations humaines sont

gâchées par la peur, la méfiance et la suspicion.

» La seconde raison est que l'on ne peut oublier. Essaierait-on de le faire que le passé […] sauterait régulièrement à la figure puisque [l'on continue] de vivre dans les mêmes villes, le même pays, avec d'autres, voire parfois ceux-là mêmes qui ont été à l'origine [des] souffrances. [On continuerait] de vivre avec la peur et la haine pour compagnes, avec le sentiment que les épreuves endurées [pourraient] se reproduire. La peur et l'insécurité deviendraient un fardeau insupportable, un obstacle empêchant la construction d'un avenir meilleur.

» En d'autres termes, on ne peut tirer un trait sur le passé car il fait partie intégrante [des protagonistes] et de l'histoire [du] pays. Il demeure en [eux], [qu'ils le veulent] ou non. Mais, qu'on l'explique, qu'on aille au fond des événements qui se sont déroulés en ces années de braise, qu'on rende justice aux victimes, qu'on leur offre [une] réparation convenable et les choses pourraient changer. Chacun d'entre [eux] et la société dans son ensemble pourraient alors se dire que l'ère de la violence est réellement révolue. »[285]

De plus, à en croire Goran Fejić,

« la cicatrisation des plaies, l'énonciation de la vérité, les actes de justice et de réparation sont les ingrédients les plus importants de tout processus de réconciliation. Aucun d'entre eux, employé seul, ne donnerait de résultat satisfaisant. Toutefois, nul ne peut dire lequel est prioritaire dans tel ou tel pays, telle ou telle situation. Il n'est pas de chemin unique vers la réconciliation, pas de modèle parfait qu'un pays pourrait copier sur un autre. »[286]

---

[285] In *La réconciliation en tant que but et en tant que processus*, Goran Fejić, dans *Le rôle que jouent les parlements dans le processus de réconciliation nationale en Afrique*, Bujumbura, 7-9 novembre 2005, p. 26.
[286] *Ibidem*, p. 28.

Les solutions pour parvenir à la réconciliation nationale et à la cohésion sociale passeront forcément par la relation entre le Parlement national et les instances élues, ainsi que la coopération entre Parlement, société civile et médias, et une vision réaliste de la lutte contre l'impunité. En République Démocratique du Congo, comme dans tous les pays en voie de développement, la finalité de la réconciliation nationale doit donc consister à accorder et harmoniser toutes les composantes de la société par rapport aux règles d'équité que tout le monde doit respecter.

T

Tingi-Tingi

Tingi-Tingi est un village situé dans le Maniema au centre-Est de la République Démocratique du Congo. Il s'y est déroulé un crime de masse passé sous silence depuis plus d'une vingtaine d'années. En effet, entre février et mai 1997, au moins 190 000 réfugiés hutus rwandais ont été massacrés dans l'une des clairières des forêts dans l'Est du territoire congolais. Une pire manifestation de sauvagerie et de cruauté.

Membre de la Commission internationale de juristes (CIJ) dont le siège est situé à Genève, à propos des massacres survenus dans l'Est du territoire congolais, l'avocat américain Reed Brody a fait partie d'une équipe de vingt enquêteurs ayant été désignés par le Secrétaire général des Nations Unies Kofi Annan. Cet auxiliaire de justice a rappelé le 14 mars 2017, sur les ondes de *Radio France Internationale*, les faits relatifs aux événements inhumains qui s'étaient déroulés dans la clairière de Tingi-Tingi.

> « Des éléments des rebelles de [Laurent-Désiré] Kabila et
> l'armée rwandaise sont entrés dans le camp, où il y avait
> [plus de] 150 000 réfugiés hutus rwandais et ils ont tué sans
> discrimination ceux qui [étaient restés]. D'après [les] infor-
> mations, une bonne partie avait déjà quitté le camp, mais
> plusieurs centaines d'entre eux s'y trouvaient encore, y
> compris des malades qui ne pouvaient pas fuir. Et selon
> des témoins, les soldats auraient tué la plupart des victimes
> à coups de couteau. »[287]

En octobre 1996, au tout début de la guerre qui aboutirait au changement après trente-deux années du régime mobutiste, le Haut-commissariat des Nations Unies pour les réfugiés (HCR) avait dénombré plus de 1 200 000 réfugiés hutus rwandais dans la région orientale de la République Démocratique du Congo. Parmi ces émigrés, 900 000 retourneraient au Rwanda. Il resterait quelque 340 000 réfugiés qui, fuyant la menace imminente, s'évaporeraient sur les routes vers l'Ouest du territoire congolais. Que sont-ils devenus ? Quel sort leur a-t-il été réservé ? En tout cas, selon un rapport de l'organisation non gouvernementale *Médecins Sans Frontières* ayant été établi en mai 1997, les rebelles de Laurent-Désiré Kabila et les éléments de l'armée rwandaise de Paul Kagamé avaient mené une action délibérée. Celle-ci avait consisté en l'élimination de tous les réfugiés hutus rwandais encore en vie, y compris les femmes et les enfants.

> « [Les] cris vers la communauté internationale se brisaient
> sur des refus polis. On [...] parlait de mauvaise image
> des réfugiés »[288].

---

[287] Témoignage cité par Gaspard-Hubert Lonsi Koko, in *Mais quelle crédibilité pour les Nations Unies au Kivu ?*, *op. cit.*, pp. 98-99.

[288] In *Massacre de Tingi-Tingi (RDC) en 1997 : Reed Brody témoigne*, interview accordée le 14 mars 2017 à Christophe Boisbouvier par l'avocat américain sur les ondes de *Radio France Internationale*, consultée le 26 janvier

Rien de surprenant que les dénonciations des agents humanitaires de *Médecins Sans Frontières* présents à Tingi-Tingi n'aient pas été suivis d'effets, le renversement du régime du maréchal Mobutu Sese Seko ayant été l'objectif principal des troupes de l'Alliance des forces démocratiques pour la libération du Congo (AFDL) du Mze Laurent-Désiré Kabila et de l'Armée patriotique rwandais (APR) de Paul Kagamé. Maître Reed Brody a attribué les raisons de l'indifférence de la communauté internationale, par rapport aux agissements des éléments de l'AFDL et de l'APR, la France étant déjà mise en cause dans la région, au fait que :

> « les administrations américaines [avaient] envie de soutenir le Rwanda et donc ne se [souciaient] pas suffisamment de ces massacres »[289].

Les survivants gémissaient et se traînaient, comme des escargots. Les pieds tellement meurtris, ils ne pouvaient plus se tenir debout. Des femmes, des vieux, les joues creuses et les yeux immensément globuleux, étaient couchés sur le côté. Résignés, à même le sol, ils attendaient la mort et n'avaient plus la force de réclamer quelque chose.

> « Vendredi, une cabane de bambous et de feuilles a pris feu à Tingi-Tingi, camp de réfugiés hutus rwandais largement déserté, où ne [restaient] qu'environ 500 personnes, parmi les plus faibles et les plus désespérées.
> » Un vieillard, malade et mourant, n'a pas pu se lever et a été retrouvé carbonisé. Il était peut-être mort avant, [ont dit] les réfugiés, habitués à enterrer au moins 15 cadavres par jour.
> » Un peu plus haut vers la route, qui [s'est élargie] à Tingi-

---

2021 (https://www.rfi.fr/fr/emission/20170314-rwanda-rdc-tingi-tingi-reed-brody-onu-massacre-recit-cij).
[289] *Ibidem*.

Tingi pour devenir une piste d'atterrissage, le cadavre d'une femme, recouvert d'une couverture, [gisait] dans une cabane. Le mari, la jambe blessée et bandée, prostré à l'extérieur, [a désigné] le corps et [montré] sa peine. Les mouches [s'agglutinaient] sur le visage sans vie.

» À côté, une petite fille, le regard presque radieux, [chantait] sans cesse d'une jolie voix "des chansons de Dieu". "Elle [était] traumatisée", [disaient] ceux qui [l'écoutaient], d'autres [affirmaient], en tournant leur index sur leur tempe, qu'elle a perdu la raison, en même temps que son père, sa mère et tout le reste de sa famille, disparus on ne [savait] où. »[290]

Dans le mortuaire camp de Tingi-Tingi, quelque part dans le Maniema, il y avait également beaucoup d'anciens militaires rwandais, les « ex-éléments » des Forces armées rwandaises (FAR), ainsi que des miliciens « Interahamwe »[291]. Ces derniers ont été accusés d'avoir commis au Rwanda les pires massacres du génocide tutsi de 1994. Ce crime contre l'Humanité a précédé leur arrivée en masse en République du Zaïre, ainsi que l'humiliation et les massacres des populations autochtones, les conflits armés qui n'ont cessé de déstabiliser la région du Kivu et la Province orientale, notamment l'Ituri, transformées en véritable enfer sur terre. Lucifer au Congo. Les conclusions de l'enquête qu'avait diligentée le Conseil de sécurité sous le Secrétariat de Kofi Annan, ne seront-elles jamais prises en compte ?

---

[290] In *Les survivants du camp de Tingi-Tingi*, Bahjat Jaber, article mis en ligne le 17 mars 1997 sur le site Internet de *L'Orient-Le Jour*, consulté le 26 janvier 2021 (https://www.lorientlejour.com/article/224212/Les_survivants_du_camp_de_Ti ngi-Tingi.html).

[291] Les Interahamwe ont constitué la plus importante des milices rwandaises qui ont été créées au Rwanda dès 1992 par le Mouvement révolutionnaire national pour le développement (MRND), parti de l'ancien président Juvénal Habyarimana.

Trahison

Le droit est né du fait que, jadis, la loi de la jungle régissait sociologiquement le monde (lois positives ou naturelles). Les forts ayant toujours imposé leur volonté aux faibles, toute personne s'autorisait à rendre justice à sa guise. La naissance du Droit, en tant qu'ensemble des règles devant régir la vie des individus en société, a permis de pallier la problématique relative à une certaine égalité. Du moins, d'après le professeur Rémy Cabrillac, il s'agit des règles de conduite qui, grâce au respect assuré par l'autorité publique, peuvent gouverner les rapports des individus dans la société[292].

« Ne jamais trahir son pays ». Cette devise a patriotiquement caractérisé Laurent-Désiré Kabila, une fois devenu chef de l'État, alors que, ironie du sort, il avait fait le choix d'introduire des forces armées étrangères dans le territoire national. Il aurait mieux fait de réfléchir à la meilleure façon d'accéder à la magistrature suprême. On connaît les désastreuses conséquences du caprice du maquisard crédule. Les Congolais paieraient malheureusement, dans le sang et la douleur, le prix de l'égo surdimensionné ayant habité un homme d'une époque révolue ! Il faudrait coûte que coûte sortir les loups de cette vaste bergerie qu'est devenu le Congo-Kinshasa.

Combien d'acteurs politiques et économiques congolais ont-ils induit des faits et commis des actes ayant consisté en une extrême déloyauté à l'égard du pays, de la présidence de la République, du gouvernement ou de ses institutions étatiques ? Combien ont-ils agi en intelligence avec les ennemis de la Nation ? Beaucoup d'infractions politiques, de la part de quelques détenteurs d'une autorité poli-

---

[292] In *Dictionnaire du vocabulaire juridique*, Rémy Cabrillac, 20ème édition, Litec, Paris, 2004, p. 149.

tique ou administrative dans l'exercice de leurs fonctions, ont sans aucun doute mérité la qualification de haute trahison. S'impose d'office le démasquage des loups déguisés en agneaux.

Tribunal pénal international

Dans une résolution concernant la République Démocratique du Congo, le Parlement européen s'est prononcé le 16 septembre 2020 en faveur de la création d'un Tribunal pénal international (TPI) devant statuer sur les violations des droits de l'Homme constatées dans le pays. Un grand soulagement au sein de la diaspora congolaise, laquelle n'a cessé d'œuvrer pour la mise en place d'une telle juridiction. Les députés européens se sont appuyés sur un fait réel :

> « les violences dans l'Est de la RDC sont perpétrées par des groupes armés de rebelles nationaux et étrangers, qui sont financés par le commerce de minerais et qui se battent pour l'accès à ce commerce »[293].

Par conséquent, le Parlement européen a souligné que :

> « toutes les entreprises, personnes, États ou acteurs liés à un État qui [ont contribué] à la perpétration de tels crimes [devaient] être traduits en justice »[294].

Très optimistes, les députés européens se sont instamment prononcés en faveur d'une coopération transfronta-

[293] In *Résolution du Parlement européen sur le cas du Dr Denis Mukwege en République Démocratique du Congo*, proposition de résolution commune mise en ligne le 16 septembre 2020 sur le site Internet du Parlement européen, consultée le 25 janvier 2021 (https://www.europarl.europa.eu/doceo/document/RC-9-2020-0287_FR.html).
[294] *Ibidem*.

lière dans la région des Grands Lacs africains. Ils ont préconisé la mise en place d'une stratégie globale par les pays voisins pour lutter contre les violences et les violations des droits de l'Homme en République Démocratique du Congo. Il est évident qu'une telle juridiction apporterait l'une des solutions indéniables pour la paix et la justice dans cette partie de l'Afrique subsaharienne. Elle pourrait dissuader les potentiels criminels et diligenter les poursuites des auteurs de tous les crimes répertoriés dans le rapport Mapping des Nations Unies.

Au sein des populations congolaises, notamment celles de la diaspora, et des partis politiques de l'opposition, des revendications allant dans le sens de la mise en place des juridictions idoines ont été légion :

> « En tant qu'humanistes, [on rendra] caduque la loi d'amnistie pour faits de guerre et insurrectionnels. [On permettra], d'une part, aux tribunaux locaux de juger les auteurs de crimes de guerre et crimes contre l'Humanité ayant été commis en violation de l'article 52 de la Constitution. D'autre part, [on garantira] l'indemnisation des victimes. [On encouragera] donc la justice transitionnelle susceptible de s'atteler aux problèmes des crimes perpétrés pendant et après la guerre, en amont de toutes modalités pour la réconciliation intercommunautaire.
>
> » [On entreprendra] la mise en place d'un organe d'audit indépendant qui aura en charge l'enregistrement des plaintes pour violation des droits humains, dans le cadre de l'élaboration des plans d'action globaux pour la paix dans l'Est de la République Démocratique du Congo, en collaboration étroite avec les instances internationales.
>
> » [On instaurera] un Tribunal pénal pour la République Démocratique du Congo (TPRDC) et [collaborera] avec la Cour pénale internationale (CPI) pour les cas qui [relèveront] de cette juridiction. [On saisira] la Cour internationale de justice (CIJ), s'il le faut, s'agissant des États

impliqués dans les différentes tentatives de déstabilisation [du] pays. »[295]

En effet, pour faciliter la réconciliation nationale en République Démocratique du Congo, il faudrait une réelle dimension humaniste. En conséquence, la caducité de la loi d'amnistie pour faits de guerre et insurrectionnels permettrait aux tribunaux locaux de juger les auteurs de crimes de guerre et crimes contre l'Humanité ayant violé l'article 52 de la Constitution du 18 février 2006.

---

[295] In *Le Congo-Kinshasa en quelques lettres*, Gaspard-Hubert Lonsi Koko, L'Atelier de l'Égrégore, Paris, 2018, p. 91.

U

Usurpation et imposture

À cause de la flagrante absence de l'État de droit démocratique, amplifiant donc l'incapacité d'agir sur l'état civil, l'usurpation des identités ethniques, surethniques et territoriales n'a cessé de prendre, de plus en plus, de l'ampleur en République Démocratique du Congo. Il en va de même de leur instrumentalisation sur tous les plans possibles. La question de l'identité kivutienne reste sujette à caution, dans un tel contexte, puisqu'elle tire sa force en tant que bouclier aux menaces externes et sa porosité dans la rivalité d'intérêts de divers peuples de la région des Grands Lacs africains.

L'usurpation d'identité se fait souvent sous la forme d'imposture à travers non pas l'appropriation de l'identité d'un tiers mais par le fait, pour un étranger, de se faire passer pour un citoyen congolais. Plus explicitement, on a affaire à une imposture liée à l'appropriation de nationalité.

Nombreux sont les exemples, notamment pour des raisons électorales et foncières en matière d'identité. Combien d'étrangers, que l'on a sciemment déguisés en réfugiés congolais ayant émigré au Rwanda et au Burundi, ont-ils été installés en toute illégalité dans la région du Kivu ? L'usurpation et l'imposture ont en réalité pour finalité l'infiltration des institutions congolaises et l'expropriation, ainsi que l'appropriation, des terres au profit des pays et des ressortissants étrangers. En conséquence, par la force ou par la ruse, des enfants adoptifs sont devenus des fils biologiques. Des gens ont troqué, de manière unilatérale, leur identité étrangère au bénéfice de la citoyenneté congolaise. Des groupes ethniques appartenant à des pays étrangers se sont donc exportés sur le sol congolais et ingéniés cyniquement pour obtenir le qualificatif d'autochtones, avec tout ce que cela pourrait impliquer comme avantages sur les plans foncier, économlique, administratif et institutionnel. L'imposture est donc confirmée dans ce cas précis par le fait de se faire passer pour ce que l'on n'est pas, par l'usage de faux.

« Les enjeux fonciers et miniers sont considérables, surtout dans la région des Grands Lacs. Des forces négatives – vraisemblablement continentales mais bénéficiant du soutien invisible des puissances extracontinentales, notamment américaines et britanniques – excellent en Afrique subsaharienne en vue de la balkanisation d'un bon nombre d'États bantouphones. Au moment où elles s'activent, encore plus, les réactions patriotiques s'avèrent plus que jamais appropriées. En effet, la gravité de la situation nécessite une prise de conscience commune et une coalition interétatique. Celles-ci ne pourraient qu'être salutaires. De plus, elles pourraient venir à bout des initiatives fallacieuses que l'on ne cesse de développer à dessein dans le but de diviser pour mieux régner, de monter les uns contre les autres afin de faire main basse sur des portions des terres africaines et d'obtenir les ressources minières à un prix le plus bas possible. »[296]

On assiste, impuissants, à l'émergence de nouveaux autochtones. Certains ont osé justifier l'usurpation, ou l'imposture, au prétexte qu'ils sont venus à Kinshasa par les armes, et que, au cas où il leur arriverait quelque chose, ils ne quitteraient la République Démocratique du Congo que par la force. Mais la dénonciation de ce fléau n'a sur le fond aucun lien avec la xénophobie, ni avec le supposé concept de *congolité* ou de *bantoucide*. Elle ne se justifie pas non plus par le tribalisme. Ni par l'ethnicisme, d'ailleurs. Il est plutôt question de la souveraineté nationale ou étatique, du patriotisme, ainsi que de la sécurité des populations congolaises. Dans le cas de la région du Kivu, dans un sens comme dans l'autre, l'identité a plutôt un rapport direct avec les ressources naturelles et les conflits armés en cours, à visée géostratégique et économique, dans les espaces orientaux.

De toute évidence, que l'on soit Congolais d'origine ou par intégration, voire par autoproclamation, aucun citoyen qui se reconnaît patriotiquement comme tel n'est au-dessus des lois de la République, notamment celles se référant aux dispositifs relatifs aux articles 63[297], 64[298], 66[299] et 67[300] de la

---

[296] In *La conscience bantoue, op. cit.*, pp. 124-125.

[297] Tout Congolais a le droit et le devoir sacré de défendre le pays et son intégrité territoriale face à une menace ou à une agression extérieure.

Toute autorité nationale, provinciale, locale et coutumière a le devoir de sauvegarder l'unité de la République et l'intégrité de son territoire, sous peine de haute trahison.

[298] Tout Congolais a le devoir de faire échec à tout individu ou groupe d'individus qui prend le pouvoir par la force ou qui l'exerce en violation des dispositions de la présente Constitution.

Toute tentative de renversement du régime constitutionnel constitue une infraction imprescriptible contre la nation et l'État. Elle est punie conformément à la loi.

[299] Tout Congolais a le devoir de respecter et de traiter ses concitoyens sans dis-

Constitution du 18 février 2006. Effectivement, les citoyens congolais n'ont pas que des droits. Ils ont aussi des devoirs au regard de la Nation.

---

crimination aucune et d'entretenir avec eux des relations qui permettent de sauvegarder, de promouvoir et de renforcer l'unité nationale, le respect et la tolérance réciproques.

Il a, en outre, le devoir de préserver et de renforcer la solidarité nationale, singulièrement lorsque celle-ci est menacée.

[300] Tout Congolais a le devoir de protéger la propriété, les biens et intérêts publics et de respecter la propriété d'autrui.

V

Vérité et réconciliation

À cause de l'irresponsabilité collective et individuelle, la violation systématique des droits fondamentaux de la personne n'a cessé de caractériser le mode de gouvernance ayant sans arrêt prévalu en République Démocratique du Congo, pays signataire de la Charte des Nations Unies. Subsistent toutefois, dans l'esprit d'un peuple traumatisé par l'échec de différentes tentatives de réconciliation très souvent initiées depuis 1990, des interrogations quant aux tentatives allant, notamment, des travaux de la Conférence nationale souveraine (CNS) au cadeau de la Saint Sylvestre en 2016.

> « Peut-on parvenir à une meilleure réconciliation nationale, sans passer par une cure d'âme politique et une confession sur le mal zaïrois ? Peut-on faire abstraction des tristes événements en cours dans la partie orientale du pays ? [...] En effet, dans la situation conflictuelle en cours, où les institutions étatiques ont du mal à assumer leurs fonctions traditionnelles, l'impuissance d'une justice classique abandonnerait, comme un peu partout à

travers le monde, des victimes insatisfaites. Et les bourreaux pourraient confondre la lâcheté de leurs crimes avec le courage mettant en danger toute une société par des actes de terreur à répétition dont se plaignent des populations congolaises dans leur propre territoire. »[301]

En dépit du tableau très sombre et indéniablement bestial correspondant à l'image macabre de la société congolaise en pleine survie, le droit à la vérité devrait être exercé. De plus, l'inaction en réponse à la réparation des violations constituerait sans conteste le ferment de prochains conflits armés, contre lesquels devraient s'armer les institutions nationales, régionales et continentales, ainsi que la communauté internationale. Ainsi serait-il plus que jamais impératif d'agir ou de réagir, âme et conscience étant indissociables,

> « de répondre à un tel besoin de justice, en sortant des schémas classiques pour imaginer d'autres voies nécessaires à une réelle réconciliation nationale, susceptibles de donner les gages de la concorde nationale et de la démocratie ayant permis aux Africains du Sud de tourner les pages de l'histoire cruelle de l'apartheid et de bâtir avec sérénité une nation arc-en-ciel. La réconciliation nationale ne [pourrait] atteindre le but escompté que si l'on offre aux victimes la possibilité d'une audience élargie. »[302]

La sanction devrait donc être envisagée au sens matériel, moral ou psychologique, la culpabilité des auteurs des violations des droits fondamentaux devant se traduire par un effet de catharsis en vue de la prise de conscience de la responsabilité morale. Dans cette optique, la sanction devrait avoir une

---

[301] In *Cahier des charges et esquisse des propositions de la composante Diaspora congolaise favorable au dialogue (DFCD) en prévision du Dialogue national, op. cit.*, p. 6.
[302] *Ibidem*, p. 7.

caractéristique commune et se rapporter à la représentation de la rupture du principe des proportionnalités entre la gravité des crimes et la sanction au sens de la justice classique. De plus, bien qu'intégrée aux processus de cicatrisation de la société, la sanction ne devrait en aucun cas devenir la raison principale de l'établissement de la justice traditionnelle. À cet effet, il faudrait obligatoirement mettre en place un mécanisme de suivi constant en mesure de prévenir les tensions, rappeler au respect des décisions de justice et sanctionner en cas de manquement aux résolutions prises.

Violences sexuelles[303]

Concernant les viols commis par des groupes rebelles sans foi ni loi dans l'Est de la République Démocratique du Congo, les associations locales de défense des droits de l'Homme ont toujours refusé de baisser les bras. Un rocher de Sisyphe dans un pays où le système judiciaire est à la merci de la corruption et où les crimes de viols sont rarement dénoncés, lorsqu'ils ne sont pas purement et simplement banalisés.

À la question qui lui a été posée sur les solutions pouvant permettre d'enrayer le phénomène des violences sexuelles dans la partie orientale du Congo, la juriste Catherine Furuha, présidente de l'*Association femmes juristes pour la défense des droits de la femme et de l'enfant* (FJDF), a été catégorique. Pour cette avocate, il est d'abord important que :

> « l'État assure le suivi de ses programmes et lois. Il doit s'attaquer aux causes profondes, notamment la persistance de l'insécurité dans des milieux ruraux. Il doit aussi constituer un fonds pour permettre aux victimes d'obtenir réparation lorsqu'il arrive que les bourreaux [soient] indigents.

---

[303] Voir aussi plus haut, le volet consacré au féminicide.

La communauté doit, elle aussi, dénoncer les violences sexuelles. Quant aux magistrats, ils doivent punir les bourreaux conformément à la loi. Ça va être une œuvre pédagogique et relever [de la nation congolaise]. »[304]

Il est très difficile de connaître le nombre exact de femmes et filles victimes des violences sexuelles puisque, par peur d'être stigmatisées, elles ont du mal à révéler ce qui leur est arrivé et ne cherchent aucune assistance. Le tabou persiste, quant à la situation des hommes violés. Cette condition a occasionné, et continue de générer, de graves conséquences psychologiques auprès des deux sexes, sociales et médicales non seulement pour les victimes, mais aussi pour l'ensemble des communautés. Cela expose *de facto* les hommes à la castration morale, ainsi que les femmes au choc psychologique et à la stérilité.

> « Afin de les sensibiliser sur les risques liés au rejet et à la stigmatisation des victimes de violences sexuelles, le *CICR* [a organisé] des campagnes avec la participation des leaders communautaires.
>
> » Changer les perceptions et les pratiques ancrées dans les traditions et dans la culture [a été] difficile. Cependant, quelques mois après la campagne, les sensibilisateurs communautaires et les agents des Maisons d'Écoute, formés et soutenus par le *CICR*, [ont toutefois observé] une évolution positive. Ainsi, dans le village de Bulenga où la campagne a eu lieu en juin 2015, parmi les neuf femmes mariées qui ont été victimes de violences sexuelles et qui ont ensuite été prises en charge par la Maison d'Écoute de Minova, seule

---

[304] In *Violences sexuelles en RD Congo : une avocate raconte son combat*, interview de Catherine Furuha accordée à Claude Muhindo Sengenya mise en ligne le 3 novembre 2017 et consultée le 14 mars 2021 (https://www.justiceinfo.net/fr/35111-dans-l-est-de-la-rdc-le-difficile-combat-contre-les-violences-sexuelles.html).

une épouse a été rejetée et contrainte de quitter « le foyer conjugal. La stigmatisation [est restée] beaucoup plus importante dans les villages qui n'ont pas encore été touchés par les campagnes de sensibilisation. »[305]

Ces violences sexuelles ne doivent en aucun cas être tolérées. Elles ont un rapport direct avec les conflits en cours dans l'Est de la République Démocratique du Congo, selon le Bureau conjoint des Nations Unies pour les droits de l'Homme et l'organisation non gouvernementale *Solidarité Féminine pour la Paix et le Développement Intégral* (SOFEPADI). Le Congo-Kinshasa étant encore un État de non-droit à la recherche d'un système normatif, des solutions devraient absolument être apportées. Il faudrait trouver des réponses, dans le meilleur délai, afin de mettre un terme à la déconstruction chronique de l'ordre social, donc d'une société traditionnelle, et aux violences planifiées[306].

---

[305] In *Les communautés sensibilisées au fléau des violences sexuelles*, article mis en ligne le 12 janvier 2016 par la *CICR* et consulté le 14 mars 2021 (https://www.icrc.org/fr/document/rdc-congo-violence-sexuelle-conjugale).
[306] In *Violences sexuelles en République démocratique du Congo : « Mais que fait la police ? »*, Florence Maertens de Noordhout, *Revue interdisciplinaire d'études juridiques*, 2013/2, Volume 71, pp. 213-241.

Épilogue

Le communicant Fidèle Bwironde s'est interrogé sans avoir tort sur l'éventuelle substitution, par rapport à la réalité congolaise, du triptyque « Injustice, guerre, chômage » : à la devise de la République Démocratique du Congo, à savoir « Justice, paix, travail ».

> « La vérité est si terrible qu'il ne faudrait pas que [nos] propres oreilles [nous] écoutent. [Nous l'avouons], notre devise nationale a trahi [nos] espoirs. Depuis des années, [nous sommes] de ces Congolais qui attendent que finissent le chômage, la guerre et l'injustice, et qu'arrivent enfin justice, paix et travail. C'est ce que promet notre devise !
> » Malheureusement, les efforts des dirigeants de [notre] pays sont encore médiocres. Les discours et les promesses sont leurs points forts. Mais, en tout cas, rien ne conforte la devise congolaise qui promet tout ce en quoi le peuple a cessé de croire.
> » Et là, [nous nous demandons] s'il ne [faut] peut-être pas changer notre devise qui est en déphasage total avec notre quotidien. Mais, [nous avons] compris que cette devise ne pèche en rien, en elle-même. Ce sont les dirigeants qui l'oublient ou ne comprennent pas combien il

est nécessaire de s'y conformer.

» [Nous nous permettons] simplement de croire que l'avenir surprendra [notre] progéniture si [nous, nous avons] tout loupé. C'est cela qui [nous] encourage à [nous] refaire un peu d'espoir que, un jour, ces dirigeants comprendront qu'ils poignardent la République chaque fois qu'ils trahissent ses aspirations portées par la devise nationale. »[307]

Au regard des conflits armés et fonciers en cours, de la géopolitique et de la géostratégie en pleine projection, de la corruption et de la mauvaise gestion de la chose publique, de l'ingérence économique et de la souveraineté nationale, de l'histoire coloniale et postcoloniale, des situations interne et régionale, des enjeux continentaux et extracontinentaux, que pourrait être l'avenir, ou le devenir, de la République Démocratique du Congo ? Que devrons-nous entreprendre, à très court terme, pour enrayer définitivement le fléau de l'Est responsable des crimes économiques et des meurtres sans fin ?

« *Fraus omnia corrumpt* »[308], rappellent judicieusement les latinistes, quand bien même, aux dires du légendaire écrivain argentin Jorge Luis Borgès, les problèmes sont donnés aux humains pour qu'ils les transforment en quelque chose de bien.

> « Ainsi est-il important de réfléchir, *hic et nunc*, à d'autres données pouvant permettre au peuple congolais de connaître enfin des lendemains meilleurs. Il faudrait créer dans ce pays aux potentialités immenses les condi-

---

[307] In *Devise de la RDC : « Justice, paix, travail » ou injustice, guerre, chômage ?*, Fidèle Bwironde, article mis le ligne le 20 février 2020 sur le site Internet *Habari RDC*, consulté le 27 janvier 2021. Voir le lien ci-contre : (https://habarirdc.net/devise-rdc-justice-guerre-chomage).

[308] *« La faute corrompt tout. »*

tions favorables à des alternances politiques qui ne souffriraient d'aucune contestation. »[309]

S'impose manifestement la nécessité de juguler en toute urgence la crise politique qui n'a cessé de fragiliser les institutions étatiques et, ensuite, d'œuvrer à l'émergence de nouveaux acteurs. Ces derniers pourront mieux incarner la conscience patriotique et le souci de la meilleure gestion de la chose publique. La classe politique congolaise doit *ipso facto* tendre davantage vers l'excellence.

> « Le défi de la compétitivité d'abord, dans la mesure où il n'y a pas de richesse sans entreprises performantes. Il n'y a pas de richesse sans capacité à gagner des parts de marché, ni à réussir dans la mondialisation marchande. Le défi de la solidarité ensuite, car chacun au Congo-Kinshasa doit avoir une perspective d'emploi. Ainsi chaque emploi doit-il représenter une garantie contre la précarité, un levier indispensable au bonheur auquel ont droit nos compatriotes. »[310]

Aux dires du socialiste Jean Jaurès, « le premier des droits de l'Homme c'est la liberté individuelle, la liberté de la propriété, la liberté de la pensée, la liberté du travail. » En effet, la République Démocratique du Congo doit être en mesure de conjuguer, d'harmoniser le dynamisme économique avec la justice sociale ; elle doit être un pays qui privilégie le choix de la paix, de la croissance et de l'État de droit.

> « C'est en surmontant les défis de la compétitivité et de la solidarité que, ensemble, [on bâtira] le Congo-Kinshasa du

---

[309] In *Congo-Kinshasa, le degré zéro de la politique*, Gaspard-Hubert Lonsi Koko, L'Harmattan, Paris, 2012, p. 132.

[310] In *Ma vision pour le Congo-Kinshasa et la région des Grands Lacs*, Gaspard-Hubert Lonsi Koko, L'Harmattan, Paris, 2013, p. 132.

troisième millénaire. C'est en privilégiant la conception
républicaine [qu'on consolidera], la main dans la main, la
cohésion nationale et [fera] triompher la démocratie. »[311]

Évidemment, tout devrait être entrepris afin que les
Congolais aspirent enfin à la Justice, à la Paix et au Travail
auxquels ils ont constitutionnellement droit. À ses valeurs
fondamentales, il faudrait ajouter la Liberté, l'Égalité, la
Sécurité et la Prospérité. Dans l'absolu, la Liberté ne pourrait
qu'engendrer l'Égalité qui générerait la Sécurité indispensable à la Prospérité.

> « De toute évidence, [on a] la ferme volonté de bâtir au
> cœur de l'Afrique un grand État qui sera doté d'une classe
> dirigeante clairvoyante, ainsi que d'une élite compétente
> et soucieuse de la bonne gouvernance, d'un système judi-
> ciaire indépendant et efficace. Ainsi [œuvrerait-on] en
> faveur d'une administration structurée au service des admi-
> nistrés, d'une armée républicaine à la fois performante et
> dissuasive, ainsi que d'une police et d'une gendarmerie
> nationales garantes de la sécurité. »[312]

Les futurs acteurs politiques de la République Démocratique du Congo ont, impérativement, un devoir à accomplir.
Devoir d'apporter à tout prix au peuple congolais un rayon
d'espoir et de permettre l'évolution des mentalités. Devoir de
contribuer à l'émergence – par un discours constructif et une
innovante manière de faire de la politique et d'accomplir des
missions étatiques – et à l'espérance du Congo de demain.

À l'instar du communicant Fidèle Bwironde à propos de
la devise nationale, les populations congolaises ne regrettent
rien du tout…

---

[311] *Ibidem*.
[312] In *La République Démocratique du Congo, un combat pour la survie*,
Gaspard-Hubert Lonsi Koko, L'Harmattan, Paris, 2011, p. 83.

« [On essaie] seulement d'insuffler dans les démarches [qu'on entreprend…] l'essence de [notre] esprit. De plus, [on sait] que tous les morts vénérables (Dona Béatrice Kimpa Vita, M'Siri, Simon Kimbangu, le président Joseph Kasa Vubu, Patrice Emery Lumumba, Paul Panda Farnana, Floribert Chebeya, Armand Tungulu…), ces bâtisseurs, ces héros et martyrs qui ont sacrifié leur vie pour un "Congo meilleur et davantage éclairé", se tiennent près de [nous] et [nous] regardent. [On n'a] nullement le droit de les décevoir. »[313]

Depuis l'époque léopoldienne, le pays incarnant de nos jours la République Démocratique du Congo a sans cesse été humilié, déstabilisé, pillé, violenté, meurtri, martyrisé… Aucun moment de répit n'a été accordé au peuple congolais pour définir, à l'abri des ingérences extérieures, l'avenir et le devenir de son pays.

Toutes les actions qui ont été entreprises depuis 1965 et, dans une moindre mesure, entre 1960 et 1965, n'ont en aucun cas permis l'affirmation interne et externe de la République Démocratique du Congo sur les plans économique, social, sanitaire, diplomatique et politique. À ces fléaux se sont malheureusement ajoutées les pandémies telles que le Sida, Ebola et la Covid-19, amplifiées par la défaillance en matière de prévention médicale et de gestion de la chose publique.

KONGO DIA NTOTILA !
KONGO ESANGANI !
KONGU BADISANGISHE !
KONGO ILIKUSANYIKA !
CONGO RÉUNIFIÉ !

---

[313] In *Congo-Kinshasa, le degré zéro de la politique, op. cit.*, p. 136.

Sécurité et paix. Dignité et grandeur. Ardeur et vaillance. Travail et prospérité. Santé et bonheur. Voilà les vœux auxquels ont toujours aspiré les populations congolaises. Forts du soutien spirituel de leurs ancêtres, ainsi que par devoir moral envers les Martyrs de l'Indépendance, les Congolais doivent s'impliquer davantage dans un élan patriotique et dans une dynamique collective en vue du bien-être social. Les jours, les semaines, les mois et les années à venir devraient mettre fin à leurs lamentations et permettre le début d'une merveilleuse aventure humaine, en vue de l'émancipation dans la liberté. Qu'ils agissent donc ensemble pour l'amélioration matérielle et le progrès intellectuel, apports essentiels pour un Congo de plus en plus compétitif et véritablement indépendant[314]. *« Audaces fortuna juvat. »*[315]

> « Et Jésus leva les yeux en haut, et dit : "Père, je te rends grâce de ce que tu m'as exaucé. Pour moi, je savais que tu m'exauces toujours ; mais j'ai parlé à cause de la foule qui m'entoure, afin qu'ils croient que c'est Toi qui m'as envoyé". Ayant dit cela, il cria d'une voix forte : "Lazare, sors !" Et le mort sortit, les pieds et les mains liés de bandes, et le visage enveloppé d'un linge. Jésus leur dit : "déliez-le, et laissez-le aller". »[316]

« Fiat lux ! »[317] Loin d'être une action de grâce prononcée au vu et au su de tout le monde, à l'instar de l'épisode du miracle christique ayant permis à Lazare de Béthanie de renouer avec l'existence terrestre, il est question dans cet ouvrage de cette grande vérité qui doit être révélée à toute

---

[314] Écouter les vœux de l'Alliance de base pour l'action commune (Abaco) pour l'année nouvelle, présentés le 4 janvier 2021. Vidéo consultée le 14 mars 2021 (https://www.youtube.com/watch?v=dczKHh0cMZc).

[315] « La fortune sourit aux audacieux. »

[316] In *Nouveau Testament*, Jean 11 : 42-44.

[317] « Que la lumière soit ! »

l'Humanité. Les forces de l'Esprit sont prises désormais à témoin et mis en demeure d'accorder au peuple congolais le bonheur auquel, après tant d'années de souffrance, il a enfin droit. Institués dorénavant garants de l'avenir du Congo, les ancêtres doivent *hic et nunc* prendre spirituellement part aux efforts consistant à écarter tous les obstacles qui pourraient hypothéquer la justice sociale et le développement économique, l'accès aux soins et à la scolarité, l'État de droit et la démocratie, la sécurité et la paix.

Que vive la République Démocratique du Congo, une et indivisible !

Que vive à jamais le peuple congolais, sans aucune distinction, dans la cohésion nationale !

Gaspard-Hubert Lonsi Koko
Paris, le 28 avril 2021

Annexe

1 – Hymne national

Hymne national de la République Démocratique du Congo, *Debout Congolais*, a été écrit par le Révérend Père Simon-Pierre Boka Di Mpasi Londi, composé par Joseph Lutumba et adopté l'année de l'Indépendance en 1960. Cet hymne a été remplacé par *La Zaïroise*, également écrite par Simon-Pierre Boka en 1971, sous l'authentique régime mobutiste. Depuis la prise de pouvoir de Laurent-Désiré Kabila le 17 mai 1997, *Debout congolais* est redevenu l'hymne national.

1.1 – Debout Congolais[318]

Debout Congolais,
Unis par le sort,
Unis dans l'effort pour l'indépendance.
Dressons nos fronts, longtemps courbés

______

[318] *Debout Congolais*. Consulter le lien ci-dessous : (https://www.youtube.com/watch?v=y4ZWf2fk7bU).

Et pour de bon
Prenons le plus bel élan,
Dans la paix.
Ô peuple ardent
Par le labeur
Nous bâtirons
Un pays plus beau qu'avant
Dans la paix.

Citoyens,
Entonnez
L'hymne sacré de votre solidarité
Fièrement
Saluez
L'emblème d'or de votre souveraineté
Congo !

Don béni, Congo !
Des aïeux, Congo !
Ô pays, Congo !
Bien-aimé, Congo !
Nous peuplerons ton sol
Et nous assurerons ta grandeur.

Trente juin, ô doux soleil
Trente juin, du trente juin
Jour sacré, soit le témoin,
Jour sacré, de l'immortel
Serment de liberté
Que nous léguons
À notre postérité

Pour toujours.

1.2 – Telama besi Kongo[319]

Telama besi Kongo,
Mvukani mu nkadilu,
Mvukani mu kikesa
Mudiambu dia kimpwanza.

Tuvumbula mbunsu,
Zafumbana ntama,
Ye tuka buabu
Tusasuka tuamanta,
Mu yenge,

O nkangu wa nzunza,
Muna bumfusi,
Sa tuatunga
Nsi ya mpuena luta ntama,
Mu yenge.

Besi nsi,
Luyimbila,
Nkunga wa n'longo,
Wa nsalasana eno,
Ye lulendo,
Lukunda,
Kidimbu kia wolo
Kia kimfumu kieto…

---

[319] *Debout Congolais* en kikongo, selon la version d'Albert Kisukidi. Consulter le lien ci-dessous :
(https://www.youtube.com/watch?v=S5gR8vM8iZk&t=8s).

Kongo,
Nkayilu,
Kongo,
Wa bakulu,
Kongo,
O nsi eto,
Nsi ya zolua,
Kongo,
Sa tuasema
Va ntoto aku
Ye sa tuasikila
M'vuma aku.

Nsuka ya yuni
Muini wa buita,
Makumatatu
'k'matatu ma yuni,
Lumbu kia n'longo
Kala mbangi,
Lumbu kia n'longo
Kia kuele mvu,
Ya ndefi ya kimpwanza,
Tusisila,
Kua batekolo beto.
Mvu ye mvu !

1.3 – Telema bana Kongo[320]

Tolema mwana kongo,
Tosangnani na pasi,
Tosangani na bokasi po na bonsomi,

---

[320] *Debout Congolais* en lingala. Consulter le lien ci-dessous.
(http://www.congo-autrement.com/videos/telema-mwana-kongo.html).

Tombola moto,
Egumbama kala,
Po na yango tokomata lolenge malamu,
Na kimia.

Batu ya nguya,
Na mosala,
Tokotonga mboka kitoko,
Koleka na kimia.

Mwana mboka,
Yemba,
Nzembo ya lokumu na bino bosangani,
Na lolendo,
Kumisa,
Bendele na yo ya tina ya bonsomi
Kongo.
Epambwanma, kongo,
Ya bakoko
Kongo,
Mboka, kongo,
Elingama, kongo,
Tokotondisa yango,
Mpe tokobatela monene, ya Yango.

Mokolo mua tuku misato, na sanza ya motoba,
Mokolo mua moyiya kimia, mokolo mua lokumu,
Zala de nzenenteke
Mokolo mua lokumu,
Mpe ya ndayi ya bosomi,
Tokotikela ba kitani na biso po na libela.

1.4 – **Musambu wa ditunga**[321]

Juukaayi panshi batanda ba Kongu,
Basanga kudi mashi amwe
Basanga kudi bukola bwa kupeta dipanda

Twambululaayi mpala yetu
Ivwa minamija bicya ne bidimu
Ne bwa kashidi,
Twangatayi lwendu
Mu bimpe mu bupole.

Eyi batanda ba bukitu,
ku mudimu wa cisumi
Ne twibaka ditunga
Dipicile dya kumpala
Ku bwimpe mu bupole.

Beena-mwabu !
Pungulujaayi !
Musambu mujidila wa buwenu

Ne didiswa,
koselayi mpala !
Dibendela dya ngoolu
dya budikadidi bwetu.

Dipa dibenesha
Kongu !
Dya bankambwa
Kongu !

──────

[321] *Debout Congolais* en tshiluba. Consulter le lien

Eyi ditunga
Kongu !
Dinanga byakana
Kongu !

Netwasa buloba bweba
Ne tujadika bunena bweba.
Mafuku 30 a kashipu-nkenza
eyi muunya wa civwengavwenga

Mafuku 30 wa ba mafuku
30 a kashipu-nkenza
Dituku dya cijila ikala ntemu

Dituku dya cijila cya cyendelela
Cya cyeleka budikadidi
Citudi tushila ndelanganyi yetu bwa kashidi ne kashidi.
Que nous léguons à notre postérité pour toujours.

1.5 – La Zaïroise[322]

Zaïrois dans la paix retrouvée,
Peuple uni, nous sommes Zaïrois
En avant fier et plein de dignité
Peuple grand, peuple libre à jamais
Tricolore, enflamme-nous du feu sacré
Pour bâtir notre pays toujours plus beau.

Autour d'un fleuve Majesté. (2x)

____

[322] Consulter le lien ci-dessous.
(https://www.youtube.com/watch?v=iyxB3yjgXkQ).

Tricolore au vent, ravive l'idéal
Qui nous relie aux aïeux, à nos enfants.

Paix, justice et travail. (2x)

2 – Discours du Président Joseph Kasa Vubu

Excellences, mes chers compatriotes,
Au moment solennel où la République du Congo se présente au monde et à l'Histoire, pleinement indépendante et souveraine, au moment où nous ressentons intensément le caractère irrévocable et définitif du pas que nous franchissons, nous ne pouvons pas nous empêcher de mesurer la gravité de nos responsabilités et, dans une attitude de profonde humilité, de demander à Dieu qu'il protège notre peuple et qu'il éclaire tous ses dirigeants.

Avant toute chose, je voudrais exprimer ici une émotion, la reconnaissance que nous ressentons envers tous ces artisans obscurs ou héroïques de l'émancipation nationale, et tous ceux qui, partout sur notre immense territoire, ont donné sans compter leurs forces, leurs privations, leurs souffrances et même leur vie pour que se réalise enfin leur rêve audacieux d'un Congo libre et indépendant.

Je pense à ces travailleurs des chantiers, des usines, à ces agriculteurs de nos plaines et de nos vallées, à ces intellectuels aussi, à tous ceux, jeunes ou vieux, qui ont senti monter dans leur cœur un irrésistible idéal de liberté et qui, quoi qu'il pût arriver, ont su rester fidèles à cet idéal et ont su l'accomplir. Je pense à nos femmes aussi qui, sans faiblir un seul instant, ont su réconforter leurs fils, leurs époux dans leurs luttes magnifiques et souvent même, se trouver à leurs côtés au plus près du combat.

À vous toutes et à vous tous, artisans incomparables de la grandeur de Notre patrie, le Congo Indépendant que vous avez créé vous dit avec émotion sa gratitude infinie et vous assure solennellement que jamais vous ne serez oubliés.

Tournons-nous maintenant vers l'avenir.

L'aube de l'indépendance se lève sur un pays dont la structure économique est remarquable, bien équilibrée et solidement unifiée. Mais l'état d'inachèvement de la conscience nationale, parmi les populations, a suscité certaines alarmes que je voudrais dissiper aujourd'hui, en rappelant tous les progrès qui ont déjà été accomplis en ce domaine et qui sont les plus sûrs garants des étapes qui restent à parcourir.

Que de différences, en effet, lors de la fondation de notre pays, entre des populations que tout contribuait à maintenir écartées les unes des autres : sans souligner les diversités de langues, de coutumes ou de structures sociales, rappelons simplement les distances énormes qui nous séparaient et le manque de moyens modernes de communication de la fin du siècle passé. Pour se reconnaître, il a fallu se rencontrer.

Bon nombre de populations vivant aux confins de ce vaste pays se sentaient peu proches les unes des autres. Vous avez bien voulu rappeler, Sire, combien le progrès des moyens de déplacement contribua heureusement à enserrer le pays dans un réseau d'échanges qui servit aussi, et grandement, à rapprocher les hommes. Le développement économique, de son côté, amena la création de cités de travailleurs et de centres où les ressortissants des différentes ethnies apprirent à vivre ensemble, à mieux s'apprécier et où, insensiblement, une certaine osmose s'opéra. Les échanges se multipliant, les régions devinrent petit à petit complémentaires les unes des autres et renforcèrent ainsi leur collaboration. Le développement de l'instruction, la création et la diffusion des journaux et périodiques, la multiplication des postes de radio, tout cela contribua à la naissance dans les villes d'abord, dans les milieux ruraux ensuite, d'une opinion publique d'où, petit à petit, se dégagèrent les éléments d'une véritable conscience nationale.

La Belgique a eu alors la sagesse de ne pas s'opposer au courant de l'Histoire et, comprenant la grandeur de l'idéal de la liberté qui anime tous les cœurs congolais, elle a su, fait sans précédent dans l'histoire d'une colonisation pacifique, faire passer directement et sans transition notre pays de la domination étrangère à l'indépendance, dans la pleine souveraineté nationale.

Mais, si nous pouvons nous réjouir de cette décision, nous ne devons pas oublier que c'est à nous désormais à prendre le relais et à rassembler les matériaux de notre unité nationale, à construire notre nation dans l'union et dans la solidarité.

Nous disposons pour cela d'un large éventail de moyens, mais il faudra que nous les utilisions avec sagesse, sans hâte ni lenteur, avec le souci de s'adapter harmonieusement au rythme normal des choses, sans essouffler les populations par une marche trop rapide qui les laisserait hors d'haleine sur le bord de la route, mais sans se complaire non plus dans une admiration béate de ce qui est déjà fait. La conscience nationale pousse depuis longtemps les populations congolaises vers plus de solidarité : nous aurons à favoriser plus que jamais ce mouvement de rapprochement national.

Un rôle tout spécial sera dévolu, dans cette recherche d'une plus grande cohésion nationale, aux institutions centrales du pays et surtout à l'action des Chambres législatives. Certains d'entre nous, Messieurs les Sénateurs et Messieurs les Députés, ont pour la première fois, sans doute, côtoyé des élus venant d'autres provinces. Grande a été leur surprise de constater que votre idéal et vos préoccupations étaient si proches les uns des autres. J'ai la conviction que vous ferez de ces assises le véritable creuset d'une conscience nationale toujours plus développée. Nous saurons également, dans tout le pays, développer l'assimilation de ce que quatre-vingts ans de contact avec l'Occident nous ont apporté de bien : la langue, qui est l'indispensable outil de l'harmonisation de nos rapports, la législation qui, insensiblement, a influencé sur l'évolution de nos coutumes diverses et les a lentement rapprochées et, enfin et surtout, la culture. Une affinité fondamentale de culture rapproche déjà tous les Bantous, aussi le contact de la civilisation chrétienne et les racines que cette civilisation a poussés en nous permettront aux sangs anciens revivifiés de donner à nos manifestations culturelles une originalité et un éclat tout particulier. Nous aurons à cœur de favoriser l'éclosion de cette culture nationale et d'aider toutes les couches de la population à en percevoir le message et à en approfondir la portée. Nous aurons là une mission essentielle à remplir, car la culture sera le véritable ciment de la nation.

Cette recherche, ainsi que la mise en place des matériaux destinés à notre unité nationale, doit devenir la préoccupation dominante de tous. Aucun habitant de ce pays ne peut se refuser de participer à cette œuvre capitale. Nous saurons pour cela, dans ce vaste chantier de quatorze millions d'hommes qui est notre pays, éclairer et guider tous ceux qui y œuvrent dans l'enthousiasme. C'est cette communauté d'efforts, de peines et de travail qui achèvera le plus sûrement d'unir tous les Congolais en une grande, seule et solide nation. Nous montrerons ainsi au monde, par nos actes, que nous sommes dignes de la confiance que le peuple a placée en nous, et que de nombreux pays nous témoignent déjà. Nous ne les décevrons pas.

Sire,

La présence de votre Auguste Majesté aux cérémonies de ce jour mémorable constitue un éclatant et nouveau témoignage de Votre sollicitude pour toutes ces populations que vous avez aimées et protégées. Elles sont heureuses de pouvoir dire aujourd'hui à la fois leur reconnaissance pour les bienfaits que Vous et Vos illustres prédécesseurs leur avez prodigués, et leur joie pour la compréhension dans laquelle Vous avez rencontré leurs aspirations.

Elles ont reçu Votre message d'amitié avec tout le respect et la ferveur dont elles Vous entourent et garderont longtemps dans leur cœur les paroles que Vous venez de leur adresser en cette heure émouvante.

Elles sauront apprécier tout le prix de l'amitié que la Belgique leur offre et elles s'engageront avec enthousiasme dans la voie d'une collaboration sincère.

Messieurs les Représentants des Pays Étrangers,

Vous avez bien voulu partager nos joies et vous nous avez fait l'honneur de venir nombreux célébrer avec nous ces journées historiques. Aussi des relations d'amitié seront-elles faciles à nouer demain entre notre pays et chacun des États que Vous représentez.

Vous qui voyez autour de vous l'immense enthousiasme qui s'empare de toute la Nation, vous qui sentez notre désir de réussir et de bien faire, je vous demande de faire connaître au monde cette image pleine d'espoir que vous emporterez du Congo, et qui est sa vraie image.

Je proclame, au nom de la Nation, la naissance de la République du Congo !

Joseph Kasa Vubu, Chef de l'État
Léopoldville, le 30 juin 1960

3 – Discours du Premier ministre Patrice Lumumba

Congolais et Congolaises,
Combattants de l'Indépendance aujourd'hui victorieux,
Je vous salue au nom du gouvernement congolais.

À vous tous, mes amis, qui avez lutté sans relâche à nos côtés, je vous demande de faire de ce 30 juin 1960 une date illustre que vous garderez ineffablement gravée dans vos cœurs, une date dont vous enseignerez avec fierté la signification à vos enfants, pour que [ces derniers] à leur tour fassent connaître à leurs fils et à leurs petits-fils l'Histoire glorieuse de notre lutte pour la liberté.

Car cette Indépendance du Congo, si elle est proclamée aujourd'hui dans l'entente avec la Belgique, pays ami avec qui nous traitons d'égal à égal, nul Congolais digne de ce nom ne pourra jamais oublier cependant que c'est par la lutte qu'elle a été conquise, une lutte de tous les jours, une lutte ardente et idéaliste, une lutte dans laquelle nous n'avons ménagé ni nos forces, ni nos privations, ni nos souffrances, ni notre sang.

Cette lutte, qui fut de larmes, de feu et de sang, nous en sommes fiers jusqu'au plus profond de nous-mêmes, car ce fut une lutte noble et juste, une lutte indispensable pour mettre fin à l'humiliant esclavage qui nous était imposé par la force.

Ce que fut notre sort en 80 ans de régime colonialiste, nos blessures sont trop fraîches et trop douloureuses encore pour que nous puissions le chasser de notre mémoire. Nous avons connu le travail harassant exigé en échange de salaires qui ne nous permettaient ni de manger à notre faim, ni de nous vêtir ou nous loger décemment, ni d'élever nos enfants comme des êtres chers.

Nous avons connu les ironies, les insultes, les coups que nous devions subir matin, midi et soir, parce que nous étions des nègres. Qui oubliera qu'à un Noir on disait « tu », non certes comme à un ami, mais parce que le « vous » honorable était réservé aux seuls Blancs ?

Nous avons connu que nos terres furent spoliées au nom de textes prétendument légaux qui ne faisaient que reconnaître le droit du plus fort.

Nous avons connu que la loi n'était jamais la même selon qu'il s'agissait d'un Blanc ou d'un Noir : accommodante pour les uns, cruelle et inhumaine pour les autres.

Nous avons connu les souffrances atroces des relégués pour opinions politiques ou croyances religieuses ; exilés dans leur propre patrie, leur sort était vraiment pire que la mort elle-même.

Nous avons connu qu'il y avait dans les villes des maisons magnifiques pour les Blancs et des paillotes croulantes pour les Noirs ; qu'un Noir n'était admis ni dans les cinémas, ni dans les restaurants, ni dans les magasins dits européens ; qu'un Noir voyageait à même la coque des péniches, aux pieds du Blanc dans sa cabine de luxe.

Qui oubliera enfin les fusillades dont périrent tant de nos frères, les cachots dont furent brutalement jetés ceux qui ne voulaient plus se soumettre au régime d'une justice d'oppression et d'exploitation ?

Tout cela, mes frères, nous en avons profondément souffert.

Mais tout cela aussi, nous que le vote de vos représentants élus a agréés pour diriger notre cher pays, nous qui avons souffert dans notre corps et dans notre cœur de l'oppression colonialiste, nous vous le disons tout haut, tout cela est désormais fini. La République du Congo a été proclamée et notre cher pays est maintenant entre les mains de ses propres enfants.

Ensemble, mes frères, mes sœurs, nous allons commencer une nouvelle lutte, une lutte sublime qui va mener notre pays à la paix, à la prospérité et à la grandeur.

Nous allons établir ensemble la Justice sociale et assurer que chacun reçoive la juste rémunération de son travail.

Nous allons montrer au monde ce que peut faire l'Homme noir quand il travaille dans la liberté, et nous allons faire du Congo le centre de rayonnement de l'Afrique tout entière. Nous allons veiller à ce que les terres de notre patrie profitent véritablement à ses enfants. Nous allons revoir toutes les lois d'autrefois et en faire de nouvelles qui seront justes et nobles.

Nous allons mettre fin à l'oppression de la pensée libre et faire en sorte que tous les citoyens puissent jouir pleinement des libertés fondamentales prévues dans la déclaration des Droits de l'Homme.

Nous allons supprimer efficacement toute discrimination, quelle qu'elle soit, et donner à chacun la juste place que lui vaudra sa dignité humaine, son travail et son dévouement au pays.

Nous allons faire régner, non pas la paix des fusils et des baïonnettes, mais la paix des cœurs et des bonnes volontés.

Et pour tout cela, chers compatriotes, soyez sûrs que nous pourrons compter, non seulement sur nos forces énormes et nos richesses immenses, mais sur l'assistance de nombreux pays étrangers dont nous accepterons la collaboration chaque jour qu'elle sera loyale et ne cherchera pas à nous imposer une politique, quelle qu'elle soit.

Dans ce domaine, la Belgique qui, comprenant enfin le sens de l'Histoire, n'a pas essayé de s'opposer à notre indépendance, est prête à nous accorder son aide et son amitié, et un traité vient d'être signé dans ce sens entre nos deux pays égaux et indépendants. Cette coopération, j'en suis sûr, sera profitable aux deux pays. De notre côté, tout en restant vigilants, nous saurons respecter les engagements librement consentis.

Ainsi, tant à l'intérieur qu'à l'extérieur, le Congo nouveau, notre chère République que mon gouvernement va créer, sera un pays riche, libre et prospère. Mais pour que nous arrivions sans retard à ce but, vous tous, législateurs et citoyens congolais, je vous demande de m'aider de toutes vos forces.

Je vous demande à tous d'oublier les querelles tribales qui nous épuisent et risquent de nous faire mépriser à l'étranger. Je demande à la minorité parlementaire d'aider mon gouvernement par une opposition constructive et de rester strictement dans les voies légales et démocratiques.

Je vous demande à tous de ne reculer devant aucun sacrifice pour assurer la réussite de notre grandiose entreprise.

Je vous demande enfin de respecter inconditionnellement la vie et les biens de vos concitoyens et des étrangers établis dans notre pays. Si la conduite de ces étrangers laisse à désirer, notre justice sera prompte à les expulser du territoire de la République ; si par contre leur conduite est bonne, il faut les laisser en paix, car eux aussi travaillent à la prospérité de notre pays.

L'Indépendance du Congo marque un pas décisif vers la libération de tout le continent africain.

Voilà, Sire, Excellences, Mesdames, Messieurs, mes chers compatriotes, mes frères de race, mes frères de lutte, ce que j'ai voulu vous dire au nom du gouvernement en ce jour magnifique de notre Indépendance complète et souveraine.

Notre gouvernement, fort, national, populaire sera le salut de ce peuple.

Hommage aux combattants de la liberté nationale !

Vive l'Indépendance et l'Unité Africaine !
Vive le Congo indépendant et souverain !

Patrice Emery Lumumba, Premier ministre
Léopoldville, le 30 juin 1960

Juste un grand merci !

Un grand merci à celles et ceux qui, ayant répondu favorablement à la campagne lancée sur le site Internet Ulule, ont permis la réalisation et l'édition de cet ouvrage. Ils se prénomment ou se surnomment Ahmed, Benjamin, Christiane, Caroline, Dominique, Françoise, Hans, Jean, Joseph, Kahina, Marie-José, Marina, Pascal, Patou, Rolland, Samuel, Tatie, William, Wumba… En tout cas, ils se reconnaîtront à la lecture de ce passage.

Un grand merci aussi à toute l'équipe d'Ulule, pour leurs conseils et le suivi du projet.

Glossaire

A

- Action des Journalistes de l'Espace Schengen (AJES);
- Agence des Nations Unies pour l'Alimentation et l'Agriculture (FAO);
- Alliance de base pour l'action commune (ABACO);
- Alliance de la Fonction Publique Québécoise;
- Alliance des forces démocratiques pour la libération du Congo-Zaïre (AFDL);
- Alliance pour la sauvegarde des accords de paix de Goma;
- Armée pour la libération du Rwanda (ALiR);
- Armée nationale congolaise (ANC);
- Armée de résistance du Seigneur (LRA pour Lord's Resistance Army);
- Armée patriotique rwandaise (APR);
- Armée populaire de libération du Soudan (SPLA);
- Assemblée de l'Union de l'Europe occidentale (UEO);
- Association femmes juristes pour la défense des droits de la femme et de l'enfant (FJDF).

B

- Banque mondiale;
- Bon Samaritain;

- Bureau conjoint des
Nations Unies aux droits
de l'Homme (BCNUDH).

C

- Cap pour le changement
(CACH);
- Central intelligence
agency;
- Centre indépendant de
recherche du Kivu;
- Collectif des organisations
des jeunes solidaires
(COJESKI);
- Collectif d'actions pour le
développement des Droits
de l'Homme au Congo
(CADDHOM);
- Commission internationale
de juristes (CIJ);
- Comité international de la
Croix rouge (CICR);
- Communauté de dévelop-
pement d'Afrique australe
(SADC);
- Communauté économique
des États d'Afrique de
l'Ouest (CEDAO);
- Conférence épiscopale
nationale du Congo
(CENCO);
- Conférence internationale

sur la région des Grands
Lacs (CIRGL);
- Conférence nationale Sou-
veraine (CNS);
- Congo Club;
- Congrès national pour la
défense du peuple (CNDP);
- Coordination marée noire;
- Cour internationale de jus-
tice (CIJ);
- Cour pénale internationale
(CPI);
- Comité international de la
Croix-Rouge (CICR).

D

- Démocratie chrétienne
(DC);
- Diaspora Congolaise Favo-
rable au Dialogue (DCFD);
- Direction générale de
migration (DGM);
- Division spéciale présiden-
tielle (DSP);
- Dynamique des femmes
pour la bonne gouvernance
(DYFEGO).

E

- État indépendant du Congo
(EIC).

F

- Fédération congolaise du football association;
- Fondation Hirondelle;
- Force de résistance patriotique de l'Ituri (FRPI);
- Force populaire pour la démocratie (FPD);
- Fondation Hirondelle;
- Fonds monétaire international (FMI);
- Forces armées centrafricaines (FACA);
- Forces armées rwandaises (FAR);
- Forces armées zaïroises (FAZ);
- Forces armées de la République Démocratique du Congo (FARDC);
- Forces de défense des droits humains (FDDH/Nyatura);
- Forces de défense populaires de l'Ouganda (FDPO);
- Forces de défense rwandaises (RDF);
- Forces démocratiques alliées (Allied Democratic Forces – ADF ou ADF-Nalu);
- Forces démocratiques de libération du Rwanda (FDLR);
- Forces du futur;
- Forces vives;
- Front commun pour le Congo (FCC);
- Front de libération nationale du Congo (FLNC);
- Front national de libération de l'Angola (FNLA);
- Front patriotique rwandais (FPR).
- Global Witness;
- Groupe d'Étude sur le Congo (GEC).

H

- Haut-commissariat des Nations Unies aux droits de l'Homme (HCDH);
- Haut-commissariat des Nations Unies pour les réfugiés (HCR);
- Human Rights Watch (HRW);
- Hutu Power.

I

- Initiative régionale pour la paix en République Démocratique du Congo;
- Institut international pour

la démocratie et l'assistance électorale (International IDEA);
- Institut sud-africain pour les affaires internationales;
- Institut sud-africain des études de sécurité;
- International Crisis Group (ICG);
- International Peace Academy;
- International Rescue Committee;
- Intersyndicale nationale de l'administration publique (INAP).

L

- Lamuka;
- Ligue nationale de femmes pour la Paix et la Liberté (WILPF RDC);
- Lutte pour le changement (Lucha).

M

- Maï-Maï Kifuafua;
- Maï-Maï Mongol;
- Mécanisme de suivi de l'accord-cadre de paix et de stabilité dans les Grands Lacs;

- Mission conjointe des Nations Unies et de l'Union africaine au Darfour (MINUAD);
- Mission de l'Organisation des Nations Unies en République Démocratique du Congo (MONUC);
- Mission des Nations Unies pour l'assistance au Rwanda (MINUAR);
- Mission des Nations Unies pour la stabilisation en République Démocratique du Congo (MONUSCO);
- Mouvement du 23 mars (M23);
- Mouvement de libération du Congo (MLC);
- Mouvement lumumbiste progressiste (MLP);
- Mouvement révolutionnaire national pour le développement (MRND).

N

- Nations Unies (ONU);
- Ni Putes Ni Soumises (NPNS).

O

- Office des Nations Unies pour la coordination des affaires humanitaires en République Démocratique du Congo (OCHA RDC) ;
- Organisation commune africaine et malgache (OCAM) ;
- Organisation de l'État islamique ;
- Organisation internationale pour les migrations (OIM) ;
- Opération des Nations Unies au Congo (ONUC) ;
- Organisation des Nations Unies pour la santé (OMS) ;
- Opération des Nations Unies en Somalie (ONUSOM) ;
- Organisation du traité de l'Atlantique Nord (OTAN) ;
- Organisation de l'Union africaine (OUA).

P

- Parti du peuple pour la reconstruction et la démocratie (PPRD) ;
- Patriotes résistants congolais (PARECO) ;
- Plan-cadre des Nations Unies pour l'assistance au développement (UNDAF) ;
- Police nationale congolaise (PNC) ;
- Programme alimentaire mondial des Nations Unies (PAM).

R

- Rassemblement congolais pour la démocratie (RCD) ;
- Rassemblement congolais pour la démocratie / Kisangani Mouvement de libération (RCD-KML) ;
- Rassemblement congolais pour la démocratie Mouvement de libération (RCD/ML) ;
- Rassemblement des Congolais pour la libération nationale (RCD/N) ;
- Rassemblement démocratique africain (RDA) ;
- Rassemblement pour l'unité de la démocratie (RUD-Urunana) ;
- Réseau Femme et Développement du Nord-Kivu (REFED/N-K) ;
- Réseau national des ONG des droits de l'Homme en République Démocratique

du Congo (Renadhoc).

S

- Service d'action et renseignement militaire (SARM);
- Solidarité Féminine pour la Paix et le Développement Intégral (SOFEPADI).

T

- Transparency International;
- Tribunal pénal international (TPI);
- Tribunal pénal pour la République Démocratique du Congo (TPRDC).

U

- Union africaine (UA);
- Union du Congo;
- Union européenne (UE);
- Union de l'Europe occidentale (UEO);
- Union pour la démocratie et le progrès social (UDPS);
- Union nationale pour l'indépendance totale de l'Angola (Unita);
- Union des patriotes congolais (UPC).

V

- Veranda Mutshanga.

ques : 203.
- Neves, Augusto Ferreire Costa : 167.
- Ngenda Imana, Jérôme : 213.
- Niasse, Moustapha : 46, 54.
- Nkundabatware Mihigo, Laurent : 36, 36*n*, 42, 44-45, 114, 211.
- Ntaganda, Bosco : 114.
- Ntaryamira, Cyprien : 207*n*.
- Nujoma, Samuel (dit Sam) : 49.
- Numbi Tambo Banza, John : 211, 213, 213*n*.
- Nyenze Bisoka, Aymar : 75*n*.
- Nzangi Butondo, Muhindo : 136, 137*n*.

O

- O'Brien, Conor Cruise : 198, 198*n*, 201.
- Obama, Barack : 195.
- Obasanjo, Olusegun : 41*n*, 42.
- Ost, François : 141*n*.
- Otemikongo Mandefu Yahisule, Jean : 43*n*.

P

- Panda Farnana, Paul : 263.
- Paunet, Micheline : 193, 193*n*.
- Pourtier, Roland : 14*n*, 220, 220*n*.
- Power, Declan : 198*n*.
- Prunier, Gérard : 102.

Q

- Quinlan, Patrick (dit Pat) : 191*n*, 192.

R

- Radford, Jill : 80.
- Radu, Daniela Ana-Maria : 125, 128.
- Rémy, Jean-Philippe : 37*n*.
- Rigaud, Christophe : 165*n*.
- Roberto, Holden : 149*n*.
- Rosière, Stéphane : 222, 223*n*.
- Ross, André : 189.
- Ruberwa, Azarias : 46*n*, 49, 73, 136, 137*n*.
- Ruiz Fabri, Hélène : 52*n*.
- Russell, Diana Elizabeth Hamilton : 80.
- Ryding-Berg, Stefan : 184*n*.

Bibliographie

– *L'accord de paix de Goma du 23 mars 2009 et son impact sur la sécurité dans la Province du Nord-Kivu*, Gervais Muhindo Bayibika, préface de Jean Otemikongo Mandefu Yahisule, Éditions universitaires européennes, 2020 ;
– *La conscience bantoue*, Gaspard-Hubert Lonsi Koko, L'Atelier de l'Égrégore, Paris, 2020 ;
– *Mais quelle crédibilité pour les Nations Unies au Kivu ?*, Gaspard-Hubert Lonsi Koko, L'Atelier de l'Égrégore, Paris, 2019 ;
– *Le regard africain sur l'Europe*, Gaspard-Hubert Lonsi Koko, L'Atelier de l'Égrégore, Paris, 2019 ;
– *Le Congo-Kinshasa en quelques lettres*, Gaspard-Hubert Lonsi Koko, L'Atelier de l'Égrégore, Paris, 2018 ;
– *Congo une histoire*, David Van Reybrouck, Actes Sud, Arles, 2017 ;
– *La géopolitique des premières missions de l'Union européenne en Afrique*, András István Türke, L'Harmattan, Paris, 2016 ;
– *La chasse au léopard*, Gaspard-Hubert Lonsi Koko, L'Atelier de l'Égrégore, Paris, 2015 ;

– *Il pleut des mains sur le Congo*, Marc Wiltz, Magellan @ Cie, Paris, 2015 ;

– *Au nom de la France, guerres secrètes au Rwanda*, Benoît Collombat et David Serveney, La Découverte, Paris, 2014 ;

– *Ma vision pour le Congo-Kinshasa et la région des Grands Lacs*, Gaspard-Hubert Lonsi Koko, L'Harmattan, Paris, 2013 ;

– *Essais sur les lois*, Jean Cabronnier, LGDJ, col. Anthologie du droit, Paris, 2013, (Éditions Defrénois, 1995) ;

– *Hammarskjöld : A Life*, Roger Lipsey, (édition illustrée), University of Michigan Press, 2013 ;

– *Congo-Kinshasa, le degré zéro de la politique*, Gaspard-Hubert Lonsi Koko, L'Harmattan, Paris, 2012 ;

– *La République Démocratique du Congo, un combat pour la survie*, Gaspard-Hubert Lonsi Koko, L'Harmattan, Paris, 2011 ;

– *Siège à Jadotville : la bataille oubliée de l'armée irlandaise*, Declan Power, Maverick Publishing Ltd ; Maverick House, 2011 (2010) ;

– *Histoire des rivalités franco-belges au Congo de Léopold II à Mobutu*, Baudoin Mwamba Mputu, éditions Bayanda, Paris, 2008 ;

– *Dictionnaire de l'espace politique : géographie politique et géopolitique*, Stéphane Rosière, Armand Colin, Paris, 2008 ;

– *L'inavouable, la France au Rwanda*, Patrick de Saint-Exupéry, les Arènes, Paris, 2004 ;

– *J'ai serré la main du diable*, Roméo Dallaire, Libre Expression, 2003 ;

– *L'assassinat de Lumumba*, Ludo De Witte, Karthala, Paris, 2000 ;

– *Opérations de paix et conflits intra-étatiques : l'épée ou le rameau d'olivier ?*, Thomas R. Mockaitis, (édition illustrée), Groupe d'édition Greenwood, 1999 ;

– *Corsaire de la République*, Bob Denard, Robert Laffont, Paris, 1998 ;

– *Mercenaire S.A*, Philippe Chapleau et François Misser, Desclée de Brouwer, 1998 ;

– *Le droit ou les paradoxes du jeu*, Michel van de Kerchove et François Ost, coll. Les voies du droit, PUF, Paris, 1992 ;

– *Le mal zaïrois*, Euloge Boissonnade, Hermé, Paris, 1990 ;

– *Sous couleur de jouer : La métaphore ludique*, Jacques Henriot, Éditions José Corti, Paris, 1989 ;

– *Les putains de l'impérialisme : les mercenaires en Afrique*, Wilfred Burchett et Dereck Roebuck, François Maspero, Paris, 1977 ;

– *Le bataillon Léopard : Souvenirs d'un Africain blanc*, Jean Schramme, Robert Laffont, Paris, 1969 ;

– *L'intervention des Nations Unies au Congo. 1960-1964*, Paul-Henry Gendebien, Éditions Mouton et Cie, Paris, La Haye, 1967 ;

– *Quinze mois de gouvernement du Congo*, Moïse Tshombe, La table ronde, Paris, 1966 ;

– *Au Katanga et à l'arrière : Une histoire de cas de l'ONU*, Conor Cruise O'Brien, Hutchinson, Londres, 1962 ;

– *La Guerre moderne*, Roger Trinquier, Éditions de la Table Ronde, Paris, 1961.

d'aucuns ne cessent de s'interroger sur le devenir des relations franco-africaines après François Mitterrand, Jacques Chirac et Nicolas Sarkozy. Cet ouvrage donne quelques pistes très utiles à la compréhension des futures relations entre la France et l'Afrique. On y évoque surtout un lien de près de quarante-cinq ans entre un homme – que l'on qualifie de mythe errant – et tout un continent, des méandres et des écueils qui ont enseveli des tas de secrets dans des marigots africains…

ISBN : 979-10-91580-02-1 – EAN : 9791091580021 – Collection Démocratie & Histoire

LA VIE PARISIENNE D'UN NÉGROPOLITAIN

Il est des écrivains qui, avec beaucoup d'habileté, recourent parfois à la fiction pour raconter des histoires réelles. À travers cet ouvrage, l'auteur s'intéresse à la problématique de l'immigration. Ainsi ose-t-il développer, sans aucun détour, des thèmes capitaux qui ressurgissent toujours à l'approche de chaque enjeu électoral dans les sociétés occidentales.

« La vie est comme un jeu d'échecs : nous esquissons un plan, mais celui-ci est tributaire de ce que daigne faire l'adversaire aux échecs et le destin dans la vie. » Cette pensée du philosophe allemand Schopenhauer, ce champion de l'art d'avoir toujours raison, résume à merveille la *Vie parisienne d'un Négropolitain*.

ISBN : 979-10-91580-06-9 – EAN : 9791091580069 – Collection Roman

DANS L'ŒIL DU LÉOPARD

Les séides du maréchal Mobutu Sese Seko placèrent la chambre occupée par maître Patrick de Lavigerie, l'avocat porté disparu que le détective devait retrouver, sous très haute surveillance. Les instructions furent données au directeur de l'hôtel Intercontinental de signaler la présence de tout ressortissant français qui y descendrait à l'avenir. Le responsable du complexe hôtelier perdrait son emploi, voire sa vie, au cas où il ne se conformerait pas aux directives et aux exigences d'agents des services de renseignements. Le détective était, dorénavant, dans l'œil du léopard.

ISBN : 979-10-91580-03-8 – EAN : 9791091580038 – Collection Crime & Suspense

AU PAYS DES MILLE COLLINES

Dans toutes les officines occidentales, le général rwandais Paul Kagamé, cet ex-chef des services secrets ougandais et proche conseiller du très cynique président ougandais Yoweri Kaguta Museveni, était considéré comme le vainqueur et le probable futur homme fort du Rwanda. Pourtant, il avait gardé un mauvais souvenir à cause de la spectaculaire débandade, en 1990, des rebelles rwandais basés en Ouganda face aux éléments des Forces armées zaïroises conduits par le général Mahele Lieko Bokungu. Ce dernier, en l'occurrence Donatien, était un ancien gamin de la zone de Ngiri-Ngiri que les Zaïrois avaient affectueusement surnommé « le tigre ».

ISBN : 979-10-91580-05-2 – EAN : 9791091580052 – Collection Roman

LA CHASSE AU LÉOPARD

Certes, le renard est un animal très rusé. Pour mener à bien l'expédition que le Quai d'Orsay envisageait sur le sol zaïrois, il fallait un chasseur expérimenté. De plus, il n'était nullement question de s'introduire dans un poulailler, mais d'opérer dans la jungle africaine. Il s'agissait plutôt de la chasse au léopard. Ainsi fallait-il recourir aux services d'un spécialiste de l'enlèvement dans le but de capturer le maréchal Mobutu vivant et de l'exfiltrer vers la France. Il devait neutraliser le léopard dès la première tentative, au risque de s'exposer aux pires représailles de la part de ses zélateurs. L'opération que s'apprêtait à mettre en place la France comportait, à n'en pas douter, beaucoup de risques.

ISBN : 979-10-91580-05-2 – EAN : 9791091580052 – Collection Crime & Suspense

LA TRILOGIE DES GRANDS LACS

L'élimination de Jean-Luc Mélenchon et de Benoît Hamon, dès le premier tour de l'élection présidentielle de 2017, et la cuisante défaite de la gauche aux législatives prouvent plus que jamais la nécessité de l'union des forces progressistes et d'un éventuel Bad-Godesberg pour les socialistes. L'union aurait permis de franchir au moins le cap du premier tour. Elle aurait dû éviter l'éparpillement de voix en se rassemblant davantage. Cela laisse supposer que les dernières défaites de la gauche sont surtout le fruit amer de l'inconscience et du manque de solidarité, voire de pragmatisme. « Il faut aller à l'idéal et comprendre le réel », disait Jean Jaurès. Deuxième édition, revue et augmentée.

ISBN : 979-1091580229 – EAN : 9791091580229 – Collection Démocratie & Histoire

SOCIALISME : UN COMBAT PERMANENT – TOME I – NAISSANCE ET RÉALITÉS DU SOCIALISME

La trilogie des Grands Lacs est un ensemble de trois ouvrages relatifs aux investigations du détective privé Cicéron Boku Ngoi dans deux pays d'Afrique, plus précisément la République du Zaïre, de nos jours la République Démocratique du

Congo, ainsi que le Rwanda. Ces enquêtes – à savoir *Dans l'œil du léopard*, *La chasse au léopard* et *Au pays des mille collines* – sont donc connectées et peuvent être considérées comme une œuvre unique ou bien comme trois œuvres distinctes. Sans conteste, au-delà de l'aspect imaginaire soutenant la trame de différentes investigations de Cicéron Boku Ngoi dans ces deux pays, le lecteur éveillé peut aisément percevoir la géopolitique en cours en Afrique centrale et dans la région des Grands Lacs africains. Ainsi la stratégie interplanétaire se développe-t-elle en Afrique, au détriment des autochtones, dans l'optique – surtout pour les Occidentaux, la Russie et la Chine – de s'imposer comme la puissance militaire et économique du vingt et unième siècle.

ISBN : 979-1091580205 – EAN : 9791091580205 – Collection Crime & Suspense

LES FIGURES MARQUANTES DE L'AFRIQUE SUBSAHARIENNE

Il est une évidence : l'histoire de l'Afrique constitue le plus gros mensonge civilisationnel des plus criminogènes qui ait existé. Elle avait été sciemment falsifiée pour des raisons économiques et culturelles, philosophiques et religieuses, dès l'exploration européenne du continent africain commencée par les Grecs anciens et les Romains.

L'Afrique est avant tout l'œuvre des personnalités exceptionnelles dont les actions, les convictions et les principes, ainsi que les rêves, ont respectivement façonné les différentes époques dans le but de baliser le chemin qu'emprunteraient les futures générations. Gens d'armes, guerriers, conquérants et résistants à la colonisation, messianistes, prophètes et hommes d'Église, panafricanistes et acteurs politiques en vue des indépendances, intellectuels et militants révolutionnaires…, ils ont souvent connu une mort tragique. Mais, passés à la postérité, ils repré-

sentent des modèles auxquels doivent se référer les Africains
–l'objectif consistant à renouer avec les gloires étatiques de jadis
afin de faire triompher un autre modèle de société.

ISBN : 979-10-91580-23-6 – EAN : 9791091580236 – Collection Démocratie &
Histoire

PAGAILLE À MAVOULA!

Pourquoi cherchait-il à rendre justice lui-même ? Cette triste
affaire ne concernait que le département des affaires criminelles
de la police congolaise. Pourquoi un Zaïrois devait-il s'occuper
de l'investigation relative au meurtre d'un ministre d'un pays
qui n'était même pas le sien ? La famille de la victime n'avait-
elle pas confiance aux autorités policières nationales ? La justice
congolaise était-elle partiale, donc partisane ? Pourquoi Roger
Dercky devait-il entreprendre une opération périlleuse, au risque
de braver quelques intouchables du régime local ? Agirait-il avec
une intrépidité ingénieuse pour ranimer la rage de vaincre qui
l'habitait ? Avait-il besoin de l'exaltation que le jeu procurait
passionnément en lui : à savoir le divertissement ? Dans la vie
quotidienne, ce détective privé ne s'amusait pas pour le bonheur
de l'ennemi ou de l'adversaire.
L'enveloppe vide, que la réceptionniste du luxueux hôtel situé à
la corniche de Bacongo venait de remettre au détective privé, le
conforta dans sa vision. Par conséquent, le Zaïrois sortit le revol-
ver dissimulé sous sa veste : un Colt Detective Special. Il ouvrit
donc la porte, se pointa tout de suite dans la première pièce et
vit un individu emmitouflé dans un trench-coat. L'investigateur
pointa l'arme à feu en direction du visiteur inattendu.
– Vous avez des manières inhabituelles de rentrer chez vous…
– Qui êtes-vous ? questionna derechef le citoyen zaïrois.
– Je suis Moukèla André, inspecteur de la police nationale
congolaise.

ISBN : 979-10-91580-25-0 – EAN : 9791091580250 – Collection crime & Suspense

LA CONSCIENCE BANTOUE

Les enjeux fonciers et miniers sont considérables, surtout dans la région des Grands Lacs. Au moment où des forces négatives, vraisemblablement continentales mais bénéficiant du soutien invisible des puissances extracontinentales, excellent en Afrique subsaharienne en vue de la balkanisation d'un bon nombre d'États bantouphones, les réactions patriotiques s'avèrent plus que jamais appropriées. En effet, la gravité de la situation nécessite une prise de conscience commune et une coalition interétatique. Celles-ci ne pourraient qu'être salutaires.

La conscience étant la perception chez l'homme de sa propre existence et du monde qui l'entoure, un peuple qui ignore d'où il vient ne saura jamais où il va. Un peuple qui fait fi de son passé aura beaucoup de mal à maîtriser son présent. Un peuple qui méprise son Histoire sera incapable d'orienter son avenir sur des bases objectives et solides. Un peuple amnésique restera toujours crédule. Ayant été commercialisées, exportées comme des marchandises, réduites en esclavage, colonisées, les populations bantoues en Afrique et à travers le monde doivent enfin prendre conscience que la malédiction de Canaan, ce fils de Cham, n'est qu'une pure invention pour justifier à dessein leur infériorité intellectuelle et leur dépendance vis-à-vis d'une quelconque civilisation naturellement prédatrice.

ISBN : 979-10-91580-42-7 – EAN : 9791091580427 – Collection Démocratie & Histoire

LE CORBEAU DE ZURICH

À la fin des années 1980, en pleine affaire Kopp et dans le contexte d'un probable trafic d'or entre la Turquie et la Suisse, le détective natif de Kinshasa débarqua dans la capitale du canton de Zurich. Ainsi devait-il assurer l'intérim de la direction de l'entreprise familiale *AD Finanzen und Treu-*

händ à la suite de l'hospitalisation de son frère qui, après avoir été empoisonné, luttait entre la vie et la mort dans l'un des services du Kantonsspital à Winterthur.

Mais le ressortissant zaïrois se rendrait compte, très vite, que les montagnes suisses cachaient des bunkers bourrés d'armes de guerre. Des voyous en costard et cravate, ainsi que des hommes d'affaires en col blanc mais mafieux, agissaient en toute impunité. Les banques helvétiques n'étaient pas aussi respectueuses de la législation internationale que dans certains pays en voie d'industrialisation. Dans ce pays d'Europe centrale, le chocolat ne contiendrait pas que du lait. Quant aux lacs, ils seraient pleins de cadavres humains. Pis encore, ils serviraient de bases, d'immersion et d'émersion, pour des créatures venues d'autres univers. Vortex vers des mondes parallèles ?

La neutralité de la Confédération helvétique arrangerait-elle quelques puissances, aussi bien terrestres qu'extra-terrestres ? Mystère absolu !

ISBN : 979-10-91580-32-8 – EAN : 9791091580328 – Collection crime & Suspense

DANGEREUSE COMÉDIE À BAMAKO

La charmante Malienne vida d'une traite, la tristesse dans l'âme, le verre de whisky que l'on venait de lui tendre. Elle remercia ensuite l'employé de l'*Évasion*, l'un des dancings mythiques de la capitale malienne, et sortit après avoir posé le contenant sur le comptoir. Une fois dehors, l'air chaud fouetta brutalement le visage de la Bamakoise qui eut l'impression d'avoir la tête lourde. Le malaise s'accentuait au fur et à mesure qu'elle marchait. À un moment donné, elle fut en proie au vertige. La nausée l'indisposa. Le whisky était-il empoisonné ? Tout à coup, le vide s'installa dans son esprit et ses jambes la lâchèrent. Elle s'écroula.

Non loin de là, les derniers fêtards eurent l'impression qu'une très forte lumière s'extirpa de la masse corporelle qui était allongée à même le sol et se dirigea, en tourbillonnant, vers le haut pour disparaître dans le ciel noir et très étoilé. Ainsi Aïssata Camara rendit-elle l'âme. Elle ne danserait plus jamais au *Calao*, au *Mandingo* ou au *Yanga*. Adieu l'artiste !

Pendant ce temps, dans la villa du quartier huppé de l'*Hippodrome*, François Piantoni et Aminata Dembélé furent très surpris de revoir l'Homme Noir, en pleine forme, et l'un de ses acolytes que l'on avait pourtant enfermés, bien ligotés, dans la cave. La Malienne et le Corse tentèrent de s'enfuir, mais ils n'eurent pas le temps d'ouvrir la porte…

Quelque chose lui avait échappé, se dit Roger Dercky. La danseuse de Bamako était-elle l'un des maillons de cette chaîne infernale ? Était-il manipulé, depuis le début ? Dans l'affirmative, pour quelle finalité ? Mamadou Diawoura était-il réellement kidnappé ?

ISBN : 979-10-91580-30-4 – EAN : 9791091580304 – Collection crime & Suspense

LE CONGO-KINSHASA EN QUELQUES LETTRES

Que représente stratégiquement et économiquement la République Démocratique du Congo à l'échelle à la fois locale, régionale, continentale et mondiale ? Pourquoi, depuis le 30 juin 1960, date de son accession à la souveraineté internationale, ce pays est toujours déstabilisé ? Pourquoi les étrangers, qu'ils soient Africains ou non, s'arrangent-ils sans cesse pour que cet État ne soit pas du tout dirigé par des Congolais d'origine ?

Militant contre des forces à la fois centripètes et centrifuges, quelques Congolais essaient d'impulser un nouvel élan en vue d'une République Démocratique du Congo politiquement éclairée et économiquement viable. L'auteur de cet ouvrage est sans conteste l'un d'eux.

Que pense-t-il, s'agissant surtout de l'avenir des populations congolaises et du devenir de son pays ? Quelle vérité recèlent les mots qu'il égrène patriotiquement ? Cherche-t-il à tracer des sillons que suivront les Congolais éveillés et les forces vives de ce géant assailli, presque agressé, de toutes parts ? Veut-il façonner un moule dans lequel coulera en toute conscience le Congolais de demain ? A-t-on affaire à un acteur politique habile et avisé, *condottiere* pétri d'ambition constructive ? Forban de la politique ou fin stratège ? Quel rôle jouera-t-il dans la IVe République, qui plus est en gestation, d'un pays qui a forcément besoin d'un véritable homme, ou femme, d'État en vue de l'ancrage de manière positive dans le troisième millénaire ?

ISBN : 979-10-91580-27-4 – EAN : 9791091580274 – Collection Démocratie & Militantisme

LE REGARD AFRICAIN SUR L'EUROPE

Aujourd'hui, l'Europe et l'Afrique peuvent-elles envisager une nouvelle relation sur des bases saines ? Peut-on changer leur rapport, en ayant à l'esprit l'immigration et le co-développement ? S'agissant de la France, oserait-on encourager la suppression de la cellule africaine de l'Élysée au profit de l'intervention parlementaire en amont dans certaines missions, notamment les actions militaires dans les pays du « pré carré » ? S'agissant de l'Union européenne, doit-elle systématiquement financer l'Union africaine dans le but de maintenir ses États membres dans la dépendance ? Multilatéralisme ou bilatéralisme dans les relations entre les pays africains et ceux d'Europe ? Aurait-on enfin l'intelligence, compte tenu du poids colonial, de dépasser le paternalisme et le bilatéralisme pour mettre l'être humain au cœur de la politique africaine de l'Europe ? Que faire pour que le destin commun profite réellement aux peuples? Comment les jeunes Africains perçoivent-ils l'avenir de leur continent? Le panafricanisme, est-ce une voie à développer à tout prix? Transfert de techniques et de technologie, en échange des matières premières et d'autres marchés? Assistance matérielle ou aide financière? Exigence de la protection du bassin du Congo, en contrepartie d'une contribution à l'éducation et à la santé? Alignement des monnaies africaines, pourquoi pas de la monnaie unique africaine, sur la valeur des ressources naturelles, et non sur le dollar américain, ni sur l'euro? Indexation automatique du franc CFA sur les critères de la Banque de France, ou alors dépendance ou non à la Banque centrale européenne? Retrait des troupes militaires étrangères du territoire africain?

Voilà les questions dont les réponses permettront de sortir, en principe, des rapports dominants-dominés, d'envisager des relations responsables, respectueuses, justes, pérennes et davantage constructives entre les deux continents.

ISBN: 979-10-91580-36-6 – EAN: 9791091580366 – Collection Démocratie & Histoire